“亚东教育基金”资助项目　　策划人：许嘉

2015年世界重要安全文件汇编

李洪波◎主编

时 事 出 版 社

图书在版编目（CIP）数据

2015年世界重要安全文件汇编/李洪波主编. —北京：时事出版社，2016.5

ISBN 978-7-80232-968-3

Ⅰ.①2… Ⅱ.①李… Ⅲ.①国家安全—文件—汇编—世界—2015 Ⅳ.①D523.3

中国版本图书馆CIP数据核字(2016)第067525号

出版发行:时事出版社

地　　址:北京市海淀区万寿寺甲2号

邮　　编:100081

发行热线:(010)88547590　88547591

读者服务部:(010)88547595

传　　真:(010)88547592

电子邮箱:shishichubanshe@sina.com

网　　址:www.shishishe.com

印　　刷:北京市昌平百善印刷厂

开本:787×1092　1/16　印张:20.25　字数:264千字

2016年5月第1版　2016年5月第1次印刷

定价:95.00元

编者序

《2015年世界重要安全文件汇编》选录并翻译了美国、法国、日本、韩国发布的9份涉及安全事件的官方文件。其中,《2014年韩国国防白皮书》虽为2014年文件,但因发布时间较晚,未能及时纳入2014年文件汇编,故纳入本年度汇编。

为确保译文精准、可靠,译者采用的文件原文均来自各自官方网站或权威网站,并以脚注形式注明了原文出处,以方便使用者查证、核对。在翻译过程中,译者酌情保留了原文脚注,并以译者注的形式提供了若干背景介绍,以方便使用者理解和把握文件内容。因篇幅所限,部分文件只做了节译,节略部分保留了主要标题,以便使用者掌握文件全貌。书末以附录形式提供了英语、法语、日语、韩语专业术语对译表,方便使用者查阅。

作为资料性文献,本书译文忠实反映了原文涉及的所有数据、事实和观点,但并不代表译者同意相关表述和立场,更无代为宣扬之意,望使用者自行明辨。本书部分地理和事件名称与我国存在差异,我们依我国习惯做了相应处理或说明。

编　者

2016年1月于洛阳谷水西

目　录

美国国家安全战略[①]

2015 年 2 月

总统前言

今天的美国实力更加强大，地位更加有利，得以在 21 世纪伊始抓住机会，保护美国的利益在一个不安全的世界里免受威胁。

美国日益增长的经济实力是我们国家安全的基石，也是我们海外影响力的关键源泉。金融危机以来，我们创造了近 1100 万个新的就业机会，这是我国历史上持续时间最长的私营部门就业增长。失业率降到了 6 年来的最低。我们现在是世界上最大的石油、天然气生产国。在全球经济中，我们依然引领科技创新。

不断壮大的年轻劳动力以及富有弹性和多样性的经济也让我们受益匪浅。美国企业和劳动者的创业精神是美国经济领先的支撑。我们有世界上最好的高等教育体系，每年从全球吸引众多的学生精英。我们一直在吸引世界各个角落的移民，这些人以他们的活力和创业天分让美国不断得到补充。

从全球来看，我们已经走出了主导过去 10 年美国外交政策的伊拉克和阿富汗大规模地面战争。与我刚上任时美国在伊拉克和阿富

① 原文件来源：http：//www. whitehouse. gov/sites/default/files/rss _ viewer/national _ security _ strategy. pdf。

汗的近 18 万部队相比，现在我们在这两个国家的部队不到 1.5 万人。我们军队的实力、技术和地缘战略触角所及，在人类历史上前所未有。从欧洲到亚洲，我们重振了与盟友的关系。

现在，在这个关键时刻，就在我们努力塑造未来机遇的同时，我们的国家安全不断面临严重挑战。暴力极端主义和不断演进的恐怖主义威胁给美国和美国的盟友带来了持续的危险。网络安全挑战升级、俄罗斯咄咄逼人、气候变化影响加剧以及传染病爆发都让人们对全球安全忧心忡忡。对于这些以及其他的挑战，我们必须保持头脑清醒，要意识到美国拥有独一无二的能力动员和领导国际社会应对挑战。

为确保美国人民的安全、确保美国国家安全利益，任何成功的战略都要基于这样一个不争的事实——美国必须担负起领导责任。为了促进全球安全和繁荣以及所有人的尊严和人权，美国强有力的持久领导对于基于规则的国际秩序不可或缺。问题从来都不是美国要不要领导，而是美国如何领导。

在国外，我们要表明，虽然在美国核心利益遭受威胁时，美国会采取单边行动，但采取集体行动会让我们变得更加有力。这也是我们为什么要领导国际联盟共同应对侵略、恐怖主义和疾病等严峻挑战的原因。我们领导着由 60 多个合作伙伴参加的国际行动，打击并将最终击败伊拉克和叙利亚境内的“伊拉克和黎凡特伊斯兰国”(Islamic State of Iraq and the Levant，ISIL)，这包括阻止外国武装分子源源不断地进入伊拉克和叙利亚，同时保持对“基地”组织的压力。在美国的领导下，全球合力在“埃博拉”病毒（Ebola virus）疫源地阻止这一致命病毒的蔓延。我们与欧洲盟友携手，对俄罗斯实施了强硬制裁，让俄罗斯为其行为付出代价并对其将来的侵略进行威慑。

在面临这些挑战的同时，我们也面临着历史的机遇。我们在亚太地区的“再平衡”战略帮助我们和更多不同的盟友和伙伴建立更深厚的关系。“跨太平洋伙伴关系”（Trans－Pacific Partnership，TPP）一旦建立，将为我们在占全球贸易超过40%的亚太地区带来贸易和投资机会，为国内创造高质量的就业机会。我们已准备好利用我们和印度的关系。我们和中国合作的广度前所未有，但同时我们保持了对中国军事现代化的警惕，并反对中国使用胁迫手段解决领土争端。我们正在深化在非洲这一高速增长地区的投资，加速进入其能源、卫生和食品安全领域。对古巴的开放将强化我们和西半球的接触，这里有着众多促进和平、繁荣、民主和能源安全的机遇。

在全球范围内，我们致力于推动“布拉格议程”（Prague Agenda），其中包括防止核武器扩散和确保核材料的安全。在“共同行动计划”（Joint Plan of Action）中止了伊朗核计划的同时，我们正在尝试达成全面解决方案的可能性，使国际社会确信伊朗核计划被用于和平用途。我们正在巩固自身能源安全——以及我们和中国达成的减少温室气体排放的突破性承诺——以确保在控制气候变化方面达成国际共识。我们正在塑造网络安全的国际标准，建设国际社会打击和调查网络威胁的能力。我们正在发挥主导作用，制定2015年后国际社会的议事日程，以消除极端贫穷和推进可持续发展，同时突出妇女和青年的优先地位。

作为这一切的支撑，我们坚守长久以来的承诺：推进民主和人权，建立新同盟，打击腐败并支持开放政府和开放社会。通过这种承诺，我们努力支持民主转型，同时也向在21世纪这些变革的推动力量——青年人和企业家——伸出援手。

最后，我认为，诉诸于希望而非恐惧时，美国才能最好地发挥领导作用。为了成功，我们必须利用我们的榜样力量——这就意味着将我们对美国价值观和法治的承诺视为力量而非不便。这也是我一直以来在确保美国有能力应对海外威胁的同时，坚守美国价值观的原因，比如禁止使用酷刑、对无人机等新技术的使用加以限制、信守对保护隐私和公民自由的承诺。这些举措是我们在国内的恢复力的组成部分，也是我们在海外影响力的源泉之一。

在所有这些方面，美国都处于一个强有力的领导位置。但是，这并不意味着我们能够或者应该试图规定所有未来国际事务的发展轨迹。尽管我们现在非常强大，未来也还会同样强大，但是我们的资源和影响也并非取之不尽，用之不竭。在复杂的当今世界，我们面临的诸多安全问题并没有快速简易的解决之道。我们将一如既往地捍卫美国的利益，信守对盟国和伙伴的承诺。但是，在对诸多优先考量的权衡中，我们不得不作出艰难的选择，并且时刻警惕在基于恐惧作出决定时不要做过了头。此外，我们必须意识到，明智的国家安全战略不能仅仅依赖军事实力。实际上，从长远来看，我们和其他国家合作对抗暴力极端主义的意识形态和根源的努力，要比我们在战场上消灭恐怖分子的能力更加重要。

我们所面临的挑战要求我们具备战略耐心和毅力，认真对待我们的责任，并对我们国家实力的基础作出明智的投资。因此，我将继续坚持全面议程，充分利用国家实力的各个构成要素，使之适应我们面临的战略风险和机遇，并以本战略所制定的原则和优先目标为指导。此外，我将继续坚持推行作为我们力量保障的预算，并和国会共同努力，结束债务自动减支这一削弱美国国家安全的机制。

这是一项宏大的议程，不会在我的任期内全部实现。但是我认为，如果我们信心十足，如果我们重铸过去数十年以来作为美国外交政策力量支柱的两党核心，它是可以实现的。作为美国人，我们总会有意见的分歧，但将我们团结在一起的，是对美国责无旁贷的国际领导地位的全国共识。在这样一个最需要我们独特的贡献和能力的时刻，在我们今天的抉择将会为国家的未来带去更大的安全和繁荣的时刻，我们欣然接受我们的非凡使命和责任。

巴拉克·奥巴马

一、引言

世纪伊始，美国面临众多的机遇，但是对我们安全的威胁依然存在。新《国家安全战略》对美国的定位是通过坚强有力的、可持续的领导，保卫我们的国家利益。它规定了指导美国在全球运用力量和影响的原则和优先顺序。它所推进的美国领导模式植根于美国经济技术力量和美国人民价值观的基础之中。它极大地增强了我们对盟国和伙伴的承诺，并欢迎负责任的新兴国家作出建设性的贡献。它昭示了我们遏制并在必要的情况下打败潜在对手的决心和准备。它确认了美国在一个基于规则的国际秩序中的领导作用，这样的国际秩序通过公民赋权、负责任的政府和有效的地区与国际组织得到最好的运转。它指引本届政府和国会合作，领导世界在变化的安全局势下走向更持久的和平和新的繁荣。

本战略是在过去 6 年取得的成果的基础上制定的。在过去的 6 年里，我们的积极领导帮助世界从全球经济危机中恢复过来，应对了出现的一系列挑战。我们取得的成果包括增强了我们无与伦比的联盟体系。这一体系以我们和欧洲的持久伙伴关系为基础，并辅之以二十国集团（G20）和东亚峰会（East Asia Summit）等处于起步阶段的多边论坛。在十几年间经历了两次战争之后，我们撤回了大部分的部队，同时调整反恐策略以应对变化的恐怖威胁。我们领导的多国联合部队为阿富汗政府提供支援担负起国家的安全责任，并支持阿富汗政权的第一次和平民主交接。美国率领国际社会应对了各种自然灾害，在海地地震、日本地震和海啸，以及菲律宾台风等自然灾害中，拯救生命、防止损失、支持重建。我们领导国际社会防止核武器扩散，包括建立国际制裁机制，在伊朗不能履行其国际义务时予以制裁，同时通过外交努力中止了伊朗的核计划进程。我们正在亚太地区实施“再平衡”战略，同时在非洲和美洲寻求新的合作和投资机会，并已在农业和能源方面带去超出以往的投资。在国内和国外，我们齐心合力应对气候变化造成的危险，并加强我们的能源安全。

但是，世界仍不乏挑战，美国的持续领导不可或缺。大规模杀伤性武器，特别是核武器的可能扩散造成了巨大的威胁。尽管我们摧毁了“基地”组织的核心领导层，但是扩散的“基地”组织网络、“伊拉克和黎凡特伊斯兰国”及附属组织对美国的公民、利益、盟国和伙伴构成威胁。暴力极端主义分子利用中东和北非的动荡局势借机生事。冲突不断的脆弱国家是滋生传染病、非法武器和毒品走私，以及难民的温床。政府治理的失败和普遍的腐败制约新兴国家发展潜力的例子屡见不鲜。破坏性甚至毁灭性的网络攻击危险不断增长，下一次全球经济减退的风险依旧存在。国际社会有效应对各种危险的能力取决于大国的表现。我们取得的显著成效依赖于盟国坚定不移的支持和其他新兴大国的合作。

所有这些复杂局面都表明当今世界美国不可或缺的中心领导地位的重要性。我们动员并领导世界各国对俄罗斯的侵略予以制裁、削弱并将最终战胜“伊拉克和黎凡特伊斯兰国”、在源头扑灭“埃博拉”病毒、阻止核武器材料的扩散、使全球碳排放问题峰回路转。美国所有的政治力量一直都有一个强烈的共识：问题不是美国要不要领导，而是未来美国应该如何领导。

首先，我们的领导要目标明确。美国的领导是全球向善的力量，但它的基础是我们长久的国家利益，如 2010 年《国家安全战略》所列：

• 美国、美国公民、美国的盟友和伙伴的安全；

• 处于开放的、促进机遇和繁荣的国际经济体系中强有力的、创新的、增长的美国经济；

• 在国内和国外对普世价值观的尊重；以及

·基于规则的国际秩序，这一秩序在美国的领导之下，通过强化合作，推进和平、安全和机遇，以应对全球挑战。

特别是在变化的全球环境下，这些国家利益将继续指导我们的行动。为了更加有效地推进这些利益，我们必须寻求一个全面的国家安全议程，并相应地配属资源，与国会合作结束债务自动减支。即便如此，我们的资源也不是无穷无尽的。我们需要作出政治利益的交换和艰难的选择。鉴于此，我们将优先考虑对我们利益构成最大战略威胁的因素：

·对美国本土或关键基础设施的灾难性攻击；

·对海外的美国公民或美国盟友的威胁或攻击；

·全球经济危机或广泛的经济衰退；

·大规模杀伤性武器的扩散和/或使用；

·全球范围内严重传染病的爆发；

·气候变化；

·能源市场的重大扰动；

·与虚弱或失败国家相关的重大安全隐患（包括大规模暴行、地区溢出和跨国犯罪等）。

我们将抓住战略机遇，塑造经济秩序，与新兴经济体和新近进行和平民主转变的国家建立新关系。我们还要利用潜力，消除极度贫困，加强我们在创新、科技、创业和能源安全上的比较优势。

我们的领导要强劲有力。在经历了艰难的10年之后，美国日益强大。美国经济是世界上最富活力和弹性的。我们从全球经济衰退中恢复过来，在国内创造的就业机会比其他发达经济体的总和还要多。我们的军事实力无敌于世。但美国的非凡之处不仅在于我们的军队或经济。最重要的是，这一切都产生于我们赖以立足的价值观，这包括法制和普遍权利，还包括美国人民的坚韧、天赋和多样性。

仅在过去6年，我们遏制了大萧条以来最严重的金融危机，促成了新一轮的经济增长。我们增加了在教育、能源、科技、研发、医疗方面的竞争优势和领先地位。我们在北美实现了能源转型。我们正在巩固关键基础设施以抵御各种危险，特别是网络间谍和攻击。我们努力在促进安全的同时保障我们的公民自由。

美国拥有强大的战略基础，但也不能视其为理所当然。我们必须在使用资源塑造国家力量时做到创新和理智。在前进过程中，我们要促进经济增长、实现国防现代化、维护我们的价值观、加强国土安全、促进国防安全人员的才能和多样性，以强化根基。

我们的领导要率先垂范。我们体制的力量和对法治的尊重为民主治理树立了典范。只有在国内维护我们的价值观，我们才能更好地在全世界推行它们。这意味着增加透明度和责任，同时捍卫民权和公民自由。我们希望别国遵守的国际规范和标准，我们自己也要遵守，并在没能遵守时坦白承认。我们还必须展示我们在不同政治派别中形成多样性伙伴关系的能力。民主党和共和党，联邦、州和地方政府，公共和私营部门共同合作，在近年来取得了许多成绩。但是，我们也面临着不断的挑战，这包括华盛顿的政治运转失灵，动摇了国家的团结，阻滞了两党合作，并最终削弱了我们在海外的形象和领导力。我们能够在国内就国家的关键优先目标达成共识时，是美国的领导最为强大的时候。

我们的领导要有能干的伙伴。在一个相互关联的世界，全球性的问题没有美国的参与不可能解决，但仅靠美国也解决不了什么问题。美国的领导对于动员集体行动以应对全球危机、抓住战略机遇不可或缺。我们最亲密的伙伴和盟友永远是我们参与国际事务的基石。但是，我们还将不断扩展合作范围，将其他的国家、非国家和私人行为体，以及国际机构——特别是联合国、国际金融机构和主要地区组织包括进来。这些伙伴可以提供分担维持全球安全与繁荣重担和维护负责任国际行为规范所必需的能力。同时，我们和我们的伙伴必须进行必要的改革和投资，以确保我们能够更加有效地合作，并提升负责任、有能力国家的地位。贫困人口越少、我们的贸易伙伴越繁荣、社会越自由，美国就越安全、越强大。

我们的领导要全力以赴。我们的影响在聚合了我们所有的战略优势时最为巨大。我们的军队时刻准备着保卫我们长久的国家利益，并为我们的外交提供必要的砝码。但是，使用武力不是我们唯一可用的选择，不是美国在海外的主要手段，也不总能最有效地应对挑战。与此相反，我们首先考虑的行动是有原则的、清晰的外交，并将之与发展前沿防御和促进美国利益的中心作用相结合。我们将继续采取措施加强外交人员和援外人员的安全保障，确保他们能够在高危环境中履行自己的职责。我们还要利用增长强劲、管理有序的经济来推进贸易和投资，同时防止国际金融体系被滥用。针对性的经济制裁仍将是让不负责任行为体付出代价、打击犯罪和恐怖主义网络的有效手段。我们情报机构的技术和收集、分析、生产情报的质量，使得我们的所有这些手段更加高效。最后，我们将在执法、科技、和人民交往等方面利用我们的明显优势，以达到我们国家力量的战略效果最大化。

我们的领导要目光长远。一些历史转变将在未来的数十年间在全世界逐渐展开。本战略将使美国得以影响这些转变的轨迹、抓住他们带来的机遇、处置他们造成的风险。5 个近期发生的转变尤其显著地改变了安全格局，包括我们 2010 年《国家安全战略》以后的安定格局。

其一，国家间的权力动态变化日益活跃。二十国集团在经济事务上的不断发声反映了经济权力的演化，亚洲、拉丁美洲和非洲的崛起亦是如此。伴随着经济权力平衡改变的，是对国际事务影响力的预期的改变。改变的权力动态为合作创作了机遇，也带来了风险，因为一些国家比其他国家更愿意承担与其增长了的经济实力相适应的责任。特别是印度的潜力、中国的崛起、俄罗斯的咄咄逼人都对大国关系的未来造成显著影响。

其二，权力在民族国家层面之下和之上发生改变。昔日可以不受制衡运作的政府如今要越来越多地对次国家和非国家行为体负责——这包括从巨型城市的市长和私营企业的领袖到被赋予更多权力的公民社会。他们与因技术而更具能力的公民、占许多社会大多数的青年，以及不断增长的、对治理和经济机会有着更多预期的中产阶级也在进行权力的争夺。虽然这种趋势多数情况下是正面的，但是也可能孕育暴力非国家行为体，引发不稳定——特别是在治理无力或崩溃的脆弱国家——或者是导致威权政权为维持统治而展开反击。

其三，全球经济日益相互依赖，技术进步迅猛发展，以前所未有的方式把个人、团体和政府联系在一起。这使得新的合作形式成为可能，并激励人们通过这些合作形式建立充满活力的安全网络，拓展国际贸易和投资，彻底改变全球的沟通交流。由于相互关联的系统和部门容易受到气候变化、恶意网络活动、传染病以及跨国恐怖主义和犯罪的威胁，这也造成影响各方的脆弱性。

其四，中东和北非的许多国家正在进行权力斗争。这是 2003 年伊拉克战争和 2011 年“阿拉伯之春”之后发生的世俗斗争，将重新定义该地区以及社区之间、公民和政府之间的关系。这一过程仍将会火药味十足，特别是在宗教极端主义生根的地区，或是统治者拒绝进行民主改革、在国内横征暴敛、打压公民社会的地方。

其五，全球能源市场发生了巨变。美国现在是世界上最大的天然气和石油生产国。我们对国外石油的依赖降至 20 年来的新低——并仍在降低——而且我们在新清洁能源经济中处于领先地位。虽然中东和其他地区的产出对于全球市场依然至关重要，但是美国产量的增加帮助市场保持供应充足、价格处于有利于经济增长的水平。另一方面，由于欧洲对俄罗斯天然气的依赖以及俄罗斯意图利用能源达成政治目的，能源安全关切加剧。与此同时，发展中国家现在比发达国家消耗更多的能源，这改变了能源的流向和消费关系。

现在的战略环境充满变数。正如美国塑造了 20 世纪的走向，今天我们也必须调整美国的领导模式以影响世界局势的发展轨迹。基于对威胁国家长久利益的风险和促进国家长久利益的机遇的现实考量，本战略概述了我们的优先目标。它避免基于单一威胁或地区制定我们的外交政策。相反，本战略设立了一组多样化的、均衡的优先目标，与利益遍布日益相互关联的世界的方方面面的世界头号强国相适应。

二、安全

美国政府最重要的责任是保护美国人民。但是，我们的责任不仅限于国内。我们谨守维护国际安全的责任，因为这符合我们的利益，是对盟友和伙伴承诺的维护和对全球威胁的应对。不管是面对侵略、推行普世价值观还是服务于更加安全的美国，我们的领导都无可替代。为了完成我们的责任，我们需要依靠强大的国防和本土的安全。我们还需要塑造全球安全态势，以期能够在多样性的国际联盟和对地区伙伴的支持中发挥我们独特的能力。在经历长期的作战之后，这种转变成为可能。6 年前，在伊拉克和阿富汗大约有 18 万美军，而现在只有不到 1.5 万名。这一转变极大地减少了我们的伤亡，使我们得以重新部署部队和资源以应对不断演进的威胁并保证战略目标的实现。

通过这些措施，我们将优先采取集体行动应对恐怖主义——特别是“基地”组织、“伊拉克和黎凡特伊斯兰国”，以及它们的附属组织——造成的持续威胁。除采取断然行动消除直接威胁之外，我们将注重建设其他国家预防冲突发生和影响的能力，包括对抗危险的极端主义意识形态的能力。防止恐怖分子获得核材料和核武器扩散、动员国际社会应对气候变化和传染病的迫切挑战仍将是我们的优先目标。我们需要采取集体行动确保对网络、太空、天空和海洋等共享空间的利用——某些国家在这些空间的危险行为对我们构成了威胁。

我们的盟友在其中发挥的作用重大。北大西洋公约组织（North Atlantic Treaty Organization，NATO，简称北约），是世界上实力最为卓越的多边组织，因我们与英国、法国、德国、意大利和加拿大的紧密历史纽带而牢不可破。北约现在比历史上的任何时刻都更加强大和团结，这要特别归功于北欧国家以及波兰和波罗的海国家等新成员的贡献。我们在亚洲的联盟是亚太地区安全和繁荣的保证。我们将继续推进这些必要的双边联盟，同时加强与盟友的安全关系。日本、韩国、澳大利亚以及新西兰是与我们协同合作的典范，我们还要重振与菲律宾的关系，保持与泰国的关系。我们在其他地区的盟友和伙伴，包括我们和以色列的安全伙伴关系和民间关系，对推进我们的利益至关重要。

（一）加强国防

强大的军队是我们国家安全的基石。在过去十几年的战争中，实行“全志愿兵役制”（All Volunteer Force）的美国军队完成了国家的托付。为了保持军队的领先优势和战备状态，我们将继续坚持改革和对军队及家属的必要投入。我们的军队时刻准备着威慑和击败对美国国土的威胁，包括导弹、网络和恐怖袭击，并减小潜在袭击和自然灾害造成的损失。我们的军队在全球的部署将保护我们的公民和利益，维护地区稳定，提供人道主义援助和救灾，并建设我们伙伴的能力以便和我们一同应对安全挑战。

美国军队将继续保卫国土、遂行全球反恐行动、让盟友安心，并通过前沿存在和接触威慑侵略。如果威慑失败，美国军队时刻准备着在全球多个地区投放兵力击退和挫败侵略。

随着美军日益现代化，我们要吸取过去的教训。虽然规模缩小了，但是我们的军队还要在所有领域保持压倒性优势。我们必须与国会合作，结束债务自动减支，并实施改革，建设一支多功能快速反应部队以随时应对更加多样化的紧急任务。我们要保护我们在核威慑等基础能力方面的投资，并增加在网络、太空以及情报、监视、侦查等关键能力方面的投资。我们要保障我们的科技基础以保持优势，拥有打败任何对手的能力。最重要的是我们要保护我们的人民。我们将招募并保留人才，同时培养遵守军人道德规范的专业领导人才。我们要尊敬退伍军人，支持他们的家庭和社区，确保为国服务之人享有应得的好处、教育和机会。

我们对武力的使用要有原则、有选择。使用武力不应成为我们的第一选择，但是有时它却是必要的选择。当我们的长久利益需要时，当我们的人民受到威胁时，当我们的生计处在危急关头时，当我们盟国的安全处于危险之中时，美国会使用武力，必要时还会单独使用武力。如果我们的利益没有受到直接威胁，采取军事行动的门槛要高一些。这种情况下，我们会寻求动员盟国和伙伴分担责任，以便取得持久的结果。不管在何种情况下，使用武力的决定必须获得明确的授权，制定可行的目标；而且，我们必须确保我们的行动有效、正当、合乎法治。我们的决定应该基于对我们的任务面临的风险、我们的全球责任以及国内国外机会成本的认真了解。不管在何时何地使用武力，我们采取的方式必须体现我们的价值观并增强使用武力的合法性。

（二）强化国土安全

我们的国土更加安全。但是，我们必须继续了解并适应变化中的威胁和危害。由于在信息共享、航空和边境安全以及国际合作方面的改进，我们能够更好地防备恐怖主义（这是国土安全的核心责任）、非法网络及其他威胁和危害。我们突出强调基于社区的努力和地方执法，以打击产生于本土的暴力极端主义，并防止处于弱势的个人因受极端主义意识形态的影响而卷入其他国家的冲突或在美国国内发动袭击。通过基于风险的方式，我们打击了恐怖主义和跨国有组织犯罪，扩大了商业、旅行和旅游，更加重要的是，维护了我们的公民自由。当预防失败或灾难来袭时，例如遭遇波士顿马拉松爆炸案（Boston Marathon bombings）和飓风“桑迪”（Hurricane Sandy）时，我们拥有更好的应对和复原能力。

在面临不同威胁和危害时，支撑美国社会的必要服务必须保持安全和运转。为此，我们采取了“全社会参与”（Whole of Community）的方式，集中我们社会的方方面面——个人、社区、私营和非营利部门、宗教团体、各级政府——以确保美国在危难时刻的复原能力。

我们与美国金融、能源、交通、健康、信息技术等部门的关键网络和实体基础设施拥有者和运营者合作，以降低脆弱性，增强复原能力。我们与州和当地社区开展合作，对由气候变化的复杂后果造成的不良事件进行更好的预防、吸收、恢复和适应。我们还将继续加强国内的流行病预防，应对新型耐药菌和生物媒介造成的威胁。

（三）打击持续的恐怖主义威胁

恐怖分子发动针对我们国土的灾难性攻击的威胁有所减少但仍将持续发生。各种恐怖威胁在局势不稳、机会有限和治理崩溃的地区大有市场。我们的对手不限于某个确切的国家或地区。与此相反，它们的分布从南亚经中东到非洲，包括如“基地”组织及其分支那样的国际性组织，以及越来越多的聚焦区域但有国际关联的团体——其中一些出自“基地”组织的团体如“伊拉克和黎凡特伊斯兰国”，可能对美国的国土安全构成威胁。

我们从过去10年汲取了经验，在打击恐怖主义方面作出了重大的调整，同时保留并加强了自“9·11”事件以来不断发展的打击手段。具体来说，我们改变了伊拉克和阿富汗战争那种靡费巨资的大规模地面作战模式，美国、特别是美国军队在其中负担太重。与之相反，我们现在采取一种可持续性更强的方式，优先强调针对性的反恐作战行动，与负责任伙伴的集体行动，加强对暴力极端主义和激进化等导致威胁增加的因素的预防。来往于冲突地区的外国武装恐怖分子的流动前所未有。我们的领导对于掐断这种流动至关重要。我们要着手解决贫困、不平等和压迫等催生暴力极端主义的潜在因素。这意味着支持并提供极端主义思想之外的其他选择，给妇女和不满的年轻人更多的经济机会。我们要帮助最脆弱的国家和社区发展能力，在当地击败恐怖主义。通过与国会合作，我们将训练并装备当地合作伙伴，为他们提供作战支援，使他们能够在与恐怖组织的对抗中占得上风。这包括更好地扩散和分享情报和技术、支持更广泛和更负责任的治理。

通过我们的努力，我们想要在我们所代表的一切和恐怖分子的可憎行为之间形成鲜明的对比。我们驳斥美国及其盟友与伊斯兰教开战这种谎言。我们将继续依法行事。在敌对区之外，我们尽力通过执法手段来拘押、询问和起诉恐怖分子。但在面临持续、紧迫的威胁，而抓捕等其他消除威胁的手段不可行时，我们会毫不犹豫地采取断然行动。在采取此种行动时，我们会坚持做到合法、公正、适度，遵守严格的问责制度，接受严密的监督。美国——而不是我们的对手——将决定这场斗争的性质和范围，这是为了避免我们被这场斗争所左右。

我们的反恐方式正在索马里、阿富汗和伊拉克等国发挥作用。在阿富汗，我们结束了作战任务，转而依靠一支规模小得多的部队，目标是把阿富汗变成一个稳定的、主权独立的国家，而不再是国际恐怖主义的避风港。美国军人、各部门文职人员以及我们的国际合作伙伴作出的巨大牺牲使之成为可能。他们让本·拉登授首，并极大地削弱了“基地”组织的领导层。他们帮助提高了阿富汗人的平均寿命，扩大了受教育机会和妇女及女童的机会。今后，我们要与合作伙伴共同展开打击“基地”组织核心残余力量的有限反恐行动，并继续支持“阿富汗国家安全部队”（Afghan National Security Forces，ANSF）。我们与北约及其他伙伴合作，为“阿富汗国家安全部队”提供训练、咨询和帮助，同时，一个新政府将担负起保护阿富汗人民安全和福祉的责任。我们将继续帮助阿富汗改善治理，为包括妇女和女童在内的所有阿富汗人提供更多的机会。我们还要和包括巴基斯坦在内的该地区国家合作，减少恐怖主义的威胁，并支持一个可行的和平与和解进程以结束阿富汗的暴力冲突，促进地区稳定。

我们采取全面措施以削弱并最终击败“伊拉克和黎凡特伊斯兰国”。我们将继续支持伊拉克摆脱宗派冲突和恐怖主义灾难。只要伊拉克政府有意愿实行有效而广泛的治理，并确保伊拉克领土不成为“伊拉克和黎凡特伊斯兰国”的避风港，我们就予以支持。这不仅需要一支能够克服宗派分歧、保护所有伊拉克公民的、专业的、负责任的伊拉克安全部队，还需要国际社会的支持，这也是我们领导建立起一个国际同盟的原因。这个同盟是前所未有的，它与伊拉克政府合作，加强伊拉克的军事力量以收复主权。和我们的盟友与伙伴以及该地区许多国家一道，我们运用我们独一无二的军事力量阻滞“伊拉克和黎凡特伊斯兰国”的前进，削弱它们在伊拉克和叙利亚的力量。同时，我们与伙伴合作训练和装备叙利亚温和反对派，以抗衡恐怖分子和残暴的阿萨德政府。但是，叙利亚内战的唯一持久解决方案仍然是政治的——能够回应所有叙利亚人合法诉求的、广泛的政治转型。

（四）建设预防冲突能力

我们将加强美国和国际社会预防国家内和国家间冲突的能力。在国家间冲突方面，俄罗斯侵犯乌克兰主权和领土完整，对其他邻国也是耀武扬威，这威胁到冷战后为各国广泛接受的国际规范。同时，朝鲜的挑衅造成东亚的局势紧张，南海亦有冲突升级的危险。依靠强大军力的支持，美国的外交和领导对于威慑未来国家间的侵略和挑衅不可或缺。我们将通过重申我们对盟友和伙伴的安全承诺，帮助他们建设抵御胁迫的能力，让威胁邻国或违反基本国际规范的国家付出代价，将我们的行动融入更广泛的地区战略之中，来实现威慑。

在国家内部，虚弱治理和普遍不满致使极端主义蔓延生根、暴力非国家行为体崛起、冲突对国家结构造成强烈冲击。为迎接这些挑战，我们要继续与伙伴合作，并利用多边组织在冲突爆发之前治理导致冲突的根源，并在冲突爆发时予以遏制和解决。我们愿意和那些真正有意愿建立合法治理以保护人民福祉的脆弱国家合作。我们的努力将集中在公认有需要和影响的领域，如包容性政治、提供高效公平的服务、改革安全和法治部门、打击腐败和有组织犯罪，以及为人民、特别是青年和妇女提供更多经济机会。我们将继续牵头确保妇女在冲突及和平努力中的调解作用，并免受基于性别的暴力侵害。

我们将继续支持联合国和地区组织在帮助解决争端、建设危机和冲击恢复能力、加强治理、消除极度贫困、促进繁荣等方面发挥作用，使脆弱国家有能力满足国民的基本需求并避免沦为极端主义和恐怖主义的宿主。我们将遵守对联合国的经费承诺，敦促改革以加强维和力量，鼓励发达军事国家派出更多的兵力。我们将加强非洲联盟（African Union，AU）等地区组织的作战能力，扩大出兵国的范围，其中包括从“非洲维和快速反应伙伴计划”（African Peacekeeping Rapid Response Partnership）中出兵，这将有助于非洲国家快速部署到危机地区。

（五）防止大规模杀伤武器的使用和扩散

不负责任的国家和恐怖分子有可能使用核武器和原料，这是对我们安全和福祉的最大威胁。因此，我们寻求建立一个没有核武器的安全与和平的世界。只要核武器存在，美国就必须投入资源维持一个安全、稳妥、有效的核威慑能力以保持战略稳定。但是，为了减少威胁，我们必须不断强化《不扩散核武器条约》（Nuclear Non-Proliferation Treaty）的基本要求，也就是核武器国家承诺削减核武器数量，而无核武器国家承诺和平利用核能。美国通过《新削减战略武器条约》（New START）和我们自己的战略减少核武器的作用和数量。我们将继续推动《全面禁止核试验条约》（Comprehensive Nuclear Test-Ban Treaty）等重要多边条约和各地区无核武器区（nuclear weapons-free zone）协议的生效和达成，以及“禁止生产核裂变材料条约”（Fissile Material Cut-Off Treaty）的制定。

我们要提高警惕，阻止国家和非国家行为体发展或获得核、化学或生物武器以及制造此类武器的材料。核安全峰会（Nuclear Security Summit）推动全球共同努力，锁定控制薄弱的核材料并将核安全举措制度化。我们对朝鲜半岛无核化的承诺是基于朝鲜发展和扩散核武器所造成的巨大危险。我们消除和摧毁利比亚和叙利亚化学武器的努力反映了我们对在全世界实施和推进《化学武器公约》（Chemical Weapons Convention）的领导。

我们明确表示，伊朗必须履行其国际义务，证明其核计划完全用于和平用途。我们的制裁机制表明，国际社会能够而且必将追究那些没有履行义务国家的责任，同时又为外交解决留有余地。在完成伊朗停止核计划换取有限救济的初步安排之后，我们的目标是达成全面可监控的协议，确保伊朗核计划完全用于和平用途。这对于促进美国利益、强化国际核不扩散机制和确保伊朗和平利用核能是最为有利的。但是，我们保留一切防止伊朗生产核武器的选择。

（六）应对气候变化

气候变化导致自然灾害增加、难民潮和因争夺食品和水等基本资源而爆发的冲突，对我们的国家安全构成日益紧迫的威胁。从北极到中东，气候变化的影响无处不在。海平面升高和风暴潮对沿海地区的基础设施和财产构成威胁，加剧了建设和维护基础设施不断增长的成本，全球经济因此受到伤害。

美国主导了国内和国际社会应对这一挑战的努力。在过去的6年里，美国减少的碳排放量要远高于其他任何国家。通过我们的“气候行动计划”（Climate Action Plan）和相关行政措施，我们的计划是到2025年，进一步将温室气体排放量在2005年基础上减少26%到28%。通过与各州和私营部门的合作，我们将制定首个排放标准，以减少发电厂的碳污染。我们还在努力增强恢复能力，应对面临气候影响的脆弱性。

这些在国内采取的行动有助于我们的国际领导地位。在哥本哈根和随后谈判取得的进展的基础上，我们力图达成一份新的、雄心勃勃的全球气候变化协议，制定今后10年对气候变化进行预防、准备和反应的标准。作为世界两个最大的碳排放国家，美国和中国就采取重要措施减少碳污染达成具有标志性的协议。我们承诺向“绿色气候基金”（Green Climate Fund）提供巨额注资，这将帮助最脆弱的发展中国家应对气候变化、减少碳污染、投资清洁能源。在《蒙特利尔议定书》（Montreal Protocol）的框架下，100多个国家和我们一道减少温室气体排放。正是通过这一议定书，世界成功地逐渐停止使用破坏臭氧层的化学物质。我们和非洲企业合作，启动清洁能源计划，帮助农民发展气候智能型农业，种植耐候性作物。我们还推动集体行动，减少管道甲烷气体排放，发起环境商品自由贸易协议。

（七）确保对共享空间的利用

网络、太空、天空和海洋等共享空间将世界联系在一起，使人口、货物、服务和思想得以自由流动。它们是全球经济和公民社会的动脉，而日益增长的竞争和挑衅行为对利用共享空间构成威胁。因此，我们将继续推进负责任行为的规则并确保有能力保证对共享空间的利用。

1. 网络安全

作为互联网的诞生地，美国有特别的责任领导网络化的世界。繁荣和安全日益依赖于开放、合作、安全、可靠的互联网。我们的经济、安全和健康通过网络化的基础设施相互关联，也成为恶意政府、罪犯和个人行为体的攻击目标。利用自愿网络安全框架，我们确保了联邦网络的安全，并与私营部门、公民社会和其他利益相关者合作，以增强美国关键基础设施的安全和适应性。我们将继续和国会合作，寻求建立立法框架以确保高标准。我们将依照美国法律和国际法律，保护我们免受网络攻击，并通过起诉非法网络行为等手段打击恶意网络行为体。我们将协助其他国家制定法律对针对基础设施的威胁采取有力措施。就全球而言，网络安全要求遵守存在已久的国际行为规范，这包括保护知识产权、网上自由和尊重民用基础设施；国家和私营部门要负起共同管理互联网的责任，而公民社会和互联网用户要作为关键利益相关者参与其中。

2. 太空安全

太空系统为世界提供可靠的导航和通信手段，用以拯救生命、从事商业、并更好地理解人类、地球和宇宙的奥秘。随着各国从太空获得越来越多的收益，我们必须共同应对阻止我们和平利用外层空间的威胁。我们正在扩展各个领域的国际太空合作，推行《外层空间国际行为准则》（International Code of Conduct on Outer Space Activities）等措施以建立互信并促进透明度，拓展与私营部门的合作以支持原本由政府独立承担的任务和能力。我们还将发展技术和战术以威慑并挫败对我们太空系统的攻击，获取对此种攻击指示、预警和归因的能力，增强美国关键太空能力的适应性。

3. 天空和海洋安全

美国在航行和飞行自由以及海洋、天空环境安全和可持续性方面有着长久的利益。因此，我们将维持确保商贸流通、迅速应急反应和威慑侵略的能力。我们坚持在天空和海上的行为必须安全、负责。我们拒绝承认对空域和海域主权的非法和野蛮主张，谴责对商业客运的蓄意攻击。在领土争端问题上，尤其是亚洲的领土争端问题上，我们谴责胁迫和以冲突升级作为要挟。我们鼓励通过对话渠道依照国际法和平解决争端。我们支持中国和东南亚国家联盟（Association of Southeast Asian States，ASEAN）尽早达成有效的南海行为准则。如果能够得到参议院的建议和批准，美国将更有能力要求各国遵守《联合国海洋法公约》（U. N. Convention on the Law of the Sea）所体现的现有国际惯例法原则。在基于规则的国际秩序中，我们的国家利益因一直未能批准该条约而受到损害。最后，我们寻求发扬过去几年中的国际合作。这种合作是前所未有的，特别是在北极的合作以及在非洲之角打击海盗和在加勒比海和东南亚打击毒品走私的合作。

（八）加强全球卫生安全

传染病传播的威胁日益严重。西非的“埃博拉”疫情凸显了病毒肆虐的危险。新型微生物或病毒的传播、耐药性增强、病原体的蓄意释放都构成了威胁，而旅行、食品生产与供应、医药产品等的全球化加剧了这种威胁。尽管人类在科学、技术和组织等方面取得了重大成就，但多数国家还没有获得卫生安全的国际核心能力，许多国家还缺乏对疾病爆发的预防、检测和反应能力。

美国是抗击艾滋病等流行病和推进全球卫生安全的世界领军国家。在国内，我们正在加强预防疾病爆发的能力，确保有足够的能力对突发生物事件作出快速反应和管理。作为现代公共安全体系的典范，我们将通过“全球卫生安全议程”（Global Health Security Agenda）加速与伙伴国家的合作，使得世界在传染病面前更加安全。我们将通过加强食品安全管理框架和建立全球体系以预防传染病、实时监测和报告疾病暴发、高效快速地反应以拯救生命。最后，我们将继续领导抗击耐抗生素病菌的努力。

三、繁荣

我们的经济是世界上规模最大、最开放、最具创新的经济。在我们的领导下，世界进入到一个空前繁荣的时代。为了维持我们的领导，新全球经济秩序的塑造要体现我们的利益和价值观。不论过去多么成功，我们基于规则的体系现在面临着来自其他相对封闭的替代模式的竞争。此外，美国消费者不可能独自维持全球需求——增长应该更加均衡。为了迎接这一挑战，我们必须策略性地利用我们的经济实力，制定新的规则，强化伙伴关系，促进包容性发展。

通过我们的贸易和投资政策，我们将使全球化符合美国工人的利益。借助我们在经济和能源上获得的优势，我们将强化全球金融体系，推进高标准的贸易协议。通过利用国际机制和地区倡议寻求建立和推行规则，应对国有企业和数字保护主义等新的挑战，我们要确保未来的全球贸易体系符合我们的利益和价值观。美国的市场和教育机会将帮助下一代全球企业家维持全球中产阶级的增长势头。为了预防冲突和促进人类尊严，我们还将采取政策消除极度贫困并减少不平等。

（一）让我们的经济运转起来

美国经济是全球经济增长的引擎和国际体系稳定的源泉。就其本身而言，经济是权力和影响力的关键衡量标准之一；除此之外，它还是我们的军事实力和外交影响力的保证。强大的经济实力加上美国在全球金融体系中的显赫地位，为促进我们的安全创造了机会。

可持续的经济增长可以带来好的工作，增加收入。为了确保美国经济的竞争优势，我们正在投入资金，为可持续经济增长奠定新的基础。因为知识是当今全球经济的货币，我们必须扩大人们获得儿童教育和负担得起的高等教育的机会。未来美国制造业革命的加速将会创造新一代的高技术制造业就业机会。移民改革势在必行。这一改革将灵活有效的执法和让赢得资格的移民有机会获得公民身份结合起来。我们将为越来越多的美国人提供高质量的、负担得起的健康保险。我们还将支持创造就业、加强中产阶级和刺激经济增长。这要通过开放市场，拉平美国工人和外国企业的竞争环境来实现。扩大与贸易伙伴的合作，消除壁垒，在数字空间充分利用美国的创新也会促进就业。更加现代、可靠的基础设施可以确保安全和增长，是对以上措施的补充。

除了带来贸易和商业的积极收益之外，美国强大有力和井然有序的经济使美国得以领导国际社会推动金融透明，防止跨国犯罪组织和恐怖组织利用全球金融体系非法牟利或洗钱。我们将继续与“金融行动特别组”（Financial Action Task Force）、二十国集团及其他论坛合作，和所有国家一道保护全球金融体系。

（二）促进能源安全

美国现在是世界最大的石油和天然气生产国。美国的能源复兴不仅对增长有利，还为遏制某些国家利用能源进行胁迫提供了新的手段，为帮助其他国家向低碳经济转型提供了新的机会。美国石油产量大幅增长，影响了全球市场。进口大幅降低，减少了我们的资金向海外的流出。石油消耗减少，降低了我们在全球供应扰动和价格冲击面前的脆弱性。但是，我们的欧洲和其他盟友的能源安全仍然和我们有着重大的利害关系。全球能源供需正在发生巨大转型。世界各国获得更多可靠的、可负担的能源供给是支持社会和经济发展、为美国技术和投资开拓新市场最强有力的方式之一。

乌克兰和欧洲因依赖俄罗斯能源供应而面临的挑战让我们认识到，我们需要从更广阔的视角看待能源安全，既要考虑到美国、我们的盟友和贸易伙伴的集体需求，又要考虑到有竞争的能源市场的重要性。因此，我们必须推动能源种类、来源和运输途径的多样化，鼓励能源供应的本土化。在其中，美洲国家能源更大的安全性和独立性至关重要。我们将继续和全球供应商以及我们的伙伴接触，降低在北极和亚洲等地区因能源而发生冲突的可能性。通过履行我们在《罗马宣言》（Rome Declaration）中作出的承诺，通过上述建设低碳世界的种种努力，我们的能源安全将得到进一步的加强。我们将继续发展美国化石能源资源，同时在发展清洁、替代能源和汽车方面更加高效。我们要向世界展示，美国在领导全球经济的同时，能够而且将会做到减少排放。

（三）引领科学、技术和创新

科学发现和技术创新为美国的领导提供了竞争优势，确保了我们的军事优势，推动了经济发展，改善了民生。为了维持这一优势，联邦政府需要对基础和应用研究进行更强有力的投入。我们还必须加强科学、技术、工程和数学（简称 STEM）教育，培养未来的发现者、发明家、企业家和高级技术工人。在 STEM 教师的培训和报酬、学校的宽带接入和高级技术培训设施、为女童和少数族裔提供机会和鼓励的计划、支持 STEM 教学创新和进入高等教育等方面，我们的承诺和投入依然有力。我们还通过向更多的商业伙伴开放国家实验室、利用私营部门研发等手段来保证我们的优势，将大量位于美国创新经济前沿的创业者和公司尽收囊中。

（四）塑造全球经济秩序

我们已经从全球经济危机当中恢复过来，但是为了塑造新兴经济秩序，避免危机，我们还有很多事情要做。在国内，我们有责任继续完善银行从业，推进监管改革。在确保我们的直接商业利益之外，我们必须驱动包容性经济增长，为美国出口创造需求。我们将保护信息和工作的自由流动，防范导致本次金融危机的危险行为，应对从国家资本主义到扰乱市场的“搭便车”行为等各种经济力量再起波澜。

美国的领导对于加强全球金融规则并确保其一贯、透明至关重要。我们将通过二十国集团强化国际金融和经济体系的核心架构，这包括确保世界贸易组织有益于促进稳定和增长。我们仍将致力于世界银行和国际货币基金组织等机构的治理改革，使之更加高效、更具代表性。我们这样做的目的，是为了确保这些机构加强而非削弱国际金融体系的有效性。

我们认为贸易协定有利于美国的经济和战略。因此，我们将与国会内的两党议员合作以批准“贸易促进授权法案”（Trade Promotion Authority）。这将有助于推进美国的贸易议程，为国内创造就业，提高生活水平，强化伙伴关系和同盟，促进关键地区的稳定。美国是世界上最重要的开放经济体之一。我们的关税低，不针对外国商品进行歧视性管制。但在世界其他地方，情况并非如此。这是为什么我们的贸易议程要关注降低对美产品关税、打破对美商品和服务壁垒、制定高标准以便为美国工人和公司创造更公平竞争环境的原因。

通过“跨太平洋伙伴关系”和“跨大西洋贸易和投资伙伴关系”（Transatlantic Trade and Investment Partnership，TTIP），我们制定了世界上最高的劳工权利和环境保护标准，消除对美国出口的壁垒，将美国置于占全球经济 2/3 的自由贸易区的中心地位。我们的目标是利用这个地位以及我们的高技术劳动力、强有力的法治和丰富的能源供给，使美国成为全球首选的生产平台和投资目的地。除地区协议之外，我们将致力于在服务、信息技术和环境商品等美国创新处于全球领先地位的领域，达成开创性的协议以促进贸易自由化。通过改善供应链和监管合作，我们将为各种规模的企业提供拓展业务的便利。

随着我们进一步开放市场、扩展和强化《非洲增长与机遇法案》（African Growth and Opportunity Act，AGOA）、通过增进贸易便利化提高全球贸易体系的效率，所有国家都将受益。通过“电力非洲”（Power Africa）、“贸易非洲”（Trade Africa）、“未来粮食保障”（Feed the Future）和“开放政府伙伴关系”（Open Government Partnership）等发展倡议，我们将继续与各国政府、私营部门和公民社会合作，促进包容性经济增长、减少腐败、建设当地能力。对关键基础设施和安全的投资将为各国间的贸易、特别是发展中国家和新兴经济体之间的贸易创造便利。

（五）消除极度贫困

在我们这一代，我们拥有消除极度贫困、让我们的社会走上共享可持续繁荣之路的历史机遇。这将为美国企业培育出口市场、改善投资机会并减少花费巨大的军事干涉。全球经济增长让亿万人摆脱了极度贫困。围绕“新千年发展目标”（Millennium Development Goals），我们达成了全球共识，进行了动员，并在此指导下取得了重大进步。1990 年到 2010 年间，将世界极度贫困人口比例减少了一半。在此期间，约 8 亿人摆脱了国际贫困线。到 2012 年，儿童死亡率比 1990 年降低了 50%。29 个在 2000 年被列为低收入国家的国家达到了中等收入水平，私人资本和国内资源远远超过捐助，成为金融发展的首要因素。经济增长的趋势昭示了未来的可能；在过去 10 年，尽管有世界金融危机的扰动，撒哈拉以南非洲（sub－Saharan Africa）总体年增长率平均超过 5%。

我们正在和许多伙伴合作，将消除极度贫困作为全球可持续发展的中心议程，在未来 15 年里动员各国采取行动。我们将鼓励在赋予妇女平等和权力、教育、可持续能源和治理等方面的变革型投资。我们将通过贸易和投资来利用经济增长带来的大量就业机会。我们将重点关注对国家自主管理和政治承诺的需求，强化社会发展和经济发展之间的联系。我们将领导各国整合资源、扩大联盟，以推进势在必行的、负责任的民主治理。

我们将利用我们的领导地位推广如下金融模式：利用私营部门的数十亿投资、利用美国的科学技术和企业力量，与政府、企业和公民社会合作，大规模推行行之有效的解决方案。我们将利用我们的领导地位提升食品安全、加强恢复力、推进乡村农业现代化、降低穷人脆弱性、消除可预防的儿童和产妇死亡，向没有艾滋病的新一代的方向努力。

四、价值观

为了有效地领导处于重大政治变革中的世界，美国必须在国内践行我们的价值观，在国外推行普世价值观。从中东到乌克兰到南亚到美洲，公民在寻求更大的自由和更负责任的机构的过程中，获得了更多的权力。但这些要求经常会招致威权体制支持者的反对，导致镇压和冲突。近年来，我们的许多威胁就来自威权国家对民主力量的反对，俄罗斯入侵乌克兰、“伊拉克和黎凡特伊斯兰国”在叙利亚内战中的兴起都是如此。但也由于同样的原因，我们最大的机会就来自对自由和法制的推进，撒哈拉以南非洲、东欧、缅甸莫不如是。

保卫民主和人权事关我们所有的长久国家利益。这使我们与全世界普通人的愿望一致起来。我们从自己的历史中学到，人民必须为自己的自由而奋斗才有可能成功。但是美国拥有独一无二的条件——也通常被人们期许——支持和平民主变革。我们将继续动员国际支持，加强和扩展全球人权标准。我们将支持妇女、青年、公民社会、记者和企业家成为变革的推动力。我们将继续坚持各国政府信守人权承诺、声讨抨击压迫、努力预防大规模暴行并在必要时作出反应。

在这些努力中，一直以来其他的民主国家都是我们最亲密的同盟。但是，即便是我们的战略利益需要我们和价值观不同的国家进行接触，在公共和私人外交中我们也将继续在人权和人的尊严问题上旗帜鲜明。我们提供的任何帮助都要考虑到迫害政策给我们自身安全带来的成本和我们秉持的民主价值观之间的平衡。因为我们的人权主张在我们与广大伙伴开展合作时最为有效，所以我们正在开展与公民社会、宗教领袖、企业、其他国家政府以及国际组织的合作。我们还将反对限制信息和控制言论，努力确保人民在线上享有与线下同样的权利和安全。

（一）秉持我们的价值观

我们的价值观是力量和安全的源泉，我们在国外推行价值观的能力与我们在国内秉持这些价值观的意愿直接关联。近年来，对“9·11”后美国安全政策的质疑经常被我们的对手利用，考验我们对国内公民自由和法制的承诺。为了维护我们的安全和在世界上的领导地位，我们必须以尽可能高的标准要求自己，即便是在采取必要行动维护美国人民安全时也是如此。

为了实现这一目标，我们加强了对反对酷刑的承诺，禁止有悖美国价值观的、所谓的强化审讯技术，对关押人员的人道主义待遇采取了更为严格的保护措施。我们将许多关押人员从关塔那摩基地转移出来，并与国会讨论取消对转移关押人员的限制，以便最终关闭该基地。在有起诉的可能时，我们将通过民事诉讼将恐怖分子绳之以法；如有必要，也可通过改革后的军事委员会提起诉讼。这些诉讼体现了基本的法定诉讼程序和保证有效司法的其他必要措施。

我们还在对关键的情报工作进行改革，以维持确保美国利益所需的能力，同时继续尊重公民隐私、防止滥用权力。我们正在增加透明度，让公众确信我们的侦查活动符合法治的规定，并且得到了有效的监督。我们过去不曾、未来也不会通过收集信息情报压制批评意见或不同政见，或为美国公司提供竞争优势。当前我们正在扩展有关保留和共享情报的安全措施以保护所有人的个人信息，不论国籍。

（二）推进平等

美国价值观反映了我们在全世界捍卫的“普世价值观”，包括言论、信仰、和平集会自由；民主选举领导人的能力；通过正当程序接受审判和司法平等的权力。我们将捍卫经常遭受暴力、虐待和忽视的群体的权利，包括少数族裔和宗教少数派；残疾人；同性恋、双性恋和变性者（Lesbian，Gay，Bisexual，and Transgender，LGBT)；无家可归者和流动劳力。

我们知道如果不发挥全体人民的潜力，没有哪个社会能获得成功，因此我们要求妇女和女童参与政治和经济活动。她们通常得不到她们不可剥夺之权利，在许多方面遭遇层层阻碍无法获得机会。我们的努力包括帮助世界各地的女童接受教育，以便她们能够充分参与经济活动，发挥潜力。通过为受害人群提供支持、努力改进司法制度将作恶者绳之以法，我们重点关注如何在全球减少针对妇女的暴力肆虐。

（三）支持新兴民主

美国将集中资源，重点帮助各国巩固他们取得的成果，建立更加民主和更具代表性的治理体制。我们关注的是支持走向正确方向的国家，不管是撒哈拉以南非洲的权力和平交接、突尼斯的宪政民主运动，还是缅甸当前的开放。在以上每个例子中，我们都在激励积极改革，防止出现倒退。

从争取权利的广场斗争到保卫权利的政权建设，道路艰辛而漫长。在过去的25年，东欧、拉丁美洲、非洲和东亚地区的一些国家巩固了向民主的转型，但也并非没有挫折。阿拉伯世界的民众起义发生在这样一个民主传统薄弱、威权统治强大、宗派关系紧张、暴力极端势力肆虐的地区，所以遭受的挫折远多于取得的进展毫不奇怪。但是，中东和北非的变革不可阻挡，因为在这些地区，稳定的假象是靠压制不同政见来维持的。

但是变革的方向无法预先确定。因此，我们将继续通过负责任的援助、投资和贸易，通过支持政治、经济和安全改革来支持民主转型取得的成功，缓解遇到的困难。我们将继续推动还没有进行全面转型的威权国家实施改革。善政还取决于强化国家—社会关系。当公民在影响到自身的决策中有发言权时，政府的决策将更加明智，公民也能更好地参与、创新和贡献力量。

腐败的侵蚀作用必须加以克服。虽然信息共享使得发现腐败官员更加容易，但是全球化也让腐败官员能够更容易地在海外隐匿腐败所得，因此有必要实施始终如一的严格的国际标准打击非法金融。通过“开放政府伙伴关系”等倡议，美国在促进遵守透明、负责任的治理标准方面走在了前面。我们将利用广泛的手段追回被腐败官员窃取的资产，使得罪犯对非法所得进行藏匿、洗白和获利更加困难。我们率领各国走向更加公开、负责任、有担当的治理，这表明民主可以为普通百姓提供更好的政府和发展。

（四）赋予公民社会和青年领袖权力

民主所依赖的不只是选举或者政府机构。通过公民社会，公民集众人之力向领导人问责以应对挑战。公民社会团体经常会推动创新，发展新思想和新思路解决社会、经济和政治问题，而这些可以被政府应用在更大范围内。再者，通过为人民提供促进自身利益、表达自身诉求的和平渠道，一个自由和繁荣的公民社会可以对稳定作出贡献，帮助打击暴力极端主义。

尽管如此，在世界的许多地方，公民社会和积极分子仍然面临挑战。技术赋予个人和非政府组织权能，就广泛议题——从打击腐败、促进法治到环境保护——发起动员，但是威权国家，甚至是一些较为民主国家的政治精英，正在采取行动限制公民社会的空间。此类限制透过新的法律和规定表现出来。它们不允许公民团体获得其赖以运作的外国资金，宣布同性恋、双性恋和变性者群体不合法，剥夺反对派和平集会示威的自由。美国向公民社会提供直接支援，要求取消削弱公民权利的法律和规定，以应对此种趋势。我们还在全世界的斗争中支持能够扩展信息共享、促进言论自由和团结公民社会团体的技术。

世界上超过50%的人口年龄在30岁以下。他们当中的许多人在治理失效的国家中挣扎求存。我们正在采取措施与世界上的青年建立联系，在他们当中寻找未来的政府、商业和公民社会领袖，并在他们之间建立联系，让他们了解茁壮成长所需的技巧。在“国际访问者”（International Visitor）和“非洲青年领袖”（Young African Leaders）等倡议的成功基础上，我们建立了美国青年和非洲、东南亚等地青年的新交换项目。在西半球，我们正在促进更多的教育交换项目。我们正在通过提升和促进创业，推动社会的经济发展和创新。

（五）防止大规模暴行

大量屠杀平民是对我们共同人性的公然蔑视，是对我们共同安全的威胁。它导致国家和地区不稳定，迫使难民离家去国，造成民众不满而被极端分子所利用。领导国际社会应对种族灭绝和大规模暴行是我们的重大利益所在。我们要认识到，如果在局势恶化至危机之前采取预防措施，我们付出的代价会更低、选择的范围会更广。我们知道，如果公民获得不了基本权利和自由、无法向政府机构问责或面临无尽贫困和冲突，那么大规模暴行发生的风险就会升高。我们支持以下国际共识：政府有责任保护公民免遭大规模暴行的威胁；如果政府未能保护本国人民，那么这一责任就转移给国际社会。我们将和国际社会一道，根据符合美国法律和我们保护人民的承诺支持国际刑事法庭（International Criminal Court），预防违反人权的严重暴行，追究施暴者的责任。此外，我们将继续动员盟友和伙伴，动用所有的国家权力手段，加强对大规模暴行的预防和应对。

五、国际秩序

我们有机会——和义务——领导世界，强化、塑造并在适当时机创造规则、规范和机制，为21世纪的和平、安全、繁荣和人权保护奠定基础。当今国际体系极大依赖于国际法治架构、经济和政治机制以及二战后美国和志同道合的国家建立的联盟和伙伴关系。在美国强有力的领导下，这一体系70年来运转良好，促进了国际合作、责任分担和问责。它带领我们经历冷战并迎来了一轮民主浪潮。它削减了贸易壁垒，拓展了自由市场，促进了人类尊严和繁荣。

但是，这一体系并非完美，而且日益遭受挑战。我们看到了太多因无法凝聚意志和资源采取集体行动而导致无所作为的例子。因为成员国各自侧重不同，相互竞争，联合国和其他多边机制面临资源需求等众多压力，政策和行政领域也需要展开一系列的改革。尽管这些压力不可否认，但绝大多数国家仍然无意替换我们现有的体系。相反，它们期望在美国的领导下巩固这一体系，帮助这一体系逐步发展以应对本战略所描述的广泛挑战。

美国将继续把发展以上各领域的可持续解决方案作为外交政策的首要任务，并相应地投入外交和其他资源。我们将继续信守战后法律架构——从《联合国宪章》（U. N. Charter）到管理战争行动、尊重人权、不扩散等诸多国际关注问题的多边条约，将其作为维持一个正义与和平的世界的必要手段。在这个世界里，一国之内人民安居乐业，男人和女人都有机会尽其潜能。我们将以身作则，在这一架构内履行责任，向世界展示，我们能够在坚守价值观的情况下保护安全。我们将在联合国和其他多边机制框架内积极活动，与成员国开展合作，强化和更新维和与人道主义援助等能力，持久地为后代提供保护、稳定和支持。

与此同时，我们要让违规者付出相应的代价。一些行为体的军事入侵、非法扩散或无端使用武力对国际规则和规范及其维护的和平构成威胁。对于这些不负责任的行为体，针对性的经济制裁仍然是有效的手段。在可能的情况下，我们将通过联合国等多边机制进行制裁，但在必要时也会独自行动。我们的制裁将继续做到精心设计、量体裁衣，以达成明确的目标，同时将对其他经济行为体、全球经济和民众的意想不到的影响降至最低。

在许多情况下，我们使用针对性制裁和其他强制措施的用意不仅仅是捍卫国际规范，还有威慑对地区稳定和秩序的威胁的意思。我们不允许违规者通过其制造的直接威胁左右我们的地区战略。相反，我们将在各个地区推行长期的肯定性议程（affirmative agenda），重振与老朋友的联盟、投资与我们利益日渐一致的新兴民主国家的新伙伴关系，继续支持能力强大且包容性强的地区机制的发展以加强普遍的国际规则。

（一）推进我们的“亚太再平衡”战略

美国始终是太平洋国家。未来5年，美国之外近一半的增长预计来自亚洲。尽管如此，该地区的安全动态面临冲突和升级的危险，这包括海洋领土争端和朝鲜的挑衅行为。美国的领导对于塑造该地区稳定安全的长久发展轨道、促进公开透明体系下的贸易和商业、确保对普世权利和自由的尊重仍然必不可少。

为了实现这一愿景，我们正在使我们在亚洲的安全关系和防卫态势与存在多样化。我们正在更新与日本、韩国、澳大利亚和菲律宾的联盟，强化我们之间的互动以确保它们有足够的能力应对地区和全球挑战。我们致力于加强东盟、东亚峰会、亚太经合组织（Asia-Pacific Economic Cooperation）等地区机制，强化我们共有的规则和规范，集体应对共同挑战，确保和平解决争端。我们还与亚洲伙伴合作，促进更加开放和透明的经济，推动亚洲地区支持国际经济规范。这对于维持亚洲作为全球经济增长发动机的地位至关重要。“跨太平洋伙伴关系”是这一努力的核心。

就像二战以来我们所做的那样，美国将继续支持在亚太地区推进安全、发展和民主。这是我们深化与越南、印尼和马来西亚等东南亚国家伙伴关系的重要着眼点。我们将信守与韩国、日本、菲律宾、泰国的条约义务，鼓励泰国迅速回归民主。我们将支持缅甸人民继续深化巩固民主和国家和解等改革。

美国欢迎一个稳定、和平与繁荣的中国崛起。我们寻求与中国发展建设性关系，为两国人民造福，促进亚洲和世界的安全和繁荣。我们寻求就气候变化、公共卫生、经济增长和朝鲜半岛无核化等双方共同面临的地区和全球挑战进行合作。虽然两国之间存在竞争，但我们不认为两国的对抗不可避免。同时，我们将从实力地位出发管理竞争，坚持中国应在海上贸易安全、人权等一系列问题上信守国际规则和规范。我们将密切关注中国的军事现代化和在亚洲存在的扩张，寻求减少误解或误判的危险。在网络安全方面，我们将采取必要措施保护我们的企业，防护我们的网络。

在南亚，我们继续加强与印度的战略和经济伙伴关系。作为世界上两个最大的民主国家，我们拥有共同的内在价值观和利益，这构成了我们的合作，特别是在安全、能源和环境方面的合作的基石。我们支持印度作为地区安全提供者的角色，支持印度更广泛地参与重要地区机制。我们认为印度的“东向行动政策”（Act East）和我们的“亚太再平衡”战略有着战略上的契合。与此同时，我们将继续与印度和巴基斯坦合作，在南亚和中亚地区促进战略稳定、打击恐怖主义、推进地区经济融合。

（二）增强我们与欧洲的持久联盟

美国对一个自由、完整、和平的欧洲有着深刻的承诺。一个强大的欧洲是我们不可或缺的伙伴，这包括应对全球安全挑战、促进繁荣和维护国际规范。我们与欧洲的合作借助了我们在整个欧洲大陆牢固的、具有历史意义的双边关系。我们将坚定支持巴尔干半岛和东欧国家对欧盟和欧洲—大西洋走向一体化的渴望，继续转变我们和土耳其的关系，加强与高加索地区国家的关系，鼓励地区冲突的解决。

北约是有史以来最强大的联盟，是不断扩大的全球安全网络的枢纽。美国在条约第5条对全体北约成员国的集体防卫承诺绝不动摇，我们承诺确保联盟有能力随时应对危机，实现合作安全。我们将继续深化与欧盟的关系。这一关系对促进该地区的和平与繁荣，深化北约—欧盟关系以强化跨大西洋安全都起到了作用。为了跨大西洋贸易所创造的数百万就业机会，我们支持欧洲的促增长议程，强化和扩大该地区的复苏，寻求建立充满雄心的“跨大西洋贸易和投资伙伴关系”，以推动出口、增加就业和提升全球贸易标准。

俄罗斯对乌克兰的入侵表明，我们不能把反对领土入侵的欧洲安全和国际规则规范当作是理所应当。作为回应，我们领导国际社会努力支持乌克兰人民选择自己的未来，发展自己的民主和经济。我们坚定安全承诺，通过训练和演习提高反应能力，在中欧和东欧维持常态存在以威慑俄罗斯的进一步入侵，让我们的盟友放心。这其中将包括与欧洲合作增进其短期和长期能源安全。我们将支持格鲁吉亚、摩尔多瓦和乌克兰等伙伴国家，使它们可以更好地与美国和北约合作，并做好自身的防务准备。

我们还将继续通过制裁和其他手段让俄罗斯付出沉重代价，以无可掩盖的事实回击俄罗斯的宣传欺骗。我们将威慑俄罗斯的入侵，对其战略打击能力保持戒备，并在必要时帮助我们的盟友和伙伴抵抗俄罗斯的长期胁迫。与此同时，如果俄罗斯能够选择一条不同于现在的道路——一条尊重邻国主权和民主发展的和平合作的道路，我们将敞开与俄罗斯在有共同利益的领域开展协作的大门。

（三）寻求中东和北非的稳定与和平

在中东，我们将瓦解恐怖主义网络对我国人民的威胁，对抗针对我们盟友和伙伴的外部侵略，确保该地区的能源向全世界的自由流动，防止大规模杀伤性武器的发展、扩散和使用。同时，我们将继续致力于一个民主生根发芽、人权得到保障的和平繁荣的中东愿景。不幸的是，这些在今天还不是现实。从贝鲁特到巴格达，这些地方由暴力宗派冲突造成的悲剧和动荡远甚于世界其他地方，并导致了“伊拉克和黎凡特伊斯兰国”等新恐怖主义组织的崛起。

解决这些相互关联的冲突，为该地区带去长久的稳定，需要的不仅是美国军事力量在该地区的使用和存在，还需要有能力保护自己的伙伴。因此，我们对以色列、约旦和我们在海湾地区的伙伴的威慑侵略能力进行投入，同时维持对以色列安全的不变承诺，这包括维持以色列的“实质军事优势”（Qualitative Military Edge）。我们正在与伊拉克政府合作，通过更包容、更具代表性的治理解决逊尼派的不满。和我们在该地区和世界各地的伙伴一道，美国正在主导全面反恐战略以打击并最终战胜“伊拉克和黎凡特伊斯兰国”。同时，我们将继续寻求政治解决叙利亚不断恶化的冲突的长期方案。

实现中东和北非的稳定与和平还需要减少导致冲突的根源。因此，美国将继续与盟友和伙伴一道努力，与伊朗达成全面协议，消除世界对伊朗核计划的关切。我们将继续致力于通过两国方案结束以巴冲突，确保以色列的安全和巴勒斯坦的生存。我们将支持在该地区缓解什叶派和逊尼派之间紧张的宗派关系和暴力。我们将帮助转型国家进行政治和经济改革，建设国家维护安全、法律和秩序、尊重普世权利的能力。在这一方面，我们寻求也门实现稳定，展开艰难的结构改革，对抗来自“基地”组织和其他反叛武装的现实威胁。我们将与突尼斯合作，推进民主制度建设，巩固经济。我们将与联合国及我们的阿拉伯和欧洲伙伴一道努力，帮助稳定利比亚局势，减少非法武装和极端主义分子的威胁。我们还将与埃及开展战略合作，建设应对共同安全威胁的能力，拓展两国伙伴关系，鼓励埃及恢复民主体制。

（四）投资非洲的未来

非洲正在崛起。许多非洲国家在经济增长、改善民主治理和法治、支持人权和基本自由等方面正在取得稳步进展。城镇化和不断扩大的年轻人口正在改变该地区的人口构成，而且年轻人正在获得越来越多的话语权。但是还有一些国家的领导人恋栈不去，导致国家向民主的转型缓慢且不均衡。许多地方腐败蔓延，公共卫生系统崩溃。许多国家政府颁布法律并采取措施削弱公民社会扩展和言论自由等民主进展。苏丹、南苏丹、民主刚果共和国和中非共和国等国的国内冲突不断，索马里、尼日利亚和萨赫勒地区暴力极端主义分子与政府的交战正酣。这些都对无辜平民、地区稳定和美国的国家安全构成威胁。

几十年以来，美国与非洲的接触局限于向非洲提供援助，帮助非洲减少不安全因素、饥荒和疾病。与之形成鲜明对比的是今天我们所打造的、未来还将不断拓展的伙伴关系，这种伙伴关系建立在非洲各国的志向之上。通过“电力非洲计划”，我们的目标是将撒哈拉以南非洲的电力供应量提高一倍。通过“贸易非洲”和“非洲增长和机遇法案”等计划，我们将增进贸易和商业联系，产生出口驱动的增长。通过“在非洲经商”（Doing Business in Africa）等计划，我们将继续支持美国公司在非洲这个可能成为世界下一个主要增长中心的地区深化投资。此外，我们正在对未来的领导人——青年企业家、发明家、公民领袖和公职人员——进行投资，他们将决定非洲大陆的未来。通过“安全治理计划”（Security Governance Initiative），我们正在巩固民事和军事机构，致力于促进人权、消灭腐败。我们正在深化与非洲国家和机构的安全伙伴关系，我们与联合国和非盟在马里和索马里的合作就是明证。在尊重人权和法治的同时，这些努力将有助于解决冲突、增强非洲的维和能力、对抗跨国安全威胁。

我们将继续在营养和农业能力上的投入，通过“未来粮食保障”等计划减少饥饿。我们将继续和伙伴合作，通过“总统防治艾滋病紧急救助计划”（President's Emergency Plan for AIDS Relief）和“全球卫生安全议程”（Global Health Security Agenda）等计划降低“埃博拉”、艾滋病、疟疾和肺炎的死亡率。2014年的“埃博拉”疫情向世界提出了严峻的警告：传染病构成巨大威胁，采取全球集体行动予以应对势在必行。美国的领导对于推动国际社会遏制危机蔓延、建设公共卫生能力和预防未来爆发类似危机不可或缺。

（五）深化美洲国家间的经济和安全合作

我们将继续推进西半球的繁荣、安全和民主，使其在全球发挥更大作用。在整个西半球，中产阶级人口历史上首次超过贫穷人口，西半球在全球能源供给中的作用也日益重要。但是，虚弱的机构、高企的犯罪率、强大的有组织犯罪、非法毒品贸易、久拖不决的经济差异、匮乏的教育和卫生体系使这些成就面临威胁。

为了迎接挑战，我们与加拿大和墨西哥合作，增强我们经济的集体竞争力，促进西半球的繁荣。我们正在与智利、秘鲁、墨西哥和加拿大共同制定新的全球贸易标准，将推崇“跨太平洋伙伴关系”等自由贸易体系的美洲国家组织成一个强大的团体。在巴西努力巩固减少贫穷的成果，为中产阶级提供其所预期的更高公共服务标准之际，我们寻求推动与巴西的经济伙伴关系。

我们还拥护美洲建立强大有效的人权和法治体系。我们正在扩大同美洲国家的协作，支持巩固民主，增加在教育、可持续发展、电力接入、适应气候变化和打击有组织犯罪等领域的公共—私营伙伴关系。

这些协作在危地马拉、萨尔瓦多和洪都拉斯等政府机构受到犯罪团伙威胁的虚弱国家尤为重要。政府机构虚弱和暴力的严重后果之一就是从美国南部边境越境的无人陪伴儿童数量激增。通过与这些国家发展伙伴关系以及周边邻国的支持，美国的领导对于遏制退步、推进经济增长和民主治理不可或缺。同样的，我们继续致力于帮助海地重建，帮助海地与其他加勒比国家一起走上可持续发展之路。

我们将支持地区长期冲突的解决，特别是哥伦比亚与“哥伦比亚革命武装力量”签署的和平协议。总的说来，我们深化了与哥伦比亚的战略伙伴关系，对国际和平和安全作出了重大贡献。与此相同，我们在委内瑞拉等民主得不到充分实行的国家站到了人民一边。虽然该地区的一些国家仍然受困于陈旧的意识形态争论，我们将继续与所有有合作意愿的政府开展务实合作，强化《美洲国家民主宪章》（Inter-American Democratic Charter）所列原则。作为推进西半球完全民主的努力的组成部分，我们将推动对古巴的开放，以便最有效地提升古巴人民自由决定自己未来的能力。

六、结论

2015年《国家安全战略》为在世纪之初加强和维持美国的领导提供了愿景。它明确了美国权力的目的和潜力，意在主动、强力地推进我们的利益和价值观。我们将威慑并击败任何威胁我们和我们盟友国家安全的对手。我们满怀信心，欢迎其他国家和平崛起，成为我们的伙伴并分担维护一个更加和平与繁荣的世界的重担。我们将继续与现有大国及新兴大国合作，推动我们的共同安全，保护我们共同的人性，即便我们之间在经济和其他领域存在竞争。我们将维护和更新国际规则和规范，为此种合作和竞争提供依据。我们将完成上述目标并做得更多；我们相信，由我们在二战后领导建立的国际体系仍将很好地继续为美国和世界服务。这个目标雄心勃勃，但并不是高不可攀，只要我们继续恢复作为过去数十年美国外交政策支柱力量的两党核心。美国适应挫折、从挫折中恢复的能力要比其他国家强大。我们力量的核心要素是我们的团结和信心：如同20世纪一样，美国在21世纪的领导不可或缺。

（译者：解放军外国语学院副教授　曹松青）

前沿存在·保持接触·常备不懈——21世纪海上力量合作战略[1]

2015年3月

序言

美国海上军事力量——美国海军、海军陆战队与海岸警卫队——在全球提供了独一无二的存在。在和平与冲突时期，执行全谱行动——从以人道主义援助或救灾行动支持盟国，到在武力行动中威慑或击败对手——水兵、海军陆战队员以及海岸警卫队员们部署在海上，在遥远的港口，随时准备奔赴需要我们之处。鉴于我们经由海上而来，因而我们能更快到达，更久停留，随身携带所需的一切，而且无须经由任何人同意。

我们的国父们认识到，美国是一个海上国家，海上力量十分重要，我们的宪法就要求国会“保持一支海军”。在当今变化的安全环境中，诸多国家与非国家行为体常因社会无序、政治巨变以及技术进步而对我们形成多种挑战，宪法的这一要求尤显其先见之明。

美国海军、海军陆战队以及海岸警卫队是国家的第一道防线，常常在远离美国海岸线的海域活动。正因如此，保持美国在世界的领导地位要求我们的海上军事力量不时回归我们的海上战略，根据变化的关系与全球责任重新评估我们的路线方针。这一必要的评估

① 原文出自 http：//www. navy. mil/local/maritime/150227－CS21R－Final. pdf。

已肯定，我们的重心是提供全球存在，以此确保稳定，巩固我们与盟国及伙伴国的关系，预防战争，在危机时期为国家领导人提供备选方案。这一评估已经确认，我们将继续坚守承诺，维持必要的战斗力以威慑潜在的对手，在需要时与其战斗并赢得胜利。

我们对美国人民所负的职责要求我们，要高效使用财政资源，要采用与演变中的安全环境相适应的路径。本份文件正是为此进行了种种调整。审视我们以何种方式支持美国人民、构建合适的平台、激励他们获取有效的全球能力、发展重要的伙伴关系，这将是战略成功实施的关键，也是提供“存在”这一独一无二能力的关键。

对美国而言，海上力量一直是，也将继续是国家力量与繁荣，国际地位的重要基石所在。我们海上军事力量将与国家的其他工作相融合，与伙伴国和盟国的努力相融合。此次修订《21世纪海上力量合作战略》是建立在海军—海军陆战队—海岸警卫队这一团队的传统与互补能力之上，旨在增进繁荣并确保国家安全。这也正是变化的世界以及保卫美国人民及其利益之所需。

海军部长　雷·马布斯

前言

本海上战略描绘了我们将如何设计、组织、运用海上军事力量以支持我们的国家战略、防务战略和国土安全战略。它也将在资源有限的时期为海上工作进行排序，重点是作战能力与前沿海军存在，以此促进我们现在的利益并为未来的挑战做好准备。

前沿海军存在是强化盟国和伙伴国关系所必需的，它将为基于货物自由流通的开放经济体系提供必要的安全环境，它将保护美国的自然资源、促进稳定、慑止冲突并应对侵略。随着全球海上商业的扩展和人口的增长，对能源和自然资源的竞争也在加剧，先进的军事技术在各大洋以及沿海区域扩散，这也对活动于上述区域的人们构成了挑战。

美国人民将继续依赖海上军事力量，应对快速变化中的、复杂的各类国际事件，这些事件威胁着美国及其盟国和伙伴国的安全。凭借两个多世纪以来从未改变的决心与响应能力，我们的水兵、陆战队员以及海岸警卫队员们时刻准备着迎接这些挑战。

美国海军陆战队上将、海军陆战队司令　（小）约瑟夫·邓福德

美国海军上将、海军作战部长　乔纳森·格林纳特

美国海岸警卫队上将、海岸警卫队司令　保罗·祖肯夫特

引言

美国是一个海上国家。两个多世纪以来，海军、海军陆战队以及海岸警卫队，这些海上军事力量在全球行动以保护美国的公民和利益，他们应对危机，在必要时投入战斗并赢得战争。自2007年我们发布《21世纪海上力量合作战略》以来，安全环境与财政环境都发生了变化。与此同时，新的战略指南出台，其中包括2012年《国防战略指南》以及2014年《四年防务评估报告》与《国土安全评估》。这些都要求我们更新海上战略，以确保在一个日趋复杂且相互依赖的世界里继续促进我们的国家利益。

前沿部署以及前沿驻扎的海军部队将全球海上公地作为机动介质，确保进入海外区域，保护我们在那些地区的关键利益，保护海外的美国公民，防止对手利用海洋危害我们。我们要在那些远离我国海岸的国际水域继续行动，这种能力是美国的独特优势之所在，而我们是一个西半球国家，广阔的海洋将我们与我们的诸多战略利益分离。在依赖海洋的互联全球共同体中维持这一优势将是我们海

上军事力量以及我国的必要。

当今的全球安全环境特征是，印度洋—亚洲—太平洋地区重要性不断上升，反进入—区域拒止能力的持续发展和实战化使我们进入全球海上的能力面临挑战，扩展并演变中的恐怖主义网络与犯罪网络构成的威胁在继续，海上领土争端的频率与烈度都在上升，以及那些危及海上商业，尤其是能源运输的威胁的存在。

除却上述这些在动荡的21世纪新出现的风险外，同样也存在机遇——许多是因海上军事力量通过与盟国和伙伴国的日常建设性接触所引发。其中最主要的是，发展由各国海军形成的全球网络的可能，这一网络将全球志同道合的国家和组织汇聚在一起，解决共同的海上安全挑战，应对自然灾害。

本海上战略重申两大基本原则。第一，美国海军的前沿存在是完成由国家指导方针所衍生出的下列海军使命所必需：国土防御、慑止冲突、应对危机、击败侵略、保护海上公域、强化伙伴关系、提供人道主义救援及灾难应急反应。我们自给自足的海军在全球公地行动，在远离海岸之处确保国土安全，为总统提供决策空间和备选方案以挫败敌人的目标，保证行动的自由，确保后续部队的进入。

第二，当我们展开跨军种联合行动以及与盟国、伙伴国并肩作战之际，海军部队更为强大。各国能力相融合将产生联合的海军效果，这将大于各部分相加之和。通过经由正式和非正式的网络所进行的合作，我们将能应对那些危及我们共同海上安全利益的威胁。通过充分发挥这一海军全球网络概念，我们将能更好地面对新兴挑战。

海上军事力量一直以来组织有序、训练得当、装备精良，能够执行下列四项基本职能：威慑、海洋控制、力量投送、海上安全。因为进入全球公地十分重要，本战略提出了第五项职能，即全域进入。这一职能将确保在任何领域——海、空、陆、天、网络空间，以及电磁频谱，适当的行动自由。

本战略提供了有关海军力量运用的信息，描绘了一支能平衡战备与国家当前及未来财政挑战的力量。我们的力量运用途径将能力、平台与地区任务需求相协调，确保我们最现代、最先进的力量能放置到战斗力最需要之处。本战略还描绘了海军如何增强自身的效率，应用新的作战概念，推进改革。通过这些举措，海上军事力量将绘制出一条能确保推进我们国家利益的路线，而他们也将继续成为美国国家安全的基石之所在。

第一部分 全球安全环境

海军必须在一个以易变、混乱、复杂且相互依赖为特征的全球安全环境中推进美国的利益。这一环境包括地缘政治变化以及日益增长的军事挑战，它们极大地影响了本战略。

一、地缘政治变化

印度洋—亚洲—太平洋地区覆盖从美国西海岸到非洲东海岸的广袤地区，包括世界10个人口最多的国家中的8个，这一地区对于我国以及我们的盟国、伙伴国日益重要。美国的经济和安全与流经印度洋和太平洋的巨量贸易密不可分。经济重要性、安全利益以及这一广袤海域的地理因素要求我们必须更加依赖海上军事力量以保护美国的利益，维系对地区稳定的持久承诺。

基于共同的战略利益，美国寻求强化与印度洋—亚洲—太平洋地区长期盟国之间的合作，它们包括澳大利亚、日本、新西兰、菲律宾、韩国、泰国，我们还将继续与诸如孟加拉国、文莱、印度、印度尼西亚、马来西亚、密克罗尼西亚、巴基斯坦、新加坡、越南等国发展伙伴关系。

整个中东与非洲地区长期不稳定且缺乏有效治理，这使得暴力极端组织以及其他恐怖组织在此活动猖獗。这些组织包括“伊拉克和黎凡特伊斯兰国”（the Islamic State of Iraq and the Levant, ISIL）、黎巴嫩真主党、哈马斯、索马里“伊斯兰青年运动”（Al-Shabab）、“博科圣地”，以及“基地”组织及其分支。这些不稳定的主权国家网络以及类似2015年年初巴黎枪击事件的影响，充分说明了在全球打击恐怖主义努力中，前沿存在且常备不懈的海军部队不可或缺。

岸上缺乏治理的区域为地区不稳定创造了条件，这些不稳定包括海盗、非法海上交易以及支持恐怖主义活动。通过美国海军部队及其全球伙伴的齐心协力，非洲之角地区的海盗活动现在已经有所减少，但依然是西非的忧患所在，尤其是在几内亚湾以及印度洋和太平洋海域。在一个高度联系的世界里，这种地区性不稳定威胁全球经济稳定，突出了各国海军形成一个全球网络的必要性，而这一网络能最好地利用各参与国的能力。

北约横跨北美与欧洲，依然是世界上最强大的联盟，也是跨大西洋安全的核心。我们携手努力，与成员国、伙伴国合作融合，应对共同的海上挑战，如打击海盗，这构成了安全合作的典范。从在罗马尼亚和波兰建设陆基弹道导弹防御能力，到在北约常备海上部队（Standing NATO Maritime Group）的行动，美国海上军事力量每天都积极参与了北约的任务。

俄罗斯军事现代化、对克里米亚的非法抢夺、正在乌克兰进行的军事入侵，这些都凸显了我们对欧洲安全与稳定的承诺。通过维系对海上军事力量的承诺以为欧洲海上战区提供安全，北约成员国能够确保联盟的存续。

对能源与资源的需求将飞速增长，一个例证就是，到2040年全球能源消耗量将增长56%，这凸显了经由海上战略通道的自由流通贸易之重要性，这些战略通道包括霍尔木兹海峡、马六甲海峡以及巴拿马运河和苏伊士运河。尽管美国当前出口能源大于进口量——这是数十年来第一次——我们依然与全球经济紧密相连，而全球经济依赖于中东与中亚地区不间断的油气供应。由于持续上升的政治不稳定以及地区冲突，有可能出现供应中断的风险。尤其是伊朗在继续发展其可威胁经由霍尔木兹海峡贸易的能力。中断能源供应将迅速对全球经济产生重大影响。在离美国更近的地区，能源生产与运输方面的剧变以及巴拿马运河的扩建，这些将从根本上改变美国国内以及全球的航运模式。

跨国犯罪组织（Transnational criminal organizations，TCO）依然威胁非洲与西半球，尤其是中美洲以及进入美国本土南部各通道的稳定。犯罪组织网络为人员偷渡、武器、毒品与金钱相互流通提供了便利，而所有这些都可能为恐怖分子所利用，借此攻击我们的国土、盟国以及海外利益。

环境发展大趋势日益塑造海上安全环境，尤其是在沿海地区，世界上绝大多数的人口居住于此。气候变化所导致的更强烈风暴、上升的海平面、沿岸地区的洪灾等，正对诸多岛国产生严重影响。这可能引发社会混乱以及更频繁的人道主义救援和灾难应急行动。上升的海洋温度带来新的挑战与机遇，其中最引人瞩目的是在北极和南极地区。极地冰川融化，这导致更多的海上活动。未来几十年，北冰洋将越来越容易进入，那些寻求开发该地区丰富资源以及贸易航线的行为体将更广泛地利用这一水域。这些预计增加的海上活动，其中包括油气开采、商业捕鱼、旅游、采矿，将使该地区的战略重要性与日俱增。确保在北极地区进行的活动安全且对环境负责，这将要求我们进行广泛的合作。诸如北极理事会（Arctic Council）——美国将于2015—2017年担任主席国——一类的合作论坛以及南极条约体系为拓展合作提供了机会。

二、军事挑战

在进入海上公地并在其间自由行动方面，我们的海上军事力量面临越来越多的挑战。其中最突出的是，技术的扩散使得潜在的对手能在更远距离外威胁我们的海空力量，这使得我们更难以进入某些海上区域（反进入），同时也使得我们在那些区域中的机动能力降低（区域拒止），其中包括进入其濒海区及内陆。对手的能力包括：由最先进的指挥控制及综合瞄准网络支持的远程弹道导弹与巡航导弹；制导火箭、火炮、导弹与迫击炮；先进的潜艇与“智能”水雷；先进的综合防空系统；配备增强型感应器及武器的第五代战机；电子战、网络、太空能力。毫无疑问，这些能力不仅在战时构成重大挑战，和平时期它们也将是我们必须考量之事。例如，国家或非国家行为体在港口或海上交通要道秘密布雷，这可能危及货物与服务的自由流通。

在网络空间和电子频谱领域出现的新挑战意味着，我们不再拥有信息“高地”。对手力图瓦解或物理损害我们拥有先进网络化信息系统的部队和基础设施，或力图使其失效。对太空、网络空间以及电磁频谱的利用威胁我们全球指挥控制。海上军事力量必须拥有足够恢复能力，能够在最不利的网络和电磁条件下行动。

大规模杀伤性武器威胁美国及其盟国、伙伴国。朝鲜继续改进其核武器能力并部署远程弹道导弹。同样地，伊朗也正在发展核武器以及能携带大规模杀伤性武器的弹道导弹技术。此外，恐怖主义网络寻求这些武器以对付诸多目标。所有这些都对我们的国土及我们的盟国、伙伴国构成了直接威胁。

这些地缘政治变化的复杂性以及军事上的挑战，尤其当其发生在财政不确定的时期，这要求海上军事力量采取大胆且富于创新性的路径。这一路径既要求与盟国、伙伴国开展更深入的合作，同时也要求我们将重心更多地置于联合力量的相互依赖上，各军种合理且有选择性地依赖与信任彼此能力，将能最大限度地发挥其自身效能。

第二部分　前沿存在与伙伴关系

海军部队展开前沿行动，通过捍卫公海航行自由以塑造安全环境、展现美国意志、保护美国利益、促进全球繁荣。通过拓展我们的盟国与伙伴国网络，提升我们彼此协同行动的能力。在危机时期，前沿存在的海军部队为总统提供保护国家利益、缓和敌对状态、使冲突远离我国海岸的即时备选方案。在战争期间，前沿存在的海军部队可进行战斗，同时也为后续部队的进入及行动提供自由。

海军目前提交的预算案将在2020年前在“必要之地、必要之时”提供超过300艘舰艇以及大约120艘前沿存在的舰艇，远高于2014年的平均97艘。这包括在诸如关岛、日本以及西班牙等地的海外前沿驻扎的海军部队，在诸如新加坡等海外地区部署的前沿行动部队，以及从美国派出的轮换部署部队。为更有效、更高效地提供前沿存在，我们将实施下列有关力量运用的改革：

• 在增加战区中存在的同时，增加海外前沿基地，从而减少耗费巨大的轮换与部署行动。

• 与盟国、伙伴国协调，提供全球分布的网络化远征部队，以此增强有效的海军存在、战略敏捷性以及反应能力。

• 运用模块化设计的平台，无须替换整艘舰艇即能更换任务模块与载荷，从而节省时间与金钱。未来，濒海战斗舰（Littoral Combat Ships）将被再次指派作为护卫舰（Frigates，FF），这就是此种能力的一个例证。

• 推广运用适应性力量组合的做法，这一做法量身打造海军能力，使其与特定地区环境相适应，从而确保我们的资产能置于最需要之处。例如，“UNITAS”是我们与伙伴国在美国南方司令部负责区域进行的年度演习，为参与该演习，我们量身打造海军能力，使能力更强的配备海军陆战队远征分队（Marine Expeditionary Units，MEU）的两栖戒备大队（Amphibious Ready Groups，ARG）和航母打击群（Carrier Strike Groups，CSG）可以用于其他战区更复杂的任务。

·利用适应性力量组合，确保持续性接触，这有助于盟国、伙伴国的能力建设以应对未来危机。

在每个区域，我们都将坚持根据任务需求来调整部队力量构成。

一、印度洋—亚洲—太平洋

随着战略关注点转移至印度洋—亚洲—太平洋，我们将增加该地区舰艇、飞机、海军陆战队的数量。到2020年，大约60%的海军舰艇与飞机都将部署到该区域。海军将在日本维持一个航母打击群、一个舰载机联队（Carrier Airwing）、一个两栖戒备大队；在关岛增加一艘攻击型潜艇；采取高费效比路径，如将前沿驻扎在新加坡的濒海战斗舰增至四艘，以此提供持久的地区存在。海军还将向该地区提供最先进的作战平台，其中包括配备多任务弹道导弹防御系统的舰艇、潜水艇、情报监视侦察飞机。“朱姆沃尔特”级驱逐舰是我们技术最复杂的水面战斗舰，它将与F－35C“闪电II”战机以及MQ－4C“特里同”高空长航无人飞行器（MQ－4C Triton high-endurance，unmanned aerial vehicle）一同部署到该区域。

海军陆战队将维持在该地区的海军陆战队远征部队（Marine Expeditionary Force，MEF），在澳大利亚部署一支海军陆战队轮换部队（Marine Rotational Force），利用其他陆基或海基力量以提供常规威慑，开展安全合作，应对危机与冲突，同时也为作战计划提供远征支援。诸如MV－22“鱼鹰”直升机（MV－22 Osprey）、CH－53K“种马之王”重型运输直升机（CH－53K King Stallion）、F－35B“闪电II”战斗机、两栖战车（Amphibious Combat Vehicle）等新型装备资产，将使得上述部队具备这一广袤区域所必需的更大行动范围及更强行动能力。海军与海军陆战队将使用这些来自多用途两栖舰艇、可重构平台以及遍及印度洋—亚洲—太平洋沿岸的远征驻地的部队。例如，当前海军陆战队在海外部署T－AKE级干货/弹药船（Dry Cargo/Ammunition，T－AKE）以及联合高速船（Joint High Speed Vessel，JHSV）等军事海运司令部（Military Sealift Command）船只，与伙伴国安全部队展开联合训练。海军陆战队最近已经在西太平洋设立了MV－22“鱼鹰”直升机中队前沿基地，并将向日本部署首架永久性前沿驻扎的五代战机。

海岸警卫队将轮流部署国家安全巡逻舰（National Security Cutters）以及那些可与海军及海军陆战队一起部署的特种部队，以此保卫美国的领土及专属经济区（Exclusive Economic Zone，EEZ）。此外，海岸警卫队还将与地区伙伴国及各国海军合作，开展联合巡逻、船员互换、多国演习，从而建立熟练的海上管理力量，加强海上安全合作，减少非法、未经报告、不受管制捕鱼活动。通过《大洋洲海上安全倡议》（Oceania Maritime Security Initiative）以及参与北太平洋海岸警卫队论坛（North Pacific Coast Guard Forum），这些多国努力将得以推进。

我们扩大了在印度洋—亚洲—太平洋的海上前沿存在，这将增强我们在战区中的作战优势。与此同时，通过更强的互通性、更为一体化的行动以及日益复杂的演习与训练，我们的存在也为强化同盟提供了基础。通过扩展的海上安全行动、共享的海域感知、更长期的多边接触，我们的前沿存在还将强化伙伴关系。我们的目标是建立并维持应对地区海上安全挑战的区域性能力。通过深化地区各国，尤其是东盟各成员国间的安全合作与多边机制，美国海上军事力量将能为全球经济体系的长期安全作出贡献。

二、中东

中东对美国及其盟友依然具有重大战略意义。我们将增强在此的存在，到2020年，舰艇数将从现在的30艘增加到大约40艘，以此维持在中东地区的可靠战斗力，从而慑止冲突、消除盟国与伙伴国的顾虑、应对危机。

海军和海军陆战队将继续轮流部署配备舰载机联队的航母打击群以及配备舰载海军陆战队远征分队的两栖戒备大队至该地区。此外，海军陆战队将维持在中东的持续存在，其中包括一个由将官领导的海军陆战队空地特遣部队（Marine Air－Ground Task Force，MAGTF）的指挥部门以及配备MV－22、KC130“大力神”飞机的海军陆战队特别目标空地特遣部队（Special Purpose Marine Air－Ground Task Force，SPMAGTF），以此将安全合作与危机反应行动半径增至最大。海军与海军陆战队将在阿拉伯湾维持一个司令部设施，继续在该地部署舰船，使用诸如濒海战斗舰、联合高速船以及前置浮动基地（Afloat Forward Staging Base，AFSB）等新型多用途舰艇，支持安全合作、反恐、远征行动、扫雷及特别行动部队（Special Operations Forces）。

海岸警卫队将派遣人员到伙伴国协助进行海上治理能力建设，同时也将开展海上安全、基础设施保护、港口国安全控制（Port State Control）等行动。海岸警卫队巡逻船只以及可部署在海军和盟国船只上的专业部队将打击非法海上活动。

我们将在中东保持持续的前沿海上存在，打击那些威胁当地及地区治理的恐怖组织网络，以此保护我们的国土安全并促进地区稳定。此种存在还将打击大规模杀伤性武器的扩散，慑止潜在对手威胁经由霍尔木兹海峡和苏伊士运河的能源运输。我们将增强关键伙伴，特别是海湾合作委员会（Gulf Cooperation Council）的能力，提升我们与海合会成员国之间以及与地区其他国家海军之间的互通性。

三、欧洲

北约以及我们的欧洲盟国、伙伴国对美国在该地区和世界各地的安全利益仍然十分重要。我们与盟国的互通性将仍然是最优先考虑事项，英国皇家海军人员随航母打击群进行的 9 个月合作部署行动，以及美法航母打击群联合行动，这些就是例证。我们在欧洲的海军设施对于维持海军部队在该地区以及临近地区的行动必不可缺。在欧洲行动的海军驻地位置理想，有利于在欧洲、非洲、地中海东部地区以及西南亚实施快速灵活的海基行动。

随着我们在印度洋—亚洲—太平洋实施“再平衡”，我们继续认识到欧洲和北约在应对共同海上安全挑战中不变的战略意义与贡献，例如“海洋盾牌行动”（Operation Ocean Shield），它已经减少了非洲之角附近海域的海盗行径。为践行我们对北约的承诺，我们将继续支持北约常备海上部队和扫雷部队（Mine Countermeasure Groups），向盟国提供那些部署在欧洲的能作出独特贡献的部队，例如海岸及海上“宙斯盾”弹道导弹防御系统，保护盟国、伙伴国免遭弹道导弹威胁，其中包括 2015 年年底之前在西班牙部署 4 艘多任务且具备弹道导弹防御能力的驱逐舰。这些军舰还将在地中海地区提供前沿存在以执行安全合作、海上安全及危机反应任务。继续推进与北约的海上整合，这对于确保地区长期安全稳定必不可少。

为增加不定期的两栖戒备大队/海军陆战队远征分队在该地区的部署，海军陆战队将提供一支陆基或海基海军陆战队空地特遣部队，他们接受过单独部署训练或作为更大的合成部队组成部分而进行部署的训练。这样一支特遣部队曾于 2013 年在欧洲和非洲执行支援任务。海军陆战队将继续部署这种根据任务组成的部队以进行安全合作，同时随时准备应对危机。

四、非洲

我们将通过适应性力量组合在非洲提供海上前沿存在，例如，联合高速船或配备水兵、海军陆战队员和海岸警卫队员的前置浮动基地。建筑营、拆弹部队、海军“海豹”突击队和其他海军特种部队以及海岸警卫队和海军陆战队，将继续通过诸如非洲海上执法伙伴关系（African Maritime Law Enforcement Partnership）和非洲伙伴关系驻地（Africa Partnership Station）等计划，与伙伴国安全部队并肩打击恐怖主义、非法走私以及非法掠夺自然资源。西非国家极其依赖海上力量来打击与恐怖活动相关联的非法走私活动。例如，海上力量将继续与几内亚湾各伙伴国合作，争取找到一条通过信息分享、演习和联合巡逻以解决海上安全挑战的长期途径。海军将继续在非洲大陆保持一个远征基地，支援反恐、海上安全以及情监侦行动。诸如两栖戒备大队/海军陆战队远征分队、海军陆战队空地特遣部队以及海军陆战队远征旅（Marine Expeditionary Brigades，MEB）等前沿部署及快速部署部队，他们将参与演习和训练，加强伙伴关系，时刻准备好支援危机反应行动，保护该地区的美国公民和利益。

我们将继续与欧洲、非洲伙伴国以及地区组织合作，加强非洲应对危机的能力，协助各国保持稳定。

五、西半球

在西半球，我们将继续加强伙伴关系和能力，保护国土，打击非法走私和跨国犯罪组织。海岸警卫队的调整将产生一批高性能、多用途的舰船和飞机，其中包括海岸巡逻舰（Offshore Patrol Cutter）和C—27J“斯巴达人”（C—27J Spartan maritime）海上巡逻机，我们将以此消除威胁，特别是在加勒比海、墨西哥湾以及东太平洋上的威胁。海军将保持在古巴关塔纳摩湾的基地，支援联合和合成军事行动，加强部门间合作，促进地区安全与合作。海军陆战队将部署特遣部队或者海军陆战队空地特遣部队以支持安全合作活动，这些活动将提升与地区伙伴国的互通性，加强他们查禁跨国犯罪组织的能力。我们将部署两栖舰船和其他平台，包括濒海战斗舰、联合高速船、前置浮动基地、医疗船、其他军用海上指挥舰船以及海岸警卫队的平台，执行人道主义援助和救灾任务。我们还将部署海上巡逻机，例如P－8A“海神”巡逻机（P－8A Poseidon）和无人驾驶飞行器。我们将定期部署其他舰船和飞机，进行经常性军事交流、战区安全合作演习以及执行其他任务。

六、北极与南极

为适应预期增多的海上活动，海上军事力量将评估进入北极并保持存在的必要性，改进海域感知，谋求与北极伙伴国的合作，加强该地区海上安全。这将要求我们进一步发展在北极行动的能力，包括在有冰覆盖和冰阻碍水域开展行动的能力。海岸警卫队将使用多用途国家安全巡逻舰以提供针对性季节存在，进行指挥、控制和空中监视，并且将开始新式重型破冰设备的设计工作以便支援在北极和南极的行动。海岸警卫队还将争取组建一支海上救助、协调和行动小组，向北极理事会全体8个成员国开放。该小组旨在协调多国搜救行动、训练演习、海上交通管理、救灾以及信息分享。

第三部分　支撑国家安全的海上力量

海上军事力量在世界各大洋行动，保卫国土，构建全球安全，投送力量，决战决胜。这种全球海上机动能力以及防止他国利用海洋损害我们利益的能力构成了美国的战略优势。配备舰载飞机的航母打击群是海上力量超级打击能力之所在，加上配备了海军陆战队的两栖特遣部队，他们与水面作战舰艇、潜艇和海岸警卫队巡逻艇一道为从海上到濒海地区支援海军使命提供了灵活且可持续的力量选项，这些使命包括：保卫国土、慑止冲突、应对危机、击败进犯、保护公海、加强伙伴关系，以及提供人道主义援助和救灾。

我们组织、训练、装备海军部队，通过5种基本功能以完成上述使命：全域进入、威慑、海洋控制、力量投送以及海上安全。我们整合美国的海上力量，以合成武装的方式发挥这些功能，为联合部队和国家提供一种独特的比较优势。

一、全域进入

全域进入是指有能力以充足的行动自由向竞争区域投送军事力量以便有效行动。在今天的安全环境中，这种进入能力日益遭到其他国家和非国家行为体的挑战，他们通过复杂的“反进入/区域拒止”战略，甚至可以将我们最先进的部队和武器系统置于危险之中。全域进入，加上与海军—海军陆战队合作团队的海洋控制与力量投送能力，可以让联合部队的海上部队指挥官向联合部队提供跨域能力，其要素如下：

战场感知，它能提供：持续的海域监视，其中包括沿海向陆部分，以及信息环境；透彻了解敌手的能力和意图；了解敌手行动的时间、地点和方式；全面掌握我们部队即将展开行动的环境。

可靠的指挥控制，向指挥官提供在竞争性环境中为指挥控制部队而维持强大机敏且抗打击网络的能力。

网络空间行动，包括防御和进攻手段，维持利用有利网络空间的能力；保护数据、网络、网络中心行动能力，以及其他指定系统；

以及在网络空间或通过网络空间使用强力，投送力量。

电磁机动战（Electromagnetic Maneuver Warfare，EMW），这是一个相对新的概念，旨在用先进的非动能力量在太空、网络空间以及电磁频谱共同行动，营造作战优势。

综合火力，为指挥官提供更多的动能和非动能武器选项，以便充分利用敌手的能力和弱点，并且在必要时对其予以攻击。

综合上述要素即可达成跨域协同，由此可向联合部队指挥官提供全域击败“反进入/区域拒止”战略的一系列手段。这些手段包括更加强调力量协调一致的非动能力量和反锁定技巧，而不是以日益昂贵的动能武器去应付每一种威胁。简言之，我们必须在防御能力方面更加全面，以便击败整个系统而非对抗单个武器。举例而言，我们可以通过运用更好的战场态势感知，利用网络和电磁机动战能力形成的综合火力，在反舰弹道导弹和巡航导弹发射之前就瓦解其形成的威胁，从而更有效地击败敌人。

确保全域进入能力始于和平时期我们与盟国、伙伴国海军和海上军事力量展开的日常地区行动。这些行动可以加强关系，培养能力，并由此进入海上环境。当海上力量在和平时期为进入设立条件之时，我们将加强与盟国、伙伴国的互通性，做足准备以在冲突发生时迅速达成全域进入。

海军部队实施全域进入，这是联合行动的一个组成部分，它在和平时期能改善关系，加大威慑，在战时可以让我们克敌制胜。这一功能将支援所有的海军使命。

二、威慑

我们达成威慑的途径是，让潜在的敌人确信其无法得逞或侵略的代价无法承受。

战略核威慑由海军弹道导弹核潜艇提供保障，它们为美国提供了一种可靠而精确的第二次核打击能力。弹道导弹核潜艇永远在海洋中隐秘巡逻，保持持续的通讯，能作出即时反应。弹道导弹核潜艇是我国三位一体核武库中最保险、生存力最强的构成，我们必须使这种海基核力量保持最高戒备并拥有充足资源。

我们的海军部队拥有配备舰载飞机的航母打击群、配备精确打击武器的水面和水下舰艇、由两栖舰船和前置浮动基地等各种结合形式配备的海军陆战队远征部队、海军陆战队远征旅和海军陆战队远征分队构成的可调整规模、可部署的远征战斗力量，由此以压倒性作战能力提供常规威慑。海岸警卫队在我们的港口、内水水道、海岸和沿海地带保持不间断的存在，增添了一层对抗海上威胁的防御。这些海军部队和具有弹道导弹防御能力的多用途军舰一起，提供了一系列广泛而可靠的威慑选项，这些选项机敏、灵活，可调整规模。它们也处于快速反应状态，一旦威慑失败，可以保卫国土和我们的盟国。

这种功能将支援海军保卫国土、慑止冲突、加强伙伴关系的使命。

三、海洋控制

海洋控制使海军部队建立局部海上优势，同时阻止敌手具备同样能力。前沿海军部队使用各种能力，消灭敌人海军部队，压制敌人海上贸易，保护关键海上通道，包括进出港口，从而保证战略海上运输，并有利于后续部队的到来。海洋控制的基本要素是水面战、水下战、打击战、水雷战、防空和导弹防御、海域感知，以及情报、监视和侦察。

实现海洋控制可能需要向岸上投送力量，以便消除威胁或控制濒海向陆地带。与此类似，要在岸上投送和保持力量，就要求在毗邻海域和空域实现海上控制。因此，海上控制和力量投送相互加强。

这种功能将支援海军保卫国土、击败入侵、加强伙伴关系的使命。

四、力量投送

广义而言，力量投送是指一个国家使用国家力量的全部或者部分构成要素——外交、信息、军事、经济——应对危机，形成威慑，提升地区稳定性。

海军力量投送包括对岸上目标的常规打击、综合使用动能武器和非动能火力对敌军的打击、先头部队行动、突袭，以及各类两栖行动，从舰船—目标机动和对岸上部队的海基火力支援，到由海军特种战和特别行动部队（Naval Special Warfare and Special Operations Forces）执行的各项任务。航母、水面舰只、其他舰船以及潜艇为主的海军打击力量提供远程海基打击能力。海军远征部队可以向内陆纵深地区投送力量，瓦解敌人，消灭敌军，占据有利地形，支援联合战役。

力量投送也取决于我们建立海上基地的能力和利用军事海运司令部的战略海运和后勤支援的能力，同时也取决于我们利用联合部队空中加油的能力，以及对那些保障、输送并维持部队的基地和设施实施全球战略部署的能力。海军后勤整合是我们能够维持海上部队行动的关键因素。在历史上，维持远程行动的能力被证明是海军力量投送的基石。

以人道主义援助和救灾形式，海军力量投送能力为实施“巧实力”任务的其他构成要素提供了条件，2010年海地地震、2011年日本大海啸以及2013年菲律宾飓风就是明证。前沿海军部队驻扎在可对关键地区的灾难作出快速反应之处，他们与盟国、伙伴国合作，时刻准备拯救生命，提供即时救援，为有效的民事响应提供条件，无需依赖岸上被损坏或无法使用的港口或机场。这种功能可以支援海军保卫国土、应对危机、慑止冲突、击败入侵，以及提供人道主义援助和救灾的使命。

五、海上安全

海上安全将保护美国的主权和海上资源，支援自由而开放的海上贸易，打击武器扩散、恐怖主义、跨国犯罪、海盗、非法利用海上环境以及非法海上移民。

海军部队为公海和通往我国的海上通道提供海上安全。美国管理着450万平方英里专属经济区内重要的矿物和海洋资源，并且在更大范围的西半球过境区（Western Hemisphere Transit Zone）内承担国际承认的搜救责任。海岸警卫队和海军舰船飞机在专属经济区内外行动，是国家分层防御体系的先锋，他们加强海域感知，实施有效的海上治理，保卫国土。

海上安全有助于美国维护那些有关规范公海运输、贸易和自然资源开发行为的法律、法规和准则。尤为重要的是，我们必须与其他国家的海岸警卫队合作，应对那些由国家支持的、针对我国主权权益的军事和非军事挑战。

我们发现并监视涉嫌载有非法货物或人员的船只，实施海上安全行动。在必要时，我们拦截并登上这些船只，以便维护美国法律或协助国际制裁。海军部队与海岸警卫队独有的法律部门合作，打击非法毒品贸易、人员偷渡以及非法滥用自然资源，尤其是在西半球。海上安全行动还对美国广泛的海上治理活动提供支援，包括确保进入冰覆盖和冰阻碍的北极和南极水域。

由于所有国家共享海上安全所带来的共同利益，因此这是一个扩大与我们的盟国及伙伴国合作的领域，它大有希望。通过多国演习和训练，我们将实施海上安全力量协助行动，打击跨国有组织犯罪，保护渔业和海上贸易。这一功能可以支援海军保卫国土、保护公海、加强伙伴关系。

第四部分　力量设计：打造未来的力量

在这个财政紧缩时代，我们将力量规模定为：足以在一场大型、多阶段战役中击败一个地区敌手，同时在另一个地区阻止另一进犯者实现其目标，或者给它造成无法承受的代价。这种力量规模结构也能确保我们支撑全球存在所需能力。欲实现此目标，海军和海军陆战队必须保持 300 艘军舰以上的舰队，其中包括 11 艘航空母舰、14 艘弹道导弹核潜艇 [由 12 艘“俄亥俄”级替换型潜艇 SSBN（X）替换]、以及 33 艘两栖舰只；与此同时，海岸警卫队必须保持一支由 91 艘国家安全巡逻舰、沿海巡逻艇，以及快速反应巡逻艇（Fast Response Cutters）组成的舰队。

由于进一步预算削减或强制开支削减，一支规模更小的力量将要求我们作出艰难的选择。我们将被迫在某些任务和工作风险程度增加的情况下实施这一海上战略，减少前沿存在，在一些地区减少我们的进入。这种削减也会限制我们的作战优势。尤其是在恢复强制开支削减的情况下，用于应对危机和不测事件的海军应急航母打击群和两栖戒备大队将不足以满足需求，而且海军保持适当前沿存在的能力会处于危险之中。

在打造未来部队的过程中，我们将进行制度上的改变，审慎接受风险，在战备、能力和体量方面平衡投资。我们将维持对军人的承诺，实施新的行动概念，发展创新能力。在打造这支未来部队的过程中，我们将把能源视为在所有海军使命中都至关重要的资源，以便扩大行动范围，加强能源安全及能源独立。下述实施原则，加上军兵种具体的文件，例如海军陆战队的《21 世纪的远征部队》和《海军陆战队远征旅作战概念》及其秘密附件，将指导我们努力确保维持一支有能力且能随时投入战斗的海军力量。

一、灵活、敏捷、常备不懈的部队

在设计未来力量时，我们将：

·适当保存海军应变部队，能随时投入战斗，能快速应对危机、重大紧急情况以及针对国土的威胁；与此同时依靠前沿部署的海军部队，以此作为塑造及响应力量。维持这种平衡将使我们既能应对今天的危机，同时也能继续为明天的冲突做好准备。

·打造一支由水兵、海军陆战队员和海岸警卫队员组成的充满积极性的未来部队，这些成员具有多样化经历、背景和理念；个人及职业准备充分；对武器和系统的操作十分娴熟。

·建立一支由潜艇、航空母舰、两栖舰艇，以及设计用于战斗的水面战舰所组成的平衡力量。这些舰艇必须由可重构的平台加以补充，诸如联合高速船、国家安全巡逻舰，以及包括大型中速滚装船（Large，Medium－Speed Roll－on/Roll－off，LMSR ships）、T－AKE级干货/弹药船、移动式登陆平台（Mobile Landing Platforms，MLP）以及前置浮动基地在内的辅助装备。

·通过消除差距与链接缝隙、减少不必要冗余、提升与空、陆军在发展“反进入/区域拒止”行动概念过程中的协同性，增强联合部队的相互依存度。我们无法依靠单一军种开展行动。例如，海军严重依赖于空军的空中加油和全球情报、监视和侦察能力。同样，陆军可全球部署的末段高空区域防御系统（Terminal High Altitude Area Defense，THAAD）、“爱国者”导弹与海军的综合防空导弹防御系统（Integrated Air and Missile Defense，IAMD）以自身的强大能力相互补充。使用来自海军舰艇的特种部队是联合部队相互依存的又一个例子。

·采用一种可预测的海军力量使用模式——海军优化舰队响应计划（Optimized Fleet Response Plan，O－FRP），合理安排部署前维修保养、训练、检查日程表，以此改进行动准备工作和战备状态，从而满足全球力量管理系统（Global Force Management，GFM）的要求。

·通过贯穿整个系统寿命周期的成本控制，在采购流程的每一个方面都将价格承受能力置于最优先考虑。例如，我们将扩大公开系统架构计划，以便更好利用知识产权，增强竞争。这样会降低总的拥有成本，提升作战能力，并且产生可持续发展的未来项目。

·与我们的工业伙伴合作，设计灵活互通型平台，新型传感器、信息、后勤和武器载荷能够在其上即插即用。模块化将主导我们的未来力量。

·规划并平衡采购和维修保养战略，确保产业基地的生存能力。

·改善能扩大行动范围和能源安全的行动能源能力。这些措施将包括采用海军陆战队的计划以改善部署部队的能源消耗、开发生物燃料，以及其他强调能效的项目。

二、人员

为了确保现役和预备役水兵、海军陆战队员、海岸警卫队员以及文职人员仍然是我们最大的非对称优势，我们将：

·持续为军人家庭和受伤的水兵、海军陆战队员和海岸警卫队员的需求提供支持，确保恪守国家对军人以及那些付出最沉重代价者的神圣承诺。

·提高军人、文职人员以及家属的职业及个人生活安全和质量。我们将继续让各司令部负责营造一种环境，使我们的人员及其所爱在他们共同承担的、非同寻常的责任和奉献中茁壮成长。

·通过培养领导人以加强作战优势。这些领导人秉持核心价值和军人气质，是把道德义务融入海军事业的典范，他们以品行高尚、诚信的领导人身份履行这些义务，怀着对自己行为负责的强烈责任感，自信地运用权力，履行职责。

• 整体性战略能强化全志愿兵力量，该战略将使海军的总体力量人事系统现代化，创造更灵活、更有利于家庭生活的职业道路以适应21世纪社会和经济现实。我们还将为优秀者提供多种选择和挑战，取消长期实行的“不晋升就退役”制度，该制度无法最大限度地利用我们在人员方面的投资。

• 创立一种真正的学习能力，将采购、需求和项目工作结合起来，提供最新的技术和设计，使人员在部署之前就能体验现实情况模拟以及现场模拟和建设性情景。在部署之后，我们将通过在挑战性行动环境中与盟国、伙伴国的有力演习进一步完善他们的技能。

• 我们将战略性使用精选后备役部队，管理具有差异化能力的各类人员以便创造更具适应力、更灵活的战士，我们还将面向更广大的人群扩大服役机会，以便支援和平时期行动并提供不可或缺的应变能力，由此使整体力量组合达到最优。

• 我们将恢复海军和海军陆战队海军委员会（Navy and Marine Corps Naval Board）、制定海军战略计划以促进海军人员和其他战略性思想库协同合作、培养一批具有战略思维的人才，我们将通过这些军种计划培育战略思想和智力资本。

• 扩大并加强外域技能军官（Foreign Area Officer，FAO）群体，确保他们随时准备好建立并加强国际伙伴关系，在联合行动、海上行动和联盟行动中作为关键的协调人。

三、概念

我们将通过军种级别的兵棋推演和演习、联合概念技术展示，以及全方位联合和联盟演习来开发、调整、确认新的作战概念。通过充分利用多元化海军力量和盟国、伙伴国的团队努力、才能、教育以及想象力，我们将：

·发展地区和全球力量投送能力，支援联合行动进入概念(Joint Operational Access Concept)，这一概念提供了全面的选项，描述了未来的联合部队将如何实施行动以便在全球公地获得并保持进入能力及行动自由。

·通过深化与盟国、伙伴国的安全合作，推进全球海军网络概念。这包括：

其一，扩大合作部署观念，将盟国和伙伴国力量整合到航母打击群和两栖戒备大队的部署前训练、战备演习和部署之中。

其二，增强盟国和伙伴国之间的作战效益。我们将通过日趋复杂综合的军种演习、联合演习、盟国演习以及合成演习实现此目标，这些演习将包括那些能够提高两栖行动中互通性的演习，尤其是在印度洋—亚洲—太平洋和欧洲地区。此外，我们将增加人员交往和情报共享，以及在保密和非保密网络上创建一个共同操作界面。

其三，争取建立地区和国际论坛，讨论重叠主权、经济、安全、防务以及执法等问题。这将促进在联合行动、信息交流、打击非法走私、应急反应、海上安全以及渔业保护方面形成多边合作。

·根据我们的战争任务领域重新调整海军训练、战术开发、行动支援及评估，以便体现我们现在的作战组织方式。在每一个作战区域，海军都将建立一个战争开发中心，负责通过先进的战区级别训练来实施战术。

·以更为分布式的方式在濒海环境中实施海洋控制和力量投送。这包括使用前沿部署的应急远征军，该部队根据任务编成富有凝聚力的两栖部队，以便提供规模可调的选项，以此击败陆基威胁、阻止敌人使用关键地形或建立《远征力量21》中所说的远征先头基地和海洋前哨基地。我们将利用可重构的平台、更复杂的海上基地概念、将战场感知能力提升至远征军小队层次的技术来实现此目标。

·针对敌手薄弱环节开发战术、技术和程序。我们将探索实现传统动能武器打击和非动能行动之间的合理平衡。这将能保存弹药库中有限的资源，有利于在可能的情形下，使用更有效、成本更低的手段，瓦解对手的杀伤链。

·开发并发展电磁机动战、太空和网络行动等概念，以便通过混合动能和非动能手段取得理想效果。目前，电磁—网络环境是军事行动的基础所在，对于国家安全至关重要，我们必须将其视为与海、空、陆、天同等重要的作战域。

·改进反小艇群战术、技术和程序，使用诸如激光、先进火炮和遥控“智能”载体等创新技术应付此种威胁。

四、能力

持续创新告知我们如何作战，推动我们如何投资。我们将把资源集中在那些能够让我们保持并增大作战优势的能力方面。在适当的时候，我们将优先发展能力而非体量，在当前和未来的平台设计中强调模块化和开放式架构。

（一）全域进入

为应对日增的“反进入/区域拒止”挑战，我们将：

·在需要的时间和地点，在所有作战域，优先发展能够取得并保持进入的能力。

·发展一支能够在信息屏蔽或信息干扰环境中展开独立有效行动的力量。

·拓展我们的网络安全和恢复力，途径是：解决平台、系统和信息技术网络的采购和现代化问题；实施质量保障计划，保护关键作战能力；建立通用技术标准、认证和授权，使网络程序和系统一直处于准备就绪状态。

·开发网络化、一体化、多维度的能力以击败敌方的飞机和导弹威胁。我们将改善火控网络的关键部件，提升先进的电子战手段，发展下一代超视距地空导弹，扩大一体化防空和导弹防御能力所覆盖范围。

·通过整合动能作战能力与网络空间、电磁频谱的非动能作战能力，使平台载荷量的利用达到最优。这将包括能利用、破坏、瘫痪或毁灭敌方网络、传感器和武器系统的先进定向能武器以及针对性展开的网络、电磁机动战行动。

·加强海军陆战队空地特遣部队的指挥、控制部队能力，以便应对危机或紧急状况，遂行强行进入行动。

·组织、装备海军陆战队远征旅，对联合部队和多国特遣部队实施指挥与控制，使海军陆战队远征部队有能力展开更大的行动，并且能够与海军整合起来实施两栖行动。这包括提升快速部署能力以及将各部队整合成一支配合默契、灵活机敏、适合执行任务的合成部队的能力。

·加强指挥与控制行动能力，其中包括加强与伙伴国的互通性，以便从海上向竞争性环境投送力量。

·将第五代航空能力融入海军陆战队空地特遣部队，并且前沿部署这种能力以执行海基和岸基任务，包括从远征先头基地和海洋前哨基地出发执行的任务。

（二）威慑

只要核武器和其他大规模杀伤性武器威胁着我国和各盟国，我们就将提供一种安全、可靠、可信的海基战略威慑。海军的首要任务是，通过现有的弹道导弹核潜艇部队和持续推进“俄亥俄”级核潜艇更换计划，确保国家战略核武库中生存力最强的部分保持设施优良、完备，处于良好的战备状态。这包括国家指挥与控制系统、水下平台、发射系统以及弹道导弹能力，这些能力共同提供了更好的生存能力和更大的致命打击能力。

为了加强海上常规威慑，我们将部署下一代航空母舰、军舰、潜艇以及能够实施远程精确打击的飞机，同时改善未来远征部队的行动进入能力。

（三）海洋控制和力量投送

为了维持击败入侵、危机响应、强化伙伴关系的能力，我们将：

·提高海军保持水下优势、特别是在竞争性环境之中的能力。我们将继续改进固定以及可移动式海底传感器，同时在舰船、飞机上部署先进的多功能传感器和保护系统，提供高空反潜作战能力，开发水下无人驾驶器。

·继续开发、整合无人操作系统，提升我们的行动能力，以便在超出人类承受极限、竞争激烈、高风险环境中开展行动。这包括空中、水面、水下和陆基系统。

·优先开发远程打击武器以辅助隐形飞机。这包括锁定远距离目标及处于竞争性环境中目标的能力，由此实施可靠的、从空中、水面及潜艇发动的打击行动。

·增强夺取、建立、维持和保护条件恶劣的远征基地的能力，加强海军在存在“反进入/区域拒止”威胁的环境中展开的行动。

·发展运载装备使用能力，包括在濒海地区联合使用登陆艇、两栖车船、小艇以及多用途飞行平台，它们应具有更低的雷达探测度，更大的远程操作范围，更快的速度以及更大的载运量。这将涉及持续研发用于两栖攻击的各种高速水上运载装备。

·使用更有效的海上发电系统以及涉及小型化、自动化、驱动技术、材料和制造等方面的新兴技术。这些能力将降低能耗，使我们能够更好地维持前沿部队，同时有条件使用诸如定向能系统和电磁轨炮等新型武器。

·开发定向能和电磁轨炮等替代型武器系统。定向能武器将以光速极其精确地消除威胁，而且有无限的弹药。轨炮将提供精确的海军水面炮火支援、陆地打击以及舰船防御，在更远的距离威慑敌方舰船。

・继续开发创新性替代能源资源和高效技术。例如，混合能源发电厂今天已经投入使用，它们正在增加我们水面部队的驻扎时间和行动能力。

（四）海上安全

为打击恐怖主义、非法贩运、海盗和针对海域航行自由的威胁，我们将：

・提高我们和盟国、伙伴国的海上综合侦测、监测和情报能力，增强全球海域感知。这涉及采用更严格的自动识别系统以便对于排水量低于目前要求的 300 吨重的船只进行报告，我们还将采用创新技术，提高应对小型船只威胁的效力。

・强化国际港口安全计划（International Port Security Program），进一步确保前往我国海岸的商船和货船的诚信和合法性。

・增强我们的互通性，提升在竞争性环境中进行访问、登船、搜查和截获等活动的能力。

・根据国家舰队政策（National Fleet Policy），增强海军和海岸警卫队船只、飞机和岸上设施之间的互通性，使海上控制和海上安保能力最大化。

・通过对外军售和提供资金途径，运用培训、演习和提供能力等方式支持我们的盟国和伙伴国，提升他们应对海上安全挑战的能力。

通过机构改革、平衡的投资以及致力于军人发展的决心，我们将打造一支有能力且时刻准备战斗的未来力量。

结论

在实现国家安全目标的过程中，美国将日益倚重其海上军事力量。在这个动荡的世界，海上军事力量为国家提供了可靠、灵活、可调整规模的选项，以此维系海洋自由、快速应对危机、慑止并击败侵略。本战略为海上军事力量确认了一系列地缘政治的、军事的以及财政的挑战与机遇，海上军事力量可以去塑造或克服它们。

当面临21世纪挑战之时，我们仍将承诺继续保证美国人民的发展；我们将确认新的作战概念；我们还将运用创新性能力以维持自身的作战优势，尤其是在竞争性更强的环境之中。迎接这些挑战要求我们必须充分利用全球各国海军网络，因为当我们与盟国、伙伴国合作时会更为强大。

我们最优先考虑的依然是，国家的安全与繁荣、我们的人民以及我们的生活方式。本战略将确保海军、海军陆战队、海岸警卫队继续保卫美国公民、推进美国利益，正如我们在过去两个多世纪中所做的那样。美国的海上力量将继续——前沿存在、保持接触、常备不懈。

（译者：解放军外国语学院副教授　唐笑虹）

亚太海上安全战略：在不断变化的环境中完成美国国家安全目标[①]

根据公法第 113—91 号——《2015 财年卡尔·莱文和霍华德·P. “布克”麦考恩国防授权法案》第 1259 条，本报告列出国防部关于亚太地区的海上安全战略。国防部认为亚太地区及其海域对美国安全至关重要，并致力于保卫该海域的自由，遏止冲突与胁迫，促进遵守国际法律与准则。为保障达成上述目标、维护亚太地区过去 70 年享有的和平与安全，国防部将遵循其在全球的一贯做法，继续在国际法允许的范围遂行飞行、航行及军事行动。

鉴于亚太地区海事领域形势日趋复杂，该报告列出国防部为维护该地区安全所作出的四项工作：第一，我们正在加强军事力量以保证美国能够成功防止冲突与胁迫，并在必要时作出果断回应。第二，我们正在与东北亚至印度洋的盟国与伙伴国共同努力，打造其应对所属海域及整个亚太区域潜在威胁的能力。第三，我们正在利用军事外交提高透明度，降低误判与冲突的风险，推进建设海上航运共同规则。最后，我们正在致力于强化地区性安全机构，鼓励发展一个开放有效的地区安全架构。国防部将与跨机构同仁、地区性盟国与伙伴国一道，着力确保亚洲海域在未来数十年保持开放、自

① 原文见美国国防部官方网站，网址：http：//www.defense.gov/Portals/1/Documents/pubs/NDAA%20A—P _ Maritime _ SecuritY _ Strategy—08142015—1300—FINALFORMAT.PDF。

由与安全。

（本份为国防部撰写的报告或研究在 2015 财政年度的预估成本约为 84000 美元，其中包括 5000 美元的花销及 79000 美元的国防部劳务费用。2015 年 7 月 27 日生成文件编码 F－79748EF）

导论

美国在亚太地区有着长期的经济与安全利益。该地区横亘印度洋，穿越中国南海与东海，向外延伸至太平洋，由于其大部属于水域，我们格外注重维持该地区的海上和平与安全。为达到这一目的，国防部在亚太地区有三大海上目标：保卫海洋自由，防止冲突与胁迫，以及促进遵守国际法律与准则。

（一）我们为何要保护海洋自由

自古以来，美国出于经济和安全原因一直致力于维护海洋自由。

海上亚洲是全球商业的命脉，并将在保持地区经济预期增长中扮演关键角色。美国希望确保亚太地区经济的持续增长。亚太地区的海上航线对于全球贸易至关重要，全球最繁忙的十大集装箱港口中有 8 个都在亚太地区。每年约有 30%的全球海上贸易经由中国南海，其中包括运往美国价值约 1.2 万亿美元的船载贸易。另外，世界上约有 2/3 的油船通过印度洋进入太平洋。2014 年每天运经马六甲海峡的石油超过 1500 万桶。

但是，“海洋自由”不仅包括商船穿越国际水道的通行自由。虽然国际法并未对这一术语作出界定，但国防部使用“海洋自由”时，意味着国际法公认的、包括军舰和军用飞机所享有的对海洋和空域的所有权利、自由和合法使用权。因此，“海洋自由”对于确保危机时候的进入权至关重要。冲突和危机可能威胁到美国或者我们地区盟友和伙伴国的利益。因此，国防部致力于确保拥有自由和开放的海上进入权，以便保护亚太国家长期受益的稳定经济秩序，并保持美军根据需要做出反应的能力。

（二）我们为何要防止冲突和胁迫

70 年来，美国在亚太地区的军事存在为加强地区和平、稳定与安全发挥了关键作用。这种存在确保了整个地区的高度繁荣与经济增长，促进了资源和贸易在亚洲关键航道的畅通流动。因此，美国继续在这一关键地区阻止和预防冲突，不仅符合亚太地区国家的利益，而且符合全球各国的利益。

随着海上安全环境不断演变，这项任务变得更具挑战。但不容置疑的是，美国将保持必要的军事存在与能力，以保护我们以及盟友与伙伴国家的利益，以免受到海上领域的潜在威胁。

（三）我们为何要促进遵守国际法律与准则

坚持基于规则的体系对于促进亚太地区的和平、稳定与繁荣至关重要。该体系提供了共用海上航道和资源的基准，并确保海上领域的行动安全。正因如此，虽然参议院仍未提供建议与认可，美国一直遵循与《联合国海洋法公约》（以下简称《公约》）一致的原则行事，因为就传统上使用海洋而言，《公约》折射的是国际惯例法。

国防部将与跨机构同僚、地区性机构、地区盟友与伙伴国家一道，共同确保法制——而非胁迫和武力——能够主宰海上亚洲的未来。

一、战略环境（略）

二、实现美国目标的海上安全战略

上述许多问题都可能给亚太地区来之不易的稳定局势构成威胁。领土和海上争端不断，加之快速的军事现代化进程，造成了一个争夺更激烈、潜在威胁更大的海事环境。虽然许多国家都在努力降低风险，寻求以和平的方式解决争端，但导致误判及不稳定局面的可能性依然很高。因此，美国盟友及伙伴国家寻求美国参与并扮演领导角色。国防部面对这些挑战并未袖手旁观，而是加大保障海洋自由的力度，遏止冲突与胁迫，并推动各方遵守国际法律与准则。

因此，国防部与跨部门合作伙伴一道，正在实施聚焦于四大方向的全面海上安全战略，包括加强美国海洋领域的军事能力；建设同盟国及伙伴国家的海军实力；利用军事外交降低风险，建立透明度；加强建设开放有效的地区安全架构。

国防部努力方向是：

第一，我们正在加强军事实力，确保美国能够成功遏止冲突与胁迫，并在必要时果断应对。国防部正在投资打造新型尖端能力，在前沿部署最精锐的海上力量，并将其更广泛地分布在亚太地区。相关举措还包括加强我们在该地区的部队态势和长期存在，这将使我们的训练、运输及行动保持更高速度。美国将遵行美军在全球的一贯做法，继续在国际法允许的范围遂行飞行、航行及军事行动。

第二，我们正在与从东北亚至印度洋的盟友及伙伴国家一道，共同打造其海上实力。我们正在打造更强的互相操作能力，不断更新联合演习内容，发展一体化作战能力，并通力合作发展伙伴国家的海上领域感知和海上安全能力，从而确保拥有强大的集体能力，便于我们更有效地使用海上军事力量。

第三，我们正在利用军事外交建立更高透明度，降低误判或冲突的风险，推动共同的海上交通规则。这包括我们同中国的双边努力，以及旨在提升地区危机管理机制的多边倡议。除了与该区域的国家进行接触外，我们还鼓励各国发展互信措施，寻求通过外交手段解决领土争端。

最后，我们正在努力加强地区安全机构，鼓励建设开放高效的地区安全架构。当前我们所面对的最普遍的海上挑战，大多需要通过多边协调加以应对。鉴此，国防部着手强化与东盟各机构的接触，如东盟防长扩大会议（ADMM－Plus）、东盟地区论坛（ASEAN Regional Forum）、东盟海事论坛扩大会议（Expanded ASEAN Maritime Forum），以及范围更大的、能提供更公正透明的海事讨论平台的研讨会，如西太平洋海军论坛（WPNS）和印度洋海军研讨会（IONS）。

（一）增强美国在亚洲海上的军事实力

1. 投资与能力

数十年来，美国一直与盟友及伙伴国家并肩行动，帮助维持亚太地区的和平稳定。在此期间，美军在该海域享有并依赖兵力投送以及维护海上行动自由的能力。然而我们日益发现，一些国家正在发展旨在反制我们优势的新技术。因此，国防部正致力于维持必要的能力，以遏止冲突，保证盟友及合作伙伴安全，与此同时，保护我们必要时作出果断回应的能力。这包括在新型能力和概念上进行投资，以使美军具备在对抗环境下自由行动的能力。

国防部正在增强美军从海上、空中和水下投放兵力的能力。为此，我们将一些最先进的海面舰艇派至该地区，其中包括于2015年用较新的“罗纳德·里根”号航母替换“乔治·华盛顿”号，在2020年以前派遣我军最新式的面向空中作战任务的两栖攻击舰“美洲”号至该地区；向日本增派两艘能够搭载“宙斯盾”系统的驱逐舰；将我军最新式的三艘隐身驱逐舰DDG－1000全部派驻太平洋舰队母港。为补充海上能力，我们增派了性能最优越的空军力量，包括F－22战机，持续部署B－2和B－52战略轰炸机，为海军陆战队和特种部队增派倾转旋翼飞行器，以及于2017年首次将F－35战斗机前沿派驻日本岩国（Iwakuni）。国防部还计划在今后几年采购395架F－35战机，其中许多将部署至亚太地区。至于海下环境，国防部正向关岛增派一艘攻击潜艇，并提供资金建造两艘“弗吉尼亚”级潜艇以及“弗吉尼亚”载荷模块，在我们的新式攻击潜艇上加装该模块后可大幅提升其载弹量和其他载荷的能力。上述能力有助于保护我军在海上、空中及水下优势，并能提高其灵活多样性。

为保障上述资产，国防部目前正在投资全面的武器现代化项目，该项目包括针对海事领域相关的新型或改进型岸基、海上和空中发射导弹制定的计划。国防部目前也正采购先进的精确弹药，使我军能从更远的防区外远距离打击对手，例如新型增程联合空对地防区外导弹（JASSM－ER）以及新型远程反舰巡航导弹，这将提升美军机在布防空域打击水面战舰的能力。与此同时，我们也在探索利用现有武器系统的新方法，包括增强库存中现有“战斧”巡航导弹的能力。

除增强力量投送能力外，国防部也在投资灵活性能力，这将使我们能更快更有效地应对潜在的更大范围的海上挑战。轮换部署于新加坡的濒海战斗舰（LCS）为美国海军提供了灵活敏捷的资产，能够有效地在该地区具有挑战性的濒海水域开展行动。国防部目前正在对该地区部署濒海战斗舰进行第二次概念验证，该部署方式不仅包括对东南亚七国的港口进行访问和交流，还包括参加在韩国举行的“雏鹰”演习，这是我军规模最大、最复杂的军演之一。此外，我们将在该地区部署移动登陆平台（MLP），这将使我们具备更加有效地遂行从打击海盗到特种部队作战及灾难援助等一系列任务的能力。

最后，国防部目前正在投资关键赋能能力，包括研发能持续工作、洞察力强的情报、监视、侦察平台，这将为我提供更好的态势感知能力，并对海事领域的潜在危机提前预警。美国海军目前正在购置 24 架舰载 E—2D“鹰眼”空中预警指挥机，如总统在最近提交的预算中所示，美海军将在今后 4 年投资 99 亿美元，用于采购最后 47 架 P—8A“海神”海上监视机，其中许多将会部署到亚太地区。国防部目前也在投入巨资研发 MQ—4C“海神信使”（Triton）无人航空系统，这将为我方作战指挥官提供广域的态势感知能力。到 2017 财年，第一批 MQ—4C 无人机将会部署到美国太平洋司令部的任务区。

上述能力的提升在改善国防部应对亚洲海上人道主义危机能力方面已经彰显成效。2011 年 3 月，地震与海啸严重摧毁了日本部分地区，并损坏了福岛第一核电站，当时美国得以部署最先进的海上能力来评估损毁程度，包括派遣美国“罗纳德·里根”号航母以及“全球鹰”无人机（UAVs）。同样，2014 年 3 月，马航 MH370 航班失踪时，美国海军派遣 P—3C“猎户座”反潜巡逻机以及刚抵达的 P—8A“海神”反潜巡逻机共同搜寻失踪的飞机。P—8A 抵达搜寻区域的转场速度要快得多，预计燃料损耗却低得多，随后另一架 P—8A代替 P—3C 加入搜寻的行列，这延长了用于积极搜索的时间。2014 年 12 月，亚航 8501 航班坠毁于爪哇海域，美国当时迅速派出濒海战斗舰“沃斯堡”号帮助搜寻飞机残骸。

长期以来，国防部也在不断发展一系列创新理念与能力——所谓“第三抵销策略”——来推进美军在 21 世纪的主导地位，确保美国能在包括海上亚洲在内的地域遏止对手，并在冲突中获胜。我们看到“反进入/区域拒止”（A2/AD）武器正在亚洲海上及之外扩散，为抵销“反进入/区域拒止”武器的发展，国防部将对尖端技术与系统方面取得的突破予以识别、研发并使用——尤其是在机器人、自动系统、小型化技术、大数据以及添加材料制造等领域，国防部将把这些能力加以整合，提出创新性作战与组织构想，从而确保美军部队在严酷的“反进入/区域拒止”环境中拥有自由进入权。

2. 力量态势

国防部当前最重要的工作之一就是将我们的最优能力、资产和人员部署至亚太地区，增强前沿存在。60多年以来，美国的军事存在保障了亚太地区的安全稳定。我方的前沿存在不仅用于遏止地区冲突与胁迫，还使我方能够对海洋危机作出快速反应。与地区盟友和伙伴国家进行合作使我们能够更有效地应对危机。

美国在亚太地区维持36.8万人的军事人员规模，其中约9.7万人部署在国际日期变更线以西。在未来5年里，美国海军派驻本土以外太平洋舰队的舰船数量将会增加30%左右，这将极大提升我方在太平洋维持更加常态化、持续性海上存在的能力。到2020年，60%的海军及海外的空军资产的母港将设在太平洋地区。国防部同时也将发展一个分布更加广泛、可持续性更强的布局模式来提升海军陆战队的存在。

增强我方前沿存在也包括在整个地区用新方式来使用现有资产，在克服距离带来的不利条件下，重点突出作战灵活性，并最大限度地发挥美国资产的价值。这也是国防部致力于建立一个分布更加广泛、更具弹性、可持续性更强的力量态势的原因。作为全局工作的一部分，美国将会维持在东北亚的存在，同时增强在西太平洋、东南亚以及印度洋的防御态势。

在日本的军事存在依然是我方前沿存在的基石，美军驻日军事人员规模保持在5万人左右，包括美国海军第七舰队、世界上唯一前沿部署的航母战斗群、美国海军陆战队第三远征军以及重要的空军资产。国防部正在更加紧密地与日本盟友合作，在新修订的《美日防卫合作指针》指导下，今后数年将加速推进工作进展。为确保军事存在的可持续性，我们已与日方共同努力，为美国海军陆战队在太平洋部署设置新布局。因此，国防部得以将其在冲绳岛上相当集中的军事存在朝着更加分散的模型转变，这包括在澳大利亚、夏威夷、关岛以及日本本岛部署军队。作为该计划的一部分，国防部将在北马里亚纳群岛自由联邦（the Commonwealth of the Northern Mariana Islands）新建训练靶场，从而夯实我方前沿部队应对地区危机的战备能力。这种布局产生的“脚印”（footprint）将为迎接下一代军事能力的到来提供保障，也为美军太平洋联合司令部责任区的联合训练与战备提供保障。

国防部通过与澳大利亚签署双边《军力态势协议》（FPA）、与菲律宾签署《强化防务合作协议》（EDCA），将在东南亚提升我们与地区伙伴扩大训练所需的例行与长期轮换存在。在澳大利亚，《军力态势协议》将使我们全面执行美国空军和海军陆战队空地特遣部队（MAGTF）在训练和进驻方面的轮换部署，使美军驻澳大利亚的海军陆战队人数达到2500人。此外，国防部正在稳步推进其既定目标，即截至2017年在新加坡实现四艘濒海战斗舰的同步轮换，这将是20余年以来首次实现美国海军在东南亚的持久性军事存在。

国防部亦在实现驻关岛海上存在的现代化，努力将关岛打造成该地区美军联合军事存在的战略枢纽，实现关岛海上存在的现代化是这一努力的组成部分。这包括今年在关岛前沿部署第四艘攻击潜艇，并且截至2018年部署联合高速舰（Joint High Speed Vessel），与此同时投资打造为上述能力提供保障的基础设施的弹性。关岛是空军“全球鹰”无人机机群的地区性枢纽，截至2017年，海军也将从安德森空军基地操作MQ—4C“海神信使”无人侦察机。空军将继续执行对机库和其他保障设施进行现代化改进的计划，以便增强美军的相关能力。

3. 作战、演习与训练

这些增强军力态势和存在的努力，使国防部能够保持更快节奏的例行与持久海上存在活动。美国太平洋司令部通过开展一系列行动，包括与盟友和伙伴国家的训练、演习、靠港访问、航行自由行动以及其他例行行动，保持在南海及其周边保持强劲、有影响力的存在。这些行动是我们努力推行各项工作之本，包括阻止冲突与胁迫、保护海上自由和我们的地区进入权、鼓励和平解决海上争端并遵守法治，以及强化我们与伙伴国、盟友的关系。

作为国防部例行存在活动的组成部分，美国海军、空军和海岸警卫队实施航行自由行动。这些行动旨在通过挑战沿岸某些国家在各方面提出的过度海洋主权声索，保护国际法赋予所有国家的权利、自由和对海洋、天空的合法使用权。上述行动的重要性怎么强调也不为过。亚太地区许多国家过度声索海洋主权，如果听之任之，将会束缚海上自由。例如，这些过度的主张包括：直线基线划设不当、对军舰无害通过别国领海权施加不当限制，以及对在他国专属经济区内执行军事行动自由施加不当限制。如果把美国太平洋司令部辖区的专属经济区面积加到一起，将占世界海洋总面积的 38%。如果对这些过度的领海主张听之任之，将会限制美国和其他国家在超过全球 1/3 海域内执行例行军事行动或演习的能力。

过去两年间，国防部与国务院共同采取行动，为航行自由计划重新注入活力，从而确保我们能够定期、始终如一地挑战过度海洋权益主张。例如，2013 年国防部挑战了全球 19 项过度海洋权益主张；2014 年则是 35 项——相比 2013 年增长 84%。在 2014 年被挑战的 35 项过度海洋权益主张中，有 19 项位于太平洋司令部的责任区，我们将在 2015 年及以后继续执行这项强劲的航行自由计划。

国防部也在与我们的盟国及伙伴国家一道，进行一系列强劲的训练演习与交流，这将使我们探索以双边或多边方式、务实开展海上安全合作的新领域，建立遂行多边军事行动所必需的互操作能力，促进地区互信，提高透明度。我们正在提升在该地区演习项目的规模、频率和复杂程度，特别关注与东南亚伙伴国家开展新演习，扩大多边演习项目。我们也已开始在许多交流项目中加入了聚焦海上任务的元素，以此使我们的训练能更好地满足地区伙伴国家不断变化的需求。

在东北亚，国防部聚焦于增强联合应对挑衅及不断变化的东北亚安全环境的能力，与日韩两国举行了多次例行海上演习。尽管最初目的是为了应对特种部队，但鉴于海上领域对于保卫韩国的重要性，现在每年与韩国举行的“关键决断”（Key Resolve）与“鹞鹰”（Foal Eagle）双边演习也包括两栖作战与反潜作战。同样，美日“小沙丘”（Shin Kame）反潜战演习旨在提升美日军队应对柴油动力潜艇的能力，柴油动力潜艇是该地区的关切之一。

在东南亚，国防部与我们的条约盟国菲律宾共和国共同推进发展势头强劲的双边演练计划，以便更加有效地帮助其建立一个可靠的最低防御能力。2015 年我们正与菲律宾举行 400 余项计划事项，其中包括今年举行迄今规模最大、最复杂的“肩并肩”（Balikatan）演习，这是两国首要的联合军事演习。在 2015 年的“肩并肩”联合军演中，有超过 1.5 万名美菲澳军事人员参与，演习内容涉及苏禄海（Sulu Sea）的领土防卫想定，日本派员观摩了演习。

我们同时也在扩大与印度尼西亚、马来西亚和越南等伙伴国的海上交流。2015 年 4 月在印度尼西亚再次举行的海上监控演习（SEASURVEX）中，首次包含了飞经南海海域的内容，2015 年春天，我海军完成了首次桌面“模拟潜艇伤亡演练”（SMASHEX）。我们同样与马来西亚确立了新的联合演习项目，计划于 2015 年进行首次演习；2014 年，海军陆战队参与了与马来西亚武装部队的两栖作战演习，期间两国部队在东沙巴（Sabah）并肩训练。我们在越南的海上训练发展迅速。最近于 2015 年 3 月刚刚结束第 6 届年度“海军交流活动”（NEA），这次具有历史意义的交流活动历时 5 天，其中包括一整天的海上作业。在短短 6 年时间，我们与越南的海军合作已从简单的港口访问发展到数天的交流活动，这使我们的水兵能对彼此的作业与程序建立更好的了解。

自 1971 年开始举办的“环太平洋”（RIMPAC）联合军演是全球规模最大的国际性军演。2014 年的规模为历史之最，有来自 22 个国家的军队参与，包括 49 艘水面舰艇、6 艘潜艇、200 余架飞机，以及夏威夷岛与南加利福尼亚州及周边 2.5 万名人员。演习的目的在于增强环太平洋联合军演各部队之间的互操作性，同时在战术和战役层面上，将新参演部队整合至多国指挥与控制体系中来。

2014 年，中国首次参加“环太平洋”联合军演，尽管参与规模有限，美国国防部已经邀请中国参加 2016 年的部分演习，参与规模保持与 2014 年近似水平。作为全球规模最大的海上演习，“环太平洋”军演为美、中以及亚太地区其他国家提供了演练关键作业方式与程序的机会，这对于确保避免战术误判升级为危机至关重要。

（二）建设盟国能力

考虑到美国和盟国在海洋领域面临的一系列挑战越来越多，国防部工作的重中之重包括加强盟国与伙伴国家的海上安全实力，使其既能应对本国领土范围内的威胁，又能为整个地区提供更广泛的海上安全保障。国防部工作的重点不仅在于增强其能力，还在于帮助伙伴国家发展必要的基础设施、后勤保障，加强制度建设，提升实际技能，从而打造有能力执行持续性任务的海上部队。国防部应尤其重视帮助伙伴国家加强海域感知能力，建立共同海上作业图，以便对海上挑战做出更及时、更有效的地区性回应。

在东北亚，国防部正在与日本密切合作，以增强其实力不菲的海上部队。美日最近公布了新版《日美防务合作指针》，这将使美国武装部队与日本自卫队更加紧密地合作，共同保障包括海上领域在内的和平与安全。美日扩展的双边合作将包含一系列广泛的活动，覆盖从和平时期共享海上领域态势感知到应对突发事件的合作。

我们还与日方共同努力，提升日本自卫队的海事相关能力。这一点在新版《日美防务合作指针》中显得尤为突出。美国正在补充日本岛屿防卫的两栖能力，包括对日出售两栖战车（AAV）和 V—22“鱼鹰式”（Osprey）倾转旋翼机。通过出售 E—2D“鹰眼”预警机和“全球鹰”无人机，日本正在提升其监视整个国家周边海空领域的能力。考虑到中国和俄罗斯在该地区海空行动大幅增多，加强监控能力建设尤为重要。

在东南亚，国防部的第一要务是同我们的盟友和伙伴国共同合作，发展最有效的能力组合，以提供可靠的海洋防御和巡逻能力。在2015年5月30日召开的香格里拉对话会上，国防部长卡特宣布了《东南亚海事安全倡议》，这是一项旨在同我们东南亚盟友和伙伴国家合作，塑造更强的地区能力以应对一系列海洋挑战的新举措。作为该倡议的一部分，国防部将与国务院协调配合，与我们的盟友和伙伴国进行磋商，以便更有效地明确他们的需求，探索海上合作的新机遇。尤为重要的是，我们聚焦于几项专门工作：与伙伴国协作拓展地区海域感知能力，向着建成地区共同作业图的方向努力；提供必要的基础设施、后勤保障和行动规程以提高海上反应行动的有效性；通过深化拓展双边及地区海上演习与交流，进一步加强伙伴国作战能力与弹性；帮助伙伴国加强其海事机构、治理和人员训练；为关键性海上安全能力明确现代化升级或使用新系统的需求。为保障这一倡议，国防部正努力优化并重新权衡《美国法典》第10卷（Title 10）所列的安全合作资源，以便更高效地优先满足东南亚地区的需求。

国防部在提出这项倡议之前，已经与国务院及美国海岸警卫队一道，近年来大幅拓展了海上安全援助的范围。在菲律宾，国防部为其提供海岸雷达系统，并协助国务院进行海军维修保养能力建设，还提供了查禁船、海军舰队升级、通讯装备以及飞机采购。我们正在帮助越南提升其海事部门的海上情报、监视、侦察、指挥和控制系统，并且我们正协同马来西亚建设其海上执法训练能力及部门间合作，以帮助提升其海域感知能力。国防部也协同印尼加强其巡逻实力，情报、监视和侦察一体化，以及维护保养能力。2015年，我们与印尼和越南新设了双边工作组，帮助明确其海上防御需求。

国防部在东南亚的部分海上能力建设工作一览表

	倡议	权威依据	期限
印度尼西亚	国防部技术专家	《国防部顾问计划》（MoDA）第1081条	2015年3月抵达
	一体化海上监视系统（IMSS）：18个海岸监视站，11部舰载雷达，2个地区指挥中心及2个舰队指挥中心（5100万美元） 备注：对外军事财政（FMF）计划提供后续年份的维持与整合费用	2006财年《国防授权法案》（NDAA）第1206条，修正案（第1206条）	2006—2008财年拨款，2011年交付
	改革防务计划、防务战略、预算制定与执行系统与过程	《国防制度改革倡议》（DIRI）	2013年至今
	升级印尼国民军（TNI）贝尔（Bell）直升机与海军特种部队装备，包括12艘RHIB刚性充气艇（2700万美元）	第1206条	2010年拨款，2012年RHIB刚性充气艇交付
马来西亚	一体化海上监测系统：8个海岸监测雷达站、28艘小艇及海上查禁训练、联合地区指挥中心（4200万美元）	第1206条	2007、2008、2011财年拨款，2010—2011年交付
菲律宾	国家海岸监测中心（1900万美元）	合作降低威胁项目	2013—2017年
	海岸监测雷达系统	第1206条	
	防务计划系统改革	《国防制度改革倡议》（DIRI）	2005—2012财年
越南	提供大规模杀伤性武器（WMD）检测设备、改进通讯、建设海警训练中心、海上安全研习班（2100万美元）	合作降低威胁项目	2014—2015财年
	执法、顾问及小艇维护训练（40.5万美元）	缉毒与反对全球威胁部门	2014—2015财年

国防部工作的另一重点是帮助我们的伙伴国家建立必要的体制架构和规程，以便有效管理其日益强大的海上力量。其中包括建立联合海事机构，例如马来西亚海事执法部门（MMEA），以及为海事人员建立标准化训练协议与规程。例如，国防威胁降低局（DTRA）正在马尼拉帮助建立菲律宾国家海岸监测中心，用以帮助菲律宾海巡署（PCG）承担日益增长的责任，以加强海上安全行动方面的信息共享与跨部门协调。文莱、印度尼西亚、马来西亚和越南的海事能力也相应得到改善。

国防部的首要任务之一是增强海上领域态势感知能力，这对所有沿海国家而言都是一项关键能力。考虑到亚洲海域幅员辽阔，没有哪个国家可以单独提供有效的海上领域态势感知。因此，国防部与亚太地区伙伴国家密切合作，鼓励扩大信息共享范围，鼓励建立地区性海上领域态势感知网络，这将能够提供共同作业图，实现数据实时分发。新加坡是这项举措的领衔合作伙伴。我们已经共同建立了新加坡海上信息共享工作组，这个绝佳平台可以分享该地区近期海上活动的最佳做法和经验教训，并探索能够扩大亚太地区伙伴国之间信息共享范围的举措。近期工作组将在双边层面开展工作，但之后将扩大工作范围，将该地区其他合作伙伴都囊括进该利益共同体。美国与新加坡也在共同合作，支持将新加坡的“信息融合中心”（IFC）发展成为该区域跨机构的信息共享中枢。

国防部保障东南亚地区海上安全举措的关键要素是与有能力的地区伙伴国家并肩合作。该地区对于海上安全与海域态势感知的重要性存在广泛共识，我们正在与澳大利亚、日本、韩国以及其他国家的朋友紧密合作，对旨在促进亚洲和平、稳定与繁荣的努力进行协调，扩大影响。其中我们正在建立三边伙伴关系来完成这些目标。2014年11月，奥巴马总统、安倍首相与阿博特总理首次召开三边会议，同意在海上合作、三边演习与防务发展领域扩大合作。国防部正与这两个盟友统筹合作，优化我们在东南亚地区海上安全能力建设工作的成效，这首先要从加强菲律宾的海上能力建设入手。

在南亚，国防部看到印度的“东向行动”（Act East）政策与美国的亚太地区“再平衡”具有战略契合，所以我们正在寻求帮助印度增强海上能力，使其成为印度洋及之外地区的安全“净提供方”（net provider）。考虑到我国与印度在海上安全方面存在广泛的共同利益，国防部已经采取了“三管齐下”的措施，与印度进行海上合作：在海上安全问题上保持共同愿景；提升双边海上安全伙伴关系；共同协作打造地区伙伴能力并提升地区海域态势感知能力。

第一，美国和印度在该地区具有共同的海上安全愿景，这体现在 2015 年 1 月签署的《美印亚太和印度洋地区联合战略愿景》。印美两国确认了在该地区、尤其是在南中国海保卫海上安全和确保航行与飞行自由的重要性。《联合战略愿景》与 2014 年 9 月签署的《美印联合声明》同时呼吁各方遵守包括《海洋法公约》在内的国际法，以此来解决海上争端，避免使用或威胁使用武力。

第二，美印两国国防部通过不断扩大的双边军事人员交流以及参加军事演习，正在提升双边海上安全伙伴关系。近期，时任美国太平洋舰队指挥官哈里·哈里斯海军上将与海军部长雷·马布斯对印度进行访问，凸显了海军交流对于整体防务关系的重要性。为了增强海上行动合作，印度参加了“环太平洋”多边军事演习，双方也举行了每年一度的“马拉巴尔”（MALABAR）海上联合演习。自 2007 年以来，若该演习在日本海岸或是在关岛附近举行，日本海上自卫队（JMSDF）也会参加。该演习的复杂程度已经增加，并提升了参演国家在协同环境下共同行动的能力。国防部支持纳入其他伙伴国家定期参加演习，期待之前的伙伴国家能够再次参加今后的演习。国防部通过《防务技术与贸易倡议》（Defense Technology and Trade Initiative），也在积极努力支持印度海军。双方同意加强海上技术合作，其中包括通过组建工作组来探索航母技术共享与设计。

最后，美国和印度都在积极建设地区伙伴的能力以及在该地区的海域感知能力。两国各自都与其他伙伴为实现这些目标作出贡献，并共同为印度洋打击海盗行动作出贡献。国防部将继续寻找机会与印度国防部就上述工作进行磋商。通过上述举措，两国将促进双方政府提出的共同愿景，为该地区的总体和平与安全贡献力量。

（三）降低风险

除了建设盟国与合作伙伴的海上能力以威慑并应对地区威胁，国防部正在积极寻求降低海上亚洲的风险。国防部正在寻求双管齐下的方式来实现目标，一方面聚焦于我们与中国的双边关系，另一方面应对地区范围的降低风险措施。这两方面举措结合起来将会降低误判与冲突的可能性。误判与冲突会给美国和本地区带来不利影响。

1. 中国

中国作为一个政治、经济和军事行为体的崛起是 21 世纪具有决定意义的特征；两国之间有着广泛而复杂的关系，蕴含着合作与竞争的双重因素。所以，我们的防务接触战略需要兼顾这两方面的因素。国防部寻求与中国建立一个基于目标的军事交流关系，寻求以一种确保全局稳定的方式，深化双方在共同利益领域的合作、管控安全竞争与摩擦。为达到上述目标，国防部寻求与中国建立基于三大支柱和相关努力的防务关系。

首先，国防部通过政策接触与高层领导接触，寻求发展持续性和实质性对话，以发展双方对国际安全环境和相关挑战的共同看法。其次，我们正在尝试打造具体、务实的领域，发展在共同利益领域的合作能力。最后，国防部正在通过一系列集中行动，加强降低风险的措施，这些行动寻求提升军事行动安全，发展能够降低事故或误判风险的方式（例如国防直通电话）并使其制度化，以免双边关系脱离正轨。

依据《2000 财年国防授权法案（NDAA）》第 1201 条和其他相关法律开展的中美军事交流活动，通过推动在广泛基础上接受并遵守国际法律与准则，有助于促进海上稳定。自 2012 年以来，中美军事关系呈现积极的发展势头，其标志是加强了在具有国际共同利益领域进行合作与协助的能力，以及扩大了对风险管控与降低风险共同关注的范围，尤其是对海上领域风险的关注。在此期间，既有的降低风险机制再次被注入活力，比如“海上军事磋商协议”（MMCA），以及设立一些新措施，比如“海空相遇安全行为准则”倡议与“重大军事活动通报”倡议。

“海上军事磋商协议”是美国国防部与中国国防部于 1998 年签署的一份协定，它建立了一个针对海上安全议题的磋商机制。尽管协议在早些年份历经困难，但目前因双方共同承诺在该机制上进行投入而得到了巩固，促成了双方在广泛的行动安全议题上展开富有成效和建设性的对话，这包括关于海上搜救、打击海盗、人道主义援助与灾难应对的议题。

2014 年，时任国防部长哈格尔与中国国防部长常万全上将签订了一份具有历史意义的《海空相遇安全行为规则备忘录》。这份备忘录依据既有国际法律及准则，建立了双方舰船及飞机在海空相遇时采取操作规程的共识，通过降低中美两军之间误解和误判的可能性来管控风险。到目前为止，该备忘录包括一份有关舰船相遇的附件。为了补充备忘录的内容，国防部工作的重点是截至 2015 年底，制定有关空中相遇的附件。在完成这份附件之后，双方通过既有的“海上军事磋商协议”论坛，基于《海空相遇安全行为准则备忘录》展开的磋商工作将会得到改善。

其他有关海上稳定的军事交流成果包括：海军舰艇依照规则进行驾驶室之间通讯；解放军海军舰艇规范化使用“西太平洋海军论坛”制定的《海上意外相遇规则》；在亚丁湾反海盗行动中更好地进行合作与协调，包括参加“态势感知共享与解决冲突”（SHADE）会议。

2. 地区范围的措施

与中国就双边降低风险措施达成协议很有必要，但这还远远不够。国防部在短期内聚焦于鼓励在整个亚太海域范围建立务实性机制，以降低风险并建立互信。

2014年4月，国防部的相关努力取得了里程碑式的成果。在中国青岛举办的西太平洋海军论坛（WPNS）上，各国海军正式接受了《海上意外相遇规则》。当舰艇和飞机在海上相遇时，《海上意外相遇规则》提供了可供使用的标准化航行与通信协议，这包括一套不受语言限制的标准化通信协议，可使操不同语言的海军之间进行交流。

国防部会继续寻找相应机会，来使这些协议投入实际应用。2014年7月，一艘美国海军舰船在与中国人民解放军海军不期相遇时，得以首次使用《海上意外相遇规则》，此后又多次使用该规则。下一步，国防部还将探索扩大使用《海上意外相遇规则》的方式，以便将地区性执法船和海岸警卫队都纳入进来。鉴于各国在维护争议海域的主权声索时，使用海事执法船的频率不断增长，将《海上意外相遇规则》扩展应用至海事执法船，这将是降低意外冲突风险的关键一步。

我们还在双边和多边层面探索其他一些降低风险的措施，并积极支持我们的盟国及伙伴国的类似努力。例如，国防部正在协助东盟和其他地区性伙伴国建立军事行动层面的热线，来建立更可靠的例行危机沟通机制，帮助降低潜在的误算或冲突的风险。

在中国东海，中日双方正在探索在人民解放军海军和日本海上自卫队之间设立热线。国防部支持日方的呼吁，要求在东海地区建立更好的外交和危机管控规程，我们鼓励日本和中国共同执行双边联络机制。

在中国南海，印度尼西亚和马来西亚最近宣布他们想交换海上特使，以此来互相提高透明度。同样，东南亚国家联盟的一些声索国也在积极考虑就南海建立双边热线，以便在不经意间发生危机时提供清晰的沟通渠道。

总而言之，上述举措鼓励发展务实性的建立互信和降低风险的手段，这将有助于阻止发生海上意外事件，并有助于在发生意外时更好地进行管控。

（四）建设地区性架构并支持法制

随着亚洲紧张局势日渐升温、安全局势日益复杂，对具有可信度、能够胜任的区域性机构的需求也越来越高，这些机构可以提供坦率讨论难题的论坛，便于开展务实性多边安全合作并建立信任。

国防部通过参与东亚峰会、东盟地区论坛，尤其是东盟防长扩大会议这样的区域性机构，可以借机积极宣传和平解决分歧的重要性，强调必须遵守国际规则与准则。通过上述平台，国防部可以向该地区国家的国防部门开诚布公地提出我们的关切，这包括对海上过度主权和领土声索的关切，以及为此所采取方式的关切。我们也一贯强调保持克制、建立互信与透明度，以及负责任地从事海上和空中行为的重要性。

东盟是国防部日益重要的伙伴，国防部正致力于加大与东盟的接触力度，支持东盟推动地区和平、稳定、繁荣的努力。国防部积极支持东盟国防部长扩大会议海上安全专家工作组的工作，该工作组寻求在参与国之间推动信息共享，形成最佳做法，建立标准海上作业规程，以便强化行为规范，降低冲突风险。例如，2015 年 5 月在新加坡举行的香格里拉对话会上，国防部长宣布了国防部将派遣一名技术顾问的承诺，以保障东盟的海上安全工作。除此之外，东盟国防部长扩大会议海上安全专家工作组于 2013 年举行了一次实地训练演习，并且计划于明年举行一次联合海上安全反恐实地训练演习。我们也对一些配套机构提供支持，如“东盟海事扩大论坛”、

“印度洋海军研讨会”以及“西太平洋海军研讨会”。例如，2015年5月，首届“美国太平洋联合司令部两栖领导人研讨会”（PALS）开幕，召集23个太平洋伙伴国家参加，共商地区两栖能力发展以及在救灾行动中共同使用两栖部队等议题。

我们同时也利用非正式机会加强区域合作，比如2014年4月，时任国防部长查克·哈格尔在夏威夷主办首届“美国—东盟防务论坛”（U. S. －ASEAN Defense Forum）。这次对话会提供了一次非正式的机会，使其与东盟各国防长就海上领域所面临的共同挑战，以及东盟各国间扩大信息共享的需求进行开诚布公的讨论。这次讨论之后，美国太平洋司令部又于2015年5月主办了一次后续专题讨论会，就美国与东盟国家开展信息共享的可能模式，以及扩大海上协作的机遇进行讨论。东盟各成员国的与会人员都认识到东南亚海上存在的重大威胁，并且确定不仅需要寻求建立加强海上领域态势感知的框架——这将显著增强各国应对上述威胁的能力，而且需要在该地区各国之间分享信息。

最后，国防部全力支持各国寻求多边协议与约定来加强海上亚洲的安全。2002年，东盟与中国签订了《南海各方行为宣言》，试图缓和该地区的紧张局势。虽然《南海各方行为宣言》不具有法律约束力，但国防部继续支持执行《行为宣言》的不断努力，也支持东盟与中国就具有实质意义的《行为准则》达成协议，以此作为缓和紧张局势、保持该地区和平与稳定的多方面途径中的一部分。

结语

国防部正致力掌控亚太地区不断演变的海上安全环境，以便确保海上的持续自由，遏止冲突与胁迫，推动遵守国际法律与准则。

我们正在从印度洋到东北亚加强我们的军事能力，目的在于促进局势稳定并果断应对威胁；使我们遍布该地区的盟国与伙伴国家能够应对海上领域的挑战；利用军事外交增进互信、稳定与行为准则；增强地区性机构应对共同海上安全关切的能力。

（译者：解放军外国语学院讲师　闫桂龙）

美国国防部网络战略

2015年4月

引言

我们生活在一个互联的世界。公司与国家需要依靠网络空间来处理很多事务，如金融交易、军队机动等。计算机代码模糊了网络和物理世界之间的界限，并把数百万个物体与因特网或专用网络连接起来。电力公司依赖工业控制系统为输电网提供电力。航运管理人员利用卫星和互联网跟踪在全球海上通道航行的货船，美军依赖安全的网络和数据来执行作战任务。

美国致力于建立一个开放、安全、可互操作和可靠的互联网，以促进经济繁荣、公共安全、商业和思想的自由流动。互联网的这些特性体现了美国的核心价值观——言论自由和隐私权、创造力、机遇、创新。而互联网的这些特性保障了它可以为数十亿人带来社会和经济价值。仅就美国经济而言，3%—13%的商业部门增值源于互联网相关业务。在过去的10年里，新增的全球上网人数超过了20亿人。然而，互联网的开放性和活力导致了互联网的迅速扩张，为危险的国家和非国家行为体提供了损害美国利益的一种手段。

在这个互联的世界中我们很脆弱。今天，我们依赖于数据的保密性、可用性和完整性，但是与之成鲜明的对比是我们的网络安全不足。互联网最初的设计没有考虑安全性，而是作为一个开放的系统，让科学家和研究人员可以互相快速传递数据。如果没有网络安全和网络防御方面的大量投资，数据系统仍然是开放的，易受网络刺探和攻击的影响。恶意行为体利用网络空间盗取数据和知识产权，以实现自己的经济或政治目的。而在全球某个地区的一个行为体可以使用网络功能直接攻击远在千里之外的网络，破坏数据，扰乱业务，或切断关键系统。

国家和非国家行为体进行网络操作，以实现各种政治、经济和军事目标。他们的行动可能会破坏一个国家的价值观以及国家的利益或目的。比如，2014 年 11 月，可能是为了报复一部讽刺影片的发行，朝鲜对索尼影业发动了网络攻击，使索尼公司成千上万的电脑不能运行，还入侵了索尼公司的机密商业信息系统。这次攻击除了具有破坏性外，朝鲜还窃取了一些未发行影片的数字拷贝，以及数千份有关名人、索尼雇员和索尼业务的敏感数据文件。朝鲜除了使用网络攻击，还利用了威逼、恐吓、以及恐怖主义威胁。朝鲜攻击索尼影业是迄今为止对美国机构最具破坏性的网络攻击之一。这次袭击进一步刺激了本已展开的国家大辩论——关于网络威胁的性质和是否需要加强网络安全。

越来越多地把网络攻击作为一种政治工具加以使用反映了国际关系中的一个危险趋势。脆弱的数据系统给国家和非国家行为体提供了一个诱人的机会，可加以利用来打击美国及其利益。美国国防部认为，在冲突期间，一个潜在的对手将寻求攻击美国或盟国的关键基础设施和军用网络，以获得战略优势。除了上述的攻击类型，一个技术高超的行为体可以攻击公用事业的工业控制系统（ICS），从而影响公共安全；或进入一个网络，操纵健康记录，影响个人的福祉。如果一次颠覆性的、操纵性的或破坏性的网络攻击造成了生命损失、财产损毁、政策目标受到伤害或经济利益受到影响，可能对美国经济和国家安全构成严重的风险。

决策者必须采取措施减轻网络风险。各国政府、企业和机构必须仔细考虑，优先排序他们需要保护的系统和数据、评估风险和危害，并在网络安全和网络防御能力方面作出谨慎的投资决策，以实现他们的安全目标和目的。支撑这些防御投资的是：各种机构必须制定业务连续性计划，并准备好在退化的网络环境中，即网络和数据访问不确定的情况下，实施操作的能力。为了降低网络空间风险，需要一个全面的战略来应对，如果需要的话还需要能够承受颠覆性的和破坏性的攻击。

（一）在网络空间保卫美国

美国国防部与其他机构一起，保卫美国本土和美国利益免受攻击，包括可能发生在网络空间的攻击。在美国和国际法的范围内，国防部将在和平、危机和冲突时期寻求慑止攻击，帮助美国防御对手。为此，国防部发展了网络作战能力，并将这些能力整合进美国政府用来保护美国国家利益全套工具之中，这些工具包括外交、信息、军事、经济、金融和执法手段。

2011 年 5 月颁布的《国防部网络作战战略》（*Department of Defense Strategy for Operating in Cyberspace*）在过去 4 年中指导了国防部网络行动和作战，支持了国家利益。这一新战略设置了未来 5 年国防部网络活动和任务所要达到的优先战略目标。它侧重于有效的网络安全与网络作战能力建设来防御国防部网络、系统和信息；防御国家免受严重后果的网络攻击；支持作战与应急预案。这一战略建立在以前美国国防部决定增加网络任务部队和网络员工队伍的基础上，为降低可以预见到的风险和抓住加强美国国家安全的机会，提供新的和具体的指导。作为首要原则，网络安全是美国联邦政府内的团队努力。为了成功地完成它的任务，国防部必须与其他部门和机构、国际盟友和伙伴、州和地方政府，以及最重要的是私营企业合作。

（二）网络活动

为了支持它在网络空间的任务，国防部在网络空间外采取了一系列活动，来改进集体网络安全，并保护美国利益。例如，国防部与美国政府机构、私营企业，以及我们的国际伙伴合作，分享信息，建立联盟与伙伴关系，培养负责任的行为规范，以提高全球战略稳定。

1. 信息共享与机构间协作

为了保护和促进网络空间领域的美国国家利益，国防部力图在一系列网络活动中以融和的方式实现美国政府机构间的信息共享与协作。例如，如果国防部得知恶意网络活动将会影响对美国国家安全、经济安全或社会安全至关重要的美国网络和系统，国防部将在国土安全部（DHS）和联邦调查局（FBI）等机构接触到美国实业，经常是在其他国家中，为其提供支持，共享诸如潜在攻击技术指标等威胁信息。除了分享信息，国防部与美国其他政府机构建立伙伴关系，进行同步操作，并分享经验教训和网络安全范例。这包括突发事件管理和网络防御响应。

2. 为私营企业搭建桥梁

从软件开发商到网络服务提供者，私营公司提供的商品和服务组成了网络空间。国防部依赖于私营企业搭建网络，提供网络安全服务，以及研究和开发高级功能。国防部在历史上就从私营企业的创新中获益。未来，国防部将与私营企业密切合作，来为国防部验证网络安全方面的新点子并使其商业化。

3. 在海外建立联盟、同盟和伙伴关系

国防部在海外采取了广泛的活动来改进海外的网络安全和网络行动能力。国防部帮助美国盟友和伙伴了解他们所面临的网络威胁，并建立必要的网络能力来防御他们的网络和数据。盟友与伙伴也经常具有互补的能力，可以增加美国的能力，美国寻求建立强大的联盟和同盟来对付潜在的对手的网络活动。战略上，一个统一的联盟释放出一个信号，即美国和它的盟友及伙伴在进行集体防御。除了“五眼条约”（Five Eyes treaty）[①]伙伴外，国防部还与中东、亚太和欧洲的重要伙伴密切合作，来认识网络安全环境，并建立网络防御能力。

（三）网络空间的三项主要任务

总统已经为管理网络行动确立了原则和程序。这些原则与程序的目的是更有效地规划、开发和使用美国能力，并确保网络行动以美国在国内外所倡导的价值一致的方式进行。

美国国防部有三项主要的网络任务。

首先，国防部必须捍卫自己的网络，系统和信息。美军对网络空间的依赖性，使得为了组织、训练和装备美军部队，国防部长在2011 年宣布网络空间成为一个作战领域。国防部必须能够保护自己的网络免受攻击，如果安全措施失败能迅速恢复。为此，美国国防部持续不断地进行网络防御作战，以确保国防部信息网络（Department of Defense Information Network，DoDIN）能安全运行。一旦并且当国防部监测到网络内恶意活动征兆时，国防部具备快速反应

① “五眼条约”是指由美国、英国、加拿大、澳大利亚和新西兰组成的情报共享联盟。——译者注

能力关闭或减轻脆弱性，来保护网络和系统。国防部网络中的网络防御作战构成了绝大多数国防部网络空间作战。

除了国防投资，国防部必须做好准备在一个大家都竞相进入网络空间的环境下作战。冷战期间，部队要做好准备在通信可能被对手的先进能力掐断的环境下作战，敌人可能使用电磁脉冲来干扰卫星和其他全球通信能力。指挥官定期训练，要求他们的团队在没有通信系统的条件下作战。通过多年的实践和锻炼，抗灾意识植根于军事单位，部队做好了在充满竞争的环境中作战的准备。

然而，随着冷战结束，年轻一代更习惯于在连通的环境中成长。冷战后成长起来的这一代军人几乎总能接触到信息和通信，信息革命带来了更加敏捷和具备全球适应力的部队。在不断升级的网络威胁面前，前几代的教训现在必须向下传递。国防部要能够执行它防御国家的任务。组织和机构必须锻炼和学习，在缺少已经成为他们日常生活一部分的工具的条件下作战。

它的第二个任务是，国防部必须准备保卫美国及其利益免受后果严重的网络攻击。总统和美国国家安全小组基于个案基础逐案评估网络攻击，它所带来的严重后果包括诸如生命损失、财产严重损失、不利于美国外交政策的严重后果，或对美国经济严重的影响等。

如果有总统或国防部长指令，美国军方可以在网络空间实施网络作战，应对即将到来或正在进行的对美国国土或美国利益的攻击。这种防御行为的目的是挫败攻击，防止财产破坏或生命损失。国防部寻求与其他政府机构协调能力，一起开发一系列选择和方法，用于破坏具有严重后果的网络攻击，包括执法、情报和外交手段。作为一个原则，美国将寻求竭尽所有网络防御和执法方案，以在一个网络空间作战行动执行前减轻任何对美国本土和美国利益潜在的网络风险。

在防御国家免受后果严重的网络攻击方面，美国政府扮演了有限而特殊的角色。私营企业拥有和运营着网络空间90％的网络和基础设施，因此是第一道防线。改进美国整体网络安全态势的最重要一步，是公司在改进他们自己网络安全中，优先考虑他们必须保护和投资的网络和数据。美国政府必须准备好保护国家免受最危险的攻击，大多数入侵都可以通过公司能做，且必须做的相对基础的网络安全投资而被阻止。

第三个任务，如果总统或国防部长下令，国防部必须能够提供整合的网络能力来支持军事行动和应急预案。有时总统或国防部长会决定动用美军执行网络作战，以破坏对手的军事相关网络和基础设施，使美军在作战行动中能够保护该地区的美国利益。例如，用美国的话说，美国军方可能会使用网络作战终止正在进行的冲突，或破坏敌军的系统以防止其使用武力破坏美国的利益。美国网络司令部（United States Cyber Command，USCYBERCOM）也可能下令执行网络作战，与其他美国政府机构合作，以慑止或挫败其他领域的战略威胁。

为了确保互联网保持开放、安全和繁荣，美国总是在克制下执行网络作战，以保护人类生命和避免财产破坏。就像在其他作战领域一样，国防部在网络空间的行动也将始终反映经久不衰的美国价值观，包括对法治的支持，以及尊重和保护言论自由和隐私信息，商业和思想的自由流动。任何在国防部网络外执行网络作战行动的决定都将付以最大的谨慎，并在严格的政策和行动监督下进行，并将符合武装冲突法。国防部致力于投资和建设网络能力来保护美国国家利益，将持续关注国家与非国家行为体对国防政策的潜在影响。

（四）一支新的网络任务部队

国防部需要从国防部到其他美国政府部门的领导人和团队作出承诺，加强协调，以履行其使命和实施这一战略。国防部执法、情报、反情报和政策机构必须扮演积极的角色，建设和运行国防部网络和信息技术系统的人员同样如此。每个组织都需要各司其职。例如，整个国防部的网络服务提供商必须具备适应能力，能主动遵循网络安全的最佳做法和网络防御命令。美军网络司令部必须与其他国防部机构，特别是作战司令部，整合行动，以应对新出现的挑战和机遇。设施的业主和运营商必须与军事部门的计算机应急响应分队（Computer Emergency Response Teams，CERT）、美国国土安全部和美军网络司令部建立合作伙伴关系，为关键任务系统以及支持它们的民用系统安排适应性的防御措施和连续性计划。成功需要政府部门内部和机构间建立创新性的和强大的合作伙伴关系。

就国防部的网络人力资源和网络部队而言，网络任务部队（Cyber Mission Force，CMF）具有独特的作用。2012 年，美国国防部开始组建网络任务部队，以实施国防部的网络任务。一旦具备完全作战能力，网络任务部队将包括近 6200 名军人、文职人员和承包商支持人员，他们全部来自军种部门和国防部组成机构。网络任务部队是国防部的一次重大投资，本战略文件的核心目标是设定具体的目标和目的，以指引网络任务部队和国防部网络人力资源的培养，以保障和捍卫美国的国家利益。

网络任务部队将包括 133 个分队，主要分类如下：网络保护分队（Cyber Protection Force）将加强传统的防御措施，保卫优先等级的国防部网络和系统免遭优先等级的威胁的侵害；国家任务分队（National Mission Forces）及其相关支持团队将保护美国及其利益免遭会产生严重后果的网络攻击的侵害；作战任务分队（Combat Mission Force）及其相关支持团队将通过生成集成网络空间效应，以支持作战计划和应急行动，支持作战司令部。作战司令部在计划拟制和作战行动中融和战斗任务分队和网络保护分队，并在网络空间使用他们，而国家任务分队则在美军网络司令部司令的指挥下行动。在这个架构以外，这些分队还可以用于支持国防部需要的其他任务。

2013 年，国防部开始把作战任务分队整合进规模更大的多任务美军部队中，以实现跨域协同，确保武装部队内的作战任务部队的战备状态，并重组了军职和文职人员、基础设施，以执行国防部的任务。在实施这一战略的过程中，国防部将继续建设作战任务部队，并会不断完善有效作战所需的指挥控制以及组织架构。国防部的重点将是确保其部队得到训练并做好战斗准备，利用他们进行网络作战需要的能力和体系结构进行作战，不断完善政策和法律框架以管理网络任务部队的使用，并把网络任务部队融入国防部的总体规划和开发力量中。

本战略认识到，有效的网络安全需要国防部内部和所有联邦政府部门之间的密切合作，以及与工业界、国际盟友和合作伙伴，与州和地方政府的紧密合作。由于该领域中利益攸关方的数量和类型、跨越国界的信息流，以及职责、权限和功能在整个政府和私营部门的分散性，追求网络空间安全需要联邦政府协调一致和国际合作的方法。对于国防部的每一项任务，国防部都必须继续完善协调网络作战的常规关系和流程。

具体的风险和机遇决定了这一份新的战略。例如，美国国防部的网络是由世界各地的成千上万个网络拼凑而成的，而国防部缺乏有效捍卫这些分散化网络所需的可视性和组织结构。国防部必须进一步生产足够预警情报，对有关敌人进行破坏性和颠覆性的网络攻击，以及攻击美国国防部和美国的意图和能力提供预警。除了自身的网络，国防部还依靠从美国到海外的民用关键基础设施，而这样的关键基础设施其网络安全是不确定的。

为了缓解各种风险，提高美国的国家安全，本战略文件为国防部设定了要实现的战略目的，并对目标和指标进行了描述。本战略中的所有目标和目的反映了2015年版美国《国家安全战略》和2014年版《四年防务评估报告》的目标。

美国国防部为其网络空间任务设定了5个战略目标：

1. 建立并维持做好实施网络空间作战准备的部队和能力；

2. 保卫美国国防部信息网络，守护国防部数据的安全，并减轻国防部任务面临的风险；

3. 做好准备保卫美国本土和美国关键利益免受严重后果的颠覆性或破坏性网络攻击；

4. 建立并维持可行的网络选项，做好计划使用这些选项来控制冲突升级，并在各个阶段塑造冲突环境；

5. 建立并维持强大的国际联盟和伙伴关系，以威慑共同威胁，促进国际安全与稳定。

一、战略环境

（一）关键网络威胁

从 2013 年到 2015 年，美国国家情报主任把网络威胁列为美国面临的头号战略威胁，这是自“9・11”事件以来首次把网络威胁列在恐怖主义的前面。全球范围内，潜在的敌对国家和非国家行为体进行恶意网络活动，打击美国利益，以试探美国和国际社会的容忍极限。基于各种原因，这些行为体会渗透美国的网络和系统，如窃取知识产权，为了激进的目的而扰乱一个机构的运作，或进行干扰性和破坏性的攻击以实现军事目标。

潜在对手已经在网络方面进行了重大的投资，因为这为他们提供了一个攻击美国本土和损害美国利益的可行的、似乎可以抵赖的能力。俄罗斯已经开发了先进的网络能力和战略。俄罗斯行为体的网络技术尚不明确，有时他们的意图难以辨别。虽然伊朗和朝鲜没有那么先进的网络能力，但是它们已经显示出了对美国及美国网络空间中利益抱有明显敌意。

除了国家方面的威胁，非国家行为体，如“伊拉克和黎凡特伊斯兰国”（Islamic State in Iraq and the Levant，ISIL），使用网络空间招募战士和传播宣传材料，并宣布他们有意获得颠覆性的和破坏性的网络功能。在网络空间，犯罪分子构成了相当大的威胁，特别是对金融机构而言。意识形态群体经常使用黑客，以推进他们的政治目的。国家的和非国家的威胁往往还交织在一起：爱国实体往往充当各国的网络代理人，非国家实体可以为国家行动提供掩护。这些行为可以使追查变得更加困难，并增加了误判的几率。

（二）恶意软件扩散

恶意代码或软件（“恶意软件”）的全球扩散加剧了美国网络和数据面临的风险。对一个军事系统或工业控制系统进行颠覆性或破坏性的网络行动需要专业知识，但一个潜在的对手并不需要花费数十亿美元开发一种进攻能力。民族国家、非国家团体或个人可以在黑市上购买破坏性的恶意软件和其他功能。国家和非国家行为体也给专家提供经费，让其寻找漏洞并制定攻击方法。这种做法已经创造了一个危险的和不可控的市场，为国际体系中的多种行为体提供服务，往往是出于对抗的目的。随着时间的推移，网络能力变得更容易获得，美国国防部评估认为国家和非国家行为体将继续寻求和发展网络战能力，来对抗美国的利益。

（三）国防部网络和基础设施面临的风险

国防部自身的网络和系统很容易受到入侵和攻击。除了国防部自己的网络，对美国国防部行动依赖的关键基础设施和关键资源的网络攻击可能会影响美军的应急行动能力。通过“任务保障计划”（Mission Assurance Program），在确定自己的重要资产中存在的网络安全漏洞方面，国防部已经取得了成果——对许多关键资产而言，美国国防部已确定了关键物理资产依赖的物理网络基础设施——但必须采取更多措施来保护美国国防部的网络基础设施。

除了颠覆性和破坏性的攻击，网络行为体从众多的美国政府机构和商业实体盗取业务信息和知识产权，也影响了国防部。受害者包括武器开发商，以及通过美军运输司令部（USTRANSCOM）支持兵力调遣的商业公司。国家行为体窃取美国国防部的知识产权，以削弱美国的战略和技术优势，并让自己的军事建设和经济发展获益。

最后，国防部面临着美国政府预算持续存在不确定性的风险。虽然国防部在资源分配方面优先考虑到了发展网络战能力，但是持续的财政不确定性要求国防部制定计划，在国防预算整体下降的环境下发展其网络功能。国防部必须继续优先排序其网络投资的重点，发展在国内和海外捍卫美国利益所需要的能力。

（四）未来安全环境中的威慑

在不断升级的威胁面前，国防部必须推进综合性网络威慑战略的制定和落实，以阻止关键的国家和非国家行为体使用网络攻击损害美国的利益。由于网络空间中国家和非国家行为体的类型和数量，以及破坏性网络工具的相对易获得性，有效的威慑战略需要一系列的政策和功能，以影响国家或非国家行为体的行为。

随着美国国防部开始建立自己的网络任务部队和整体能力，国防部认为对美国利益的网络攻击的威慑无法仅仅通过网络政策的声明而实现，而是要通过我们各种行动的统一而实现，其中包括政策宣示、大量的征候与预警能力、防御态势、有效的响应程序，以及美国网络和系统的整体可恢复性。因此，在网络空间中威慑国家和非国家团体将需要多个美国政府部门和机构的共同努力。在这种情况下，国防部扮演着特定的角色。

威慑是感知的一部分功能。威慑的机制是通过降低潜在对手攻击成功的可能性，使其相信如果它对美国进行攻击，它将遭受无法承受的代价。美国必须能够声明或展示有效的反应能力，以慑止对手发动攻击；开发有效的防御能力，以拒止一个潜在的攻击获得成功；以及如果潜在攻击渗透了美国的防御的话，就加强美国系统的整体可恢复性以经受潜在的攻击。此外，美国需要强大的情报、取证、征候和预警能力，以降低在网络空间中的匿名性，同时增加追溯的可信度。

1. 反应：美国已明确表示，将使用其防御能力，对攻击美国利益的网络攻击作出反应。通过 2011 年美国《网络空间国际战略》《2011 年国防部向国会提交的网络政策报告》以及总统和国防部长的公开声明，美国已宣示了网络空间政策。美国将继续以我们选择的时间、地点和方式，使用合适的美国力量工具，并根据适用法律，对针对美国利益的网络攻击作出反应。

2. 拒止：虽然国防部在建设网络任务部队方面取得了进展，但是国防部必须提高其防御能力，以保护国防部网络和美国免受复杂的网络攻击；必须与其他政府部门、机构、国际盟友和合作伙伴、私营部门合作，通过改善网络安全，加强拒止威慑（deterrence by denial)。

3. 可恢复性：由于国防部的能力不一定能保证每次网络攻击都能被成功拒止，所以国防部必须投资发展具有可恢复性和冗余的系统，使其可以在美国国防部网络遭受颠覆性或破坏性的网络攻击时继续运行。但是，国防部不能保证其职权以外的组织机构的可恢复性。为了成功实现可恢复性，以成为有效威慑的一个因素，其他政府机构必须与关键基础设施的所有者和操作者、私营企业广泛合作，开发可恢复性和冗余系统，从而抵御潜在的攻击。有效的可恢复性措施有助于使潜在对手相信对美国网络和系统的网络攻击是徒劳的。

追溯是有效的网络威慑战略的基本组成部分，因为匿名性助长了国家和非国家团体的恶意网络活动。就情报、追溯和预警而言，国防部和情报界已经在全源情报收集、分析和分发能力方面进行了大量的投资，所有这些都可以减少在网络空间中国家和非国家行为体活动的隐匿性。情报和追溯功能有助于揭露一个行为体的网络身份，确定进攻的来源，并确定战术、技术和程序。追溯促使国防部或其他机构采取响应行动和拒止行动，打击即将发生的网络攻击。

公共的和私人的追溯在阻止网络行为体首先发动攻击方面具有显著的作用。国防部将继续与私营部门和美国政府其他机构密切合作，加强追溯能力。这项工作对威慑尤其重要，因为随着时间的推移，激进团体、犯罪组织和其他行为体会获得先进的网络功能。

最后，网络能力为国家和非国家行为体提供了一种攻击美国利益的能力，这种攻击不值得美国采取纯粹的军事行动作为反应，但却仍然对美国的国家安全构成了显著威胁，美国可以采取某种形式的非军事行动作出反应。为了应对某些攻击和入侵，美国可能会采取外交行动，采取执法行动，并考虑经济制裁。

二、战略目标

为了降低风险，并保卫在当前和未来的安全环境中的美国利益，美国国防部提出了其活动和任务的 5 个战略目标和具体目的。

（一）战略目标之一：建立并维持做好实施网络空间作战准备的部队和能力

为了在网络空间有效作战，国防部需要部队和人员以最高的标准得到训练，做好作战准备，并配备了一流的技术能力。在 2013 年美国国防部开始了网络任务部队建设，启动了网络人力资源和技术方面的重大投资；现在，国防部必须利用好这项投资，训练人员，建立有效的组织架构和指挥控制体系，以及全面发展国防部在网络空间作战需要的能力。该战略提出了国防部在未来5年或更长时期中编制、训练、装备其部队和人员时必须满足的目标。

（二）战略目标之二：保卫美国国防部信息网络，守护国防部数据的安全，并减轻国防部任务面临的风险

虽然国防部不能保护每一个网络和系统免受各种入侵——国防部的整个网络的受攻击面太大太广阔，不能防御所有的威胁，也无法关闭所有的漏洞——但国防部必须采取步骤，以鉴别、优先排序并保卫其最重要的网络和数据，以便可以有效执行其任务。国防部还必须计划并演习在削弱的和受到扰乱的网络环境中的行动能力，即对国防部的网络和数据的攻击成功后的行动能力，或者国防部作战计划和应急计划依靠的关键基础设施被中断后的行动能力。

最后，国防部必须加强其网络防御能力，提高技术和创新的门槛，以领先威胁，包括加强联合信息环境（Joint Information Environment，JIE）建设，构建一个更加可防御的网络架构。在国防部网络之外，国防部必须与私营部门合作，以帮助保护国防工业基础的业务数据，并准备协助其他机构强化美国的网络和数据，免受网络攻击和网络间谍活动的侵害。

（三）战略目标之三：做好准备保卫美国本土和美国关键利益免受后果严重的颠覆性或破坏性网络攻击

国防部必须与它的跨机构合作伙伴、私营企业，以及盟国和伙伴国合作，以威慑并在必要时挫败，会对美国国本土和利益产生严重后果的网络攻击。国防部必须开发其情报、预警和作战能力，在复杂、恶意的网络攻击影响到美国的利益之前就化解它们。在所有

适用的法律和政策的引导下，国防部需要有关全球网络和系统、对手的能力，以及恶意软件代理人和市场方面的详细的、可预测和可操作的情报。为了保卫国家，国防部必须与政府其他机构建立伙伴关系，以准备好进行联合网络作战（combined cyber operations），威慑——如果有必要则击败——网络空间的入侵。国防部正在着力构建这一使命取得成功所必需的能力、流程和计划。

（四）战略目标之四：建立并维持可行的网络选项，做好计划使用这些选项来控制冲突升级，并在各个阶段塑造冲突环境

在高度紧张或完全敌对的局势中，国防部必须能够给总统提供管理冲突升级的广泛选项。如果得到指示，国防部应该能够使用网络作战中断敌人的指挥和控制网络、与军事有关的关键基础设施和武器功能。作为提供给美国的全面工具的一个组成部分，国防部必须制定可行的网络选项，并且把这些选项融入到国防部的计划。国防部将开发网络功能，精确实现关键的安全目标，并最大限度地减少生命损失和财产破坏。为确保行动的统一，国防部将帮助作战司令部跨越军事行动的各个域制订计划，并且同步实际作战和网络作战。

（五）战略目标之五：建立并维持强大的国际联盟和伙伴关系以威慑共同威胁，促进国际安全与稳定

国防部的三个网络任务都需要与国外的盟友和伙伴的密切合作。在国际网络参与活动中，美国国防部寻求建立网络安全和网络防御伙伴关系方面的能力，并在适当情况下深化作战伙伴关系。

鉴于网络资源的高需求性和相对稀缺性，国防部必须作出艰难选择，集中伙伴关系能力，重点关注对美国重要国家利益至关重要

的领域。在未来5年中，除了正在进行的在其他地区加强合作伙伴能力建设的行动，美国国防部将重点加强与中东、亚太地区和北约核心盟国的国际联系。通过这一战略，国防部将不断评估国际环境和发展创新性伙伴关系，以应对新出现的挑战并抓住机遇。

三、落实目标

国防部设定的每一个战略目的都需要国防部实现具体的、可衡量的目标。国防部长首席网络顾问办公室、国防部负责采办、技术和后勤副部长办公室和联合参谋部将与国防部机构合作，排出优先次序，并监督这一战略及其目标的落实，指定负主要责任的办公室和负支持责任的办公室来管理各项目标。主要责任办公室将为每一个目标制订项目计划；首席网络顾问将追踪每个目标的实现过程和每个战略目标的最终成功情况。

（一）战略目标之一：建立并维持做好实施网络空间作战准备的部队和能力

1. 建立网络队伍。要好好利用国防部在网络人员方面的重大投资，以帮助实现在这一战略中的许多目标，美国国防部的首要任务是培养一支做好战备的网络任务部队和相关的网络队伍。这些人员将建立在三个基本支柱之上，即强化训练、改进军人和文职人员招聘和保留、加强私营企业支持。

（1）维持一个连续的训练环境。国防部需要个人的和集体的训练能力，以实现这一战略提出的目标，并满足未来的作战需求。美军网络司令部将与其他构成机构和军种部合作，界定需求，创造一个训练环境，培养一支“总体网络力量”（Total Cyber Force），开展联合训练（包括演习和任务演练）、试验、认证、评估、网络能力开发、跨域和跨网络任务的战术、技术和程序的制订。

（2）建立切实可行的职业发展通道。为贯彻这一战略，并遵循2013年网络任务部队决定，国防部将继续加强为执行和支持网络作战任务的所有军事人员规划可行的职业发展道路。

（3）吸收国民警卫队和预备役。贯彻这一战略，国防部将利用国民警卫队和预备役部队，作为一个专业知识资源，促进网络安全问题的创造性解决方案。预备役部队提供了一个独特的功能，以支持国防部的每个任务，包括参与国防工业基础和商业部门。它是美国国防部网络反应行动的关键支援能力。

（4）改善文职人员招聘和保留。除了培养高技能的军人，国防部必须招聘和留住高技能的文职人员，包括总体网络队伍中的技术人员。文职人员必须拥有一个良好的职业发展通道和晋升轨道，并具备业界最佳的一流发展和成功机会。

（5）制定和实施与私营企业的交流项目。为了补充国防部的文职网络人员队伍，国防部必须能够聘请最好的网络安全和信息技术公司的技术主题专家，在国防部内执行特殊的工程设计和分析工作。国防部将实施成功的私营企业交流项目，通过设计和开发国防部网络空间任务的新的作战概念，为自己带来切实的好处。

（6）支持网络空间教育国家计划。国防部将制定相关政策，以支持《网络安全教育国家计划》（National Initiative for Cybersecurity Education）。通过与跨机构伙伴、一个或多个教育机构以及公共和私营部门的伙伴合作，国防部将继续支持创新人员队伍发展伙伴关系，重点在网络安全和网络防御的技术和政策方面。

2. 建立网络作战的技术能力。在2013年，美国国防部为实现网络任务部队的战备和为总统和国防部长制定可行的网络军事选项开发了一个模型。国防部必须具备技术手段，进行作战，以支持作战司令部的任务。主要倡议包括以下内容：

（1）开发统一的平台。在作战计划需求的基础上，国防部将提出整合不同的网络平台、建设具备互通性和可扩展的网络的详细需求。这个统一的平台将促进网络任务部队进行全谱网络空间作战，满足国家的需求。

（2）加快研究和开发。国防部将继续加快创新性网络研究和开发，以建设网络能力。美国国防部的研制界与已有的和正在崛起的私营企业合作伙伴可以为美国国防部和整个国家提供重要优势，开发前沿技术，以捍卫美国在网络空间的利益。除了支持现有的和计划的投资，国防部还将基础研究和应用研究议程的重点放在开发网络功能，以扩展网络任务部队和更广泛的国防部网络人员队伍的能力。

3. 验证并不断完善具有适应能力的网络作战指挥和控制机制。最近几年，美国国防部在为所有三个使命开发指挥和控制体系方面取得了显著进展，但其指挥和控制模式必须得到完善、获得资源和通过测试，以确保其有效性。指挥和控制模式必须支持美军网络司令部和作战司令部。它必须是高效实用的，而且必须促进跨越三个网络任务的行动的统一。

4. 建立企业化网络建模和仿真能力。国防部将与情报界合作，开发评估网络作战效能所需要的数据架构、数据库、算法、建模和仿真（M&S）能力。

5. 评估网络任务部队的能力。评估面对多重突发情况时投放的网络任务部队实现其任务目标的能力。

（1）联合参谋部在美国网络司令部和国防部下属机构的支持下，会提出、搜集、分析，并报告一套合适的衡量标准给首席网络顾问，以衡量网络任务部队的作战能力。这些指标将包括美军网络司令部应急能力状态的最新信息，也包括能力开发和专业程度，以及在紧急情况下可能需要的访问能力和工具。为了对这些分析作出回应，国防部将制定一个计划，以确保网络任务部队具有适当的能力和灵活性，以对战略环境的变化作出反应。

（二）战略目标之二：保卫美国国防部信息网络，守护国防部数据的安全，并减轻国防部任务面临的风险

1. 建设联合信息环境的单一安全架构。国防部将建设国防部信息网络，以满足联合信息环境的单一安全结构。单一安全架构将不断发展，以缓解网络威胁；这将有助于美国国防部开发并遵循最佳的、一流的网络安全实践，而它较少的网络足迹（Network Footprint）将允许美军网络司令部、作战司令部、国防部下属机构可以保持对网络威胁和缓解情况的全面态势感知能力。

（1）联合信息环境的单一安全架构将促成强大的网络防御，并把重点从保护军种特定的网络和系统转移到以统一的方式确保国防部业界。联合信息环境的单一安全架构必须具有增强的网络态势感知能力，按照验证的要求部署，并能适应未来的防御措施。

（2）作为联合信息环境的一部分，国防部将开发一个框架，用于开发和集成新的防御技术到美国国防部的网络安全体系架构，包括基于异常的检测能力、找出漏洞和威胁的数据分析，以及先进的加密方法。

2. 评估和确保国防部信息网络运行联合部队司令部（Joint Force Headquarters for DoD information network operations）的有效性。国防部信息网络运行联合部队司令部在美军网络司令部领导下运行，协调网络防御和减轻整个国防部运作和任务面临的网络风险。国防部将评估、验证和全面落实国防部信息网络运行联合部队司令部的概念，以安全运行国防部网络，防御国防部网络，并缓解国防部任务面临的网络风险。

3. 减轻已知的漏洞。国防部将运用能力，以减轻所有已知的、会对美国国防部的网络和数据造成高风险的漏洞。除了“零日”漏

洞（zero—day vulnerabilities）[①]，国防部网络和系统面临的最大威胁之一就是已知的高风险安全漏洞，因为潜在的对手可以利用。国防部经常发现自己在对手已经渗透系统后才急于堵塞安全漏洞。国防部首席信息官会领导行动，实施自动的补丁管理功能，以分发软件和配置的补丁、更新和修复，以减少美国国防部的网络和系统中已知的重大漏洞，以抵御威胁。

4. 评估国防部的网络防御部队。国防部会评估其网络防御部队进行整合的、自适应的和动态的防御作战的能力。企业级的和网络保护分队（Cyber Protection Team，CPT）的网络防御人员必须能够发现、检测、分析，并减轻威胁和脆弱性，以保护美国国防部信息网络。

5. 改善目前美国国防部的计算机网络防御服务供应商（Computer Network Defense Service Provider，CNDSP）结构的有效性，以防御和保护国防部网络。计算机网络防御服务提供商为国防部网络提供网络安全解决方案，包括监测、检测和防护能力。国防部将决定当前的计算机网络防御服务供应商流程是否足以抵御已知的和预计的威胁而免受其侵害，以及目前的计算机网络防御服务供应商队伍是否得到充分的训练和充足的装备，以对抗高级威胁。最后，国防部将决定计算机网络防御服务供应商队伍是否整合到了更广泛的网络空间指挥和控制结构，以及这个整合的架构在面临散布于计算机网络防御服务供应商和网络保护分队的网络和数据中的威胁时表现如何。

6. 制定网络防御和可恢复性能力方面的计划。国防部必须确定并计划保卫那些支持国防部关键任务的网络。国防部必须对需要优先保护的网络空间资产进行仔细评估，以确保国防部的任务和演习

---

① “零日漏洞”，是指被发现后立即被恶意利用的安全漏洞。通俗地讲，即安全补丁与瑕疵曝光的同一日内，相关的恶意程序就出现。这种攻击又名“零时差攻击”，往往具有很大的突发性与破坏性。——译者注

能有效保护这些资产。

（1）整合网络进入任务保障评估。国防部会把网络安全需求和评估融入国防部任务保障计划，并适当更新国防部的政策。目前，美国国防部组成机构采取不同的方法来衡量和评估任务保障面临的网络风险。国防部将建立一个《联合任务保障评估计划》（Joint Mission Assurance Assessment Program），其中包括网络安全评估、网络安全需求以及网络作战需求的整合。

（2）评估网络保护分队的能力。国防部将根据作战司令部需求设置的任务保障重点，完成有关网络保护分队能力、功能和使用模型方面的评估。

（3）改善武器系统的网络安全。国防部将评估并改进当前和未来的武器系统的网络安全，而且是在作战需求的基础上这样做。对于美国国防部将采办或获得的所有未来武器系统，国防部将强制规定武器系统要满足的特定的网络安全标准。采办和采购政策和做法将被更新，以提高系统的整个生命周期的有效网络安全。

（4）制定和实施连续性计划。所有国防部组成机构将制定可恢复性计划，以在发生网络中断和削弱的事件后保持其最关键业务的连续性。军事战役计划必须充分吸纳在削弱的网络环境中行动的能力；军队必须演练，并能够在网络和数据访问不确定的、削弱的网络环境中进行军事行动。各组成机构必须有效地平衡网络风险，确保自己能够继续在物理世界执行其使命。

7. 建立国防部网络防御“红队”。国防部已经培养了成熟的“红队”能力，测试重要网络和任务系统，寻找漏洞，并让其网络防御力量做更好的准备。在未来，国防部必须把“红队”能力重点放在优先级网络和任务系统上，以确保国防部实施最为关键任务的能力。作为这项工作的一个组成部分，国防部的每一个重要演习应包括网络“红队”，以在其业务可能被对手破坏的真实情况下测试美国国防部的网络防御。构成部队将被定期审查，以确保在整合“红队”

的调查结果及改善自己的网络安全态势方面不断进步。

8. 缓解内部威胁风险。国家防御取决于那些知晓国家秘密的人的忠诚。国防部已投资于必要的技术和人员方面的解决方案，以在威胁可以影响美国的国家安全之前就对其进行识别。通过持续的网络监控、加强人员的网络安全培训，以及改进识别、报告和跟踪可疑行为的方法，国防部继续部署和实施这些解决方案。

（1）这项工作已超出了信息技术，包括人员和可靠性方面的问题。减少内部威胁需要良好的领导和人员的问责制度。除了执行政策和协议，领导人将努力创造一种文化，预测、检测内部威胁和在它们产生影响之前就采取应对措施。

9. 进行演习，为民事当局提供国防支持（Defense Support of Civil Authorities，DSCA）。根据其现有的和计划的部队结构，国防部将制定一个框架，并为民事当局提供国防支持，以支持美国国土安全部和其他机构，并与州和地方当局合作，如果得到指示，就帮助在应急情况下保卫联邦政府和私营部门。

（1）国防部的年度演习计划，包括“网络卫士”（Cyber Guard），会包含与美国国土安全部和联邦调查局演练需要军队在紧急情况下派遣部队以帮助保护关键基础设施的情形。该框架将说明作战司令部和作战支援机构可以如何与国土安全部、联邦调查局和其他机构合作，以提高集成、训练和支持。

10. 确定和完善国民警卫队在支持执法、国土防御，以及国防部为民事当局提供防务支持方面的任务。国防部将与国民警卫队合作，通过“网络卫士16－1”加强实施机制以及完善国民警卫队部队的训练、咨询与协助（C/TAA）角色。根据其现有的和计划的部队结构，国民警卫队部队将协调、训练、咨询并协助州和地方机构和国内关键基础设施，并提供执法、国土防御和为民事当局提供防御支持活动，以支持国家目标。

11. 完善问责制和保护责任，保护跨越国防部和国防工业基础的数据。国防部将确保政策、相关的联邦法规、或合同要求得到落实，以便要求国防工业基础企业上报数据盗窃和丢失情况给国防部网络犯罪中心（Defense Cyber Crime Center）。

（1）国防部将继续评估《联邦采购条例国防部补充规则》（Defense Federal Acquisition Regulation Supplement，DFARS）和相关的指南，以确保他们随着时间的推移不断完善，与保护数据免遭网络对手攻击的已知标准一致，包括与美国国家标准与技术研究院（National Institute of Standards and Technology，NIST）颁布的标准一致。

（2）国防部将继续扩大公司在威胁信息共享项目中的参与度，如网络安全/信息保障项目（Cyber Security/Information Assurance program）。

（3）作为国防工业基础合格国防承包商网站的认证机构，国防安全局（Defense Security Service）将扩大教育和培训计划，包括为国防部人员和国防工业基础承包商提供材料，以提高他们的网络威胁认知。

（4）此外，国防部主管情报的副部长办公室将审查当前的关键采办和技术项目的保密指南是否足以保护承包商网络中的信息。

12. 加强国防部的采购和采办的网络安全标准。为了保护国防部网络，国防部必须通过把网络安全标准整合到研究、开发和采办方面的合同中，强化国防部网络采办和采购项目的网络安全需求。对于任何国防部采购项目的部件，产业界必须满足的额外要求，国防部将具体化这些网络安全标准。

13. 建立采办、情报、反情报、执法和作战团体之间的联系，以预防、减轻数据丢失，并作出反应。国防部将建立一个联合采办保护与利用小组（Joint Acquisition Protection and Exploitation Cell，JAPEC），以让情报、反间谍和执法人员与采办项目经理联系起来，以防止和减少数据丢失和被盗。国防部将对网络间谍活动和窃取行为进行全面的风险和损失评估，以通告需求、采办、方案和反间谍方面的行动。

(1) 国防部首席信息官将与国防部负责采办、技术以及后勤的副部长办公室合作，评估和更新具体信息系统的安全控制。

(2) 为了保护关键项目和技术，国防部将与公司合作开发预警能力和建立分层的网络防御。

(3) 最后，国防部网络犯罪中心、国防部长的首席网络顾问，以及国防部负责采办、技术以及后勤的副部长办公室会与各军种的损害评估管理办公室合作，以精简风险和损害评估流程，更好地告知决策者，维持、修改或取消被入侵的项目。

14. 运用国防部反情报能力抵御入侵。军种部、负责情报的国防部副部长与首席网络顾问协商，将制定一份战略，由国防部长批准，以最大限度地提高军种部的反间谍机构的能力和权力，以确定、追查和防御网络入侵者。

(1) 反间谍机关有特殊的优势，可以让我们更好地了解、挫败、战胜网络间谍活动。该战略将具体说明国防部反情报机构如何更有效地与美国的其他情报和执法部门在调查、人力和技术操作方面合作，以阻止针对美国及其盟国和合作伙伴的通过网络进行的知识产权盗窃。

15. 支持全政府的政策和能力，以打击知识产权盗窃。国防部将继续与美国其他政府机构合作，应对通过网络空间进行知识产权盗窃所构成的威胁。

（三）战略目标之三：做好准备保卫美国本土和美国关键利益免受后果严重的颠覆性或破坏性网络攻击

1. 继续开发情报和预警能力预测威胁。为了保卫国家免遭会产生重大后果的网络攻击，国防部将与大量的情报机构合作，开发收集有关对手活动的情报的能力，并准备好在网络攻击真正影响美国本土和美国的利益之前就挫败它们。为了满足作战司令部的应急需求，国防部将加强关于主要对手的人力和技术网络方面的情报。美国国防部要想在网络空间有效地行动，在一个潜在的作战行动的所有阶段，都需要网络情报、预警和共享的态势感知能力。所有的情报收集将遵守行政命令中列出的法律和指南。

2. 开发和演练保卫国家的能力。国家任务分队和其他相关的国防部机构将训练主要的跨机构组织，以及与它们合作，做好准备进行网络作战，保护国家免遭后果严重的网络攻击。此外，国防部将通过内部各个层次的定期演习演练应急流程，以及支持政府部门间的演习，以训练紧急情况下与精心策划下的网络作战流程。

（1）建立伙伴关系保卫国家。国防部将制定一个框架，以与其他政府机构合作，开展保卫国家的行动。国防部将与联邦调查局、中央情报局、国土安全部和其他机构合作，建立关系，整合能力，为总统提供最广泛的选项，以对可以对美国产生重大后果的网络攻击作出反应。

（2）对国防部保卫国家的能力进行年度全面审查。国防部防御后果严重的网络攻击的需求和相关能力会应时而变。国防部每年都将对任务可用的能力和所需的能力进行彻底审查。作为评估的一部分，国防部将验证新的要求，确定能力差距和相关的行动。

3. 开发保卫美国关键基础设施的创新性办法。国防部将与国土安全部合作，以改进网络安全增强服务项目，并鼓励更多的关键基础设施实体参与，特别强调国防关键基础设施参与者数量的增加。

4. 开发自动化信息共享工具。为了提高共享态势感知，国防部将与国土安全部和其他机构合作，开发连续性的、自动化的、标准化的机制，以便与美国政府的主要机构伙伴、主要盟国及合作伙伴的军队、州和地方政府，以及私营企业共享信息。此外，国防部将与其他美国政府机构和国会合作支持立法，以促进美国政府和私营企业之间的信息共享。

5. 评估国防部的网络威慑态势和战略。在国防科学委员会网络威慑工作组（Defense Science Board’s Task Force on Cyber Deterrence）的基础上，美军战略司令部与联合参谋部和国防部长办公室协调，将评估国防部威慑特定国家和非国家行为体不对美国本土和美国利益发动具备重大后果——包括生命损失、重大财产破坏或者对美国的外交和经济政策利益产生重要影响——的网络攻击的能力。

（1）通过分析，战略司令部必须确定国防部是否正在建设追溯和威慑主要威胁所需的能力，并建议美国国防部可以提高其网络威慑态势的具体行动。应特别注意的是，威慑非国家行为体，它们可能不属于传统威慑框架，但可能会对美国的利益造成相当大的威胁。

（四）战略目标之四：建立并维持可行的网络选项，做好计划使用这些选项来控制冲突升级，并在各个阶段塑造冲突环境

1. 把网络选项整合进计划。为了满足《部队使用指南》（the Guidance for the Employment of the Force）、作战司令部计划，以及其他战略指导性文件界定的战略最终目标，国防部将与美国政府机构以及美国的盟友和伙伴一起，把网络选项整合进作战司令部的计划中。

（1）加快把网络需求纳入计划。国防部将加速把网络需求集成到作战司令部的计划中。作战计划必须指出和界定针对具体目标的网络空间效应。为了促进这项工作，联合参谋部将与美国战略司令部合作，把需求同步化和整合到作战规划，并为参谋长联席会议主席提供网络任务部队定位、配置、部署和分配的建议。

（五）战略目标之五：建立并维持强大的国际联盟和伙伴关系，以威慑共同威胁，促进国际安全与稳定

1. 在重点区域建设合作伙伴的能力。根据其现有的和计划中的部队结构，国防部将与主要盟友和伙伴合作，建设合作伙伴的能力，并帮助保护国防部的任务和美国的利益所依赖的关键基础设施和关键资源。国防部将经常与美国政府其他机构合作，包括国务院，以建立合作伙伴的能力。重点地区包括中东、亚太和欧洲。

（1）支持中东的盟友和合作伙伴的网络和系统的加固和可恢复性建设。作为其网络对话和伙伴关系的一部分，国防部将与中东地区的主要盟友和伙伴合作，以提高他们保护他们的军事网络和美国的利益依赖的关键基础设施和关键资源的能力。主要举措包括提高信息共享，建立一个关于网络威胁的统一认识，评估我们共同的网络防御态势，以合作的方式积累网络专业知识。

（2）支持东北亚盟国的网络和系统的加固和可恢复性建设。作为与亚洲盟国开展的广泛的网络对话的一部分，国防部将与主要盟友和伙伴合作合作，以提高他们保护其军事网络和美国利益依赖的关键基础设施和关键资源的能力。

（3）在亚太地区建立新的战略伙伴关系。国防部将与整个亚太地区的主要国家合作，按照美国国防部的《国际网络空间安全合作指南》（International Cyberspace Security Cooperation Guidance），建立网络能力和将美国和盟国的利益面临的风险降至最低。

（4）与重要的北约盟国合作，缓解美国国防部和美国国家利益面临的网络风险。国防部将通过美国国防部与其主要的北约盟国之间的防务磋商，发展这些合作伙伴关系。

（5）国防部在建立联盟和伙伴关系，以对战略环境的变化作出最好的反应时，将保持灵活性和敏捷性。

2. 制定解决方案，以阻止破坏性恶意软件的扩散。国家和非国

家行为体企图获得破坏性的恶意软件。破坏性恶意软件不受控制地扩散到对立行为体是国际体系面临的一个突出的风险。国防部将与国务院、美国政府的其他机构以及美国的盟友和伙伴合作，借鉴最佳实践，以阻止破坏性恶意软件在国际体系中的扩散。除了国际制度和最佳实践，美国政府有一系列管理军民两用技术的国内出口管制制度，可用于防止扩散。

3. 与有能力的国际合作伙伴合作，制定网络作战计划和加强训练。贯彻这一战略，国防部将加强其国际联盟和伙伴关系，发展联合能力，实现网络效应，以支持作战司令部的计划。

4. 加强美国与中国的网络对话，增进战略稳定。通过贯彻这一战略，作为美国—中国防务磋商会谈（U. S. —China Defense Consultative Talks）及相关对话（如网络工作组）的一部分，国防部将继续与中国进行讨论，就各自的军事理论、政策、在网络空间的角色和任务获得更好的理解和透明度。这项工作的目的是为了减少误解和误判风险，避免冲突升级和不稳定。国防部将支持美国政府努力加强信任建立措施，使美国—中国关系的互信水平更高。

四、管理该战略

为了实现这一战略提出的目标和目的，需要考虑到网络力量和人员、组织和能力方面而作出艰难的选择。在实施这一战略过程中，美国国防部在财政方面的选择将在今后几年产生全国和全球层面的影响，国防部必须以有效的和具有成本效益的方式行动，以保证其投资获得最好的回报。为此，国防部将实现以下管理目标，以管理其网络活动和任务。

1. 建立国防部长的首席网络顾问办公室。在《2014年国防授权法案》（National Defense Authorization Act，NDAA）中，国会要求国防部指定国防部长的首席网络顾问（Principal Cyber Advisor to the Secretary of Defense）审查军事性网络空间活动、网络任务部队、进攻和防御性网络作战和任务。此外，首席网络顾问将管理国防部网络空间政策和国防部企业化战略的制定。

（1）《2014 年国防授权法案》还规定首席网络顾问综合网络专业知识和主要机构的观点，建立一个由关键方构成的国防部内部团队，以确保美国国防部内部网络问题得到有效管理。《2014 年国防授权法案》分配给首席网络顾问的职责不得被解释为可以影响国防部负责采办、技术和后勤的副部长、国防部负责政策的副部长、国防部主管情报的副部长、国防部主管人事和战备的副部长的现有责任和权限，或影响国防部长办公室任何其他首席参谋助理（Principal Staff Assistant，PSA）的与网络相关的责任和权力。

（2）一个国防部内部团队。首席网络顾问将通过网络投资和管理委员会（Cyber Investment and Management Board，CIMB）与国防部组成机构协同工作，评估国防部的网络管理。网络投资和管理委员会将是同步、协调和项目管理的论坛。它不会复制现有的项目和预算方面的机制，或干扰先前确定的首席参谋助理的角色和权威，也不会以任何方式干涉军事指挥链；相反，它将提供一个整合网络行动举措的论坛，管理项目直到完成，并简化国防部的网络治理架构。首席网络顾问将与国防部负责采办、技术和后勤的副部长办公室、联合参谋部合作，以建立一个国防部代表组成的国防部内部团队，支持网络投资和管理委员会完成这项工作。

（3）一个高级执行论坛。高级执行论坛隶属于网络投资和管理委员会并向这个委员会报告，高级执行论坛将就关键网络问题进行初步的高层协调。高级执行论坛将为网络投资和管理委员会建议行动方案，并与国防部长办公室和联合参谋部的其他治理机构协调，以促进行动的统一和在适当的水平解决管理问题。

（4）如果预算或财务事项在项目和预算审查过程中开始起作用，

首席网络顾问将利用高级执行论坛和网络投资和管理委员会协调，为副部长管理行动小组（Dcputy's Management Action Group）或其他财务和预算机构提供建议，审批通过适当的议题团队（issue team）审查可选方案和替代方案。

2. 改进网络预算管理。国防部将开发一个一致同意的方法，以更加透明和有效地管理美国国防部的网络作战预算。今天，网络方面的资金分散在国防部预算中，包括军事情报项目（Military Intelligence Program，MIP），存在于多种拨款形式、预算项目、项目内容和项目计划中。此外，国防部负责情报的副部长代表美国国防部，确保所有国家情报项目（National Intelligence Program，NIP）投资符合支持国防部任务的要求。国防部网络预算的分散性为国防部有效管理预算提出了一个挑战；国防部必须开发一个用于管理跨项目资助（cross－program funding）的新方法，以提高任务效率，实现管理效率。

3. 制订国防部的网络作战和网络安全政策框架。按照总统的指示，国防部将调整和简化其网络作战和网络安全策略管理，查明能力差距、重叠、冲突，以及最新文件中需要修订的领域。这项工作将有助于将国家和政府部门的指导和政策转换为战术行动。其对明确现有文件中的冲突是很重要的，目前这些文件使网络作战和网络安全管理变得更加复杂。

4. 对美国国防部的网络能力进行一次终端到终端的评估。美军网络司令部将领导对其态势进行一次全面的作战评估。在与国防部长的首席网络顾问、国防部负责采办、技术和后勤的副部长办公室、海岸评估和项目鉴定的主任办公室协调后，美军网络司令部将通过网络投资和管理委员会给国防部长提供短期和长期的关于组织结构、指挥和控制机制、交战规则、人员、能力、工具和潜在的行动差距方面的建议。这种态势评估的目标是提供关于未来作战环境，关键利益攸关者的意见，以及计划与作战的战略重点、选项和资源的清晰认识。

结论

我们生活在一个美国利益面临日益增长的网络威胁的时代，国家和非国家行为体威胁对美国实施破坏性和毁灭性的攻击，以及进行知识产权的网络盗窃，削弱了美国的科技优势和军事优势。我们在网络空间很容易遭到攻击，网络威胁的规模需要领导者和整个政府的各个机构以及私营企业采取紧急行动。

自从在2011年制定了第一份网络战略以来，美国国防部已在网络能力建设、组织和计划完善，以及促进保卫国家及其利益所必要的合作伙伴关系方面取得了显著进展。但是这些还远远不够。基于这一战略的目标和目的，相应的资源必须分配到位和加以管理，以确保进展。

本战略提出了实现变革的积极的、具体的计划。对于美国国防部而言，要想让捍卫美国及其在网络空间的利益的使命取得成功，来自国防部各个部门的领导必须采取行动，以实现本战略中列出的目标。他们还必须让他们的组织负责，因为网络和计算机代码的性质，不能依靠任何一个机构来做这项工作。成功需要整个国防部、美国政府机构、私营企业、美国的盟友和伙伴之间的密切合作。

战略环境日新月异，网络空间尤是如此。在完成这项工作中，我们必须是动态的、灵活的和敏捷的。我们必须能预见新出现的威胁，找出需要发展的新能力，并确定如何加强我们的伙伴关系和计划制订。一如既往，我们的人员——无论是军事人员还是文职人员——将是我们最强大的、最持久的力量以及灵感的源泉。通过团结协作，我们将在数字时代保护和捍卫美国及其利益。

（译者：解放军外国语学院讲师　孙江）

2015 年美国国家军事战略
——美国军队对国家安全的贡献

2015 年 6 月

参联会主席前言

在我服役 40 年的生涯中，当前的全球安全环境是最不可预测的。自 2011 年颁布上一份《国家军事战略》以来，全球失序的状况急剧上升，与此同时，我们的比较军事优势却已开始消蚀。我们目前面临着多重的、同时发生的安全挑战，这些挑战既来自传统的国家行为体，也来自跨地区的次国家集团网络，所有这些行为体都在利用迅猛发展的技术变革。未来的冲突将会爆发更为迅速，持续更为长久，并且出现在技术上更具挑战性的战场之上。它们对美国国土的影响将愈加增长。

本《国家军事战略》说明了我们将如何使用自己的军队来保卫并促进我们的国家利益。我们在保持相对于传统威胁的比较优势的同时，必须能够迅速适应新型威胁。成功将越来越依赖于我们的军事手段能否更好地支持其它的力量手段，并且增强我们的盟友伙伴的力量。

2015 年《国家军事战略》继续呼吁更大的灵敏性、创新性和融合性。它提高了对美国军队的要求，必须要继续保持全球接触，以塑造安全环境并保持我们的联盟网络。它呼应了先前的文件，注意到了在我们的职业中培养能力称职、品德高尚和表现卓越的领导人的急迫性。

但是，这份文件也认识到，使用力量的军事手段来对付国家威胁，与使用军事力量来对付非国家威胁之间，存在着迥然的差异。我们可能会面对久拖不决的战役，而非能够迅速结束的冲突……本文件也认识到控制升级正变得越来越困难、越来越重要……它还认识到，作为对资源削减而带来的不可预测性的对冲，我们可能不得不调整自己的全球态势。

尽管我们面对着一个可能是无比艰难的未来，但我们庆幸能够仰仗这样一些年轻的美国同胞，他们选择了服役，选择了一种不寻常的生活，选择了保卫自己的同胞。我们必须把重心放在确保他们是世界上领导最为有方、装备最为精良的军队上。2015年《美国国家军事战略》提供了一份达到此目标的蓝图。

2015年《国家军事战略》旨在应对这样一种需要，既要反击正在挑战国际准则的修正主义国家，又要反击破坏跨地区安全的暴力极端组织（VEO）。我们正在与盟友和伙伴合作来慑止、拒止并在必要时打败潜在的国家敌人。与此同时，我们正在领导多种联合努力，来瓦解、削弱并且击败暴力极端组织。这些努力的核心，是要加强我们的全球联盟和伙伴网络。这种一体化的战略要求我们在全球进行协调一致的行动，在国内执行机制化的改革，并且维持在范畴、规模和持续时长方面都完全迥异的冲突中取得压倒性胜利所需的能力、体量和战备程度。

一、战略环境

受全球化、技术扩散和人文变化的驱动，复杂性和迅猛变革构成了当前战略环境的基本特征。

人类活动的各个方面几乎都受到了全球化的影响。人员、产品和信息正在以前所未有的速度和容量进行跨边界流动，在极大地刺激经济发展的同时，也加剧了社会紧张、资源争夺和政治不稳定。

全球化的核心就是新技术的扩散，它所创造的全球信息环境使人们接触、分享和创造的东西，比以前任何时候都要多得多，也使人们能够比以前任何时候都更加迅速地组织起来。当前，个人和组织所能获得的信息比以前整个政府还要多。他们能够迅速集结起来，并且在所学习到的东西的指导下行动，有时就导致了暴力变革。与此同时，国家也在利用信息共享来开发自己的先进能力。一旦运用到军事系统上，这种技术扩散就会挑战到美国长期享有的比较优势，例如预警和精确打击。

不断变化的人口环境又加剧了这些挑战。非洲和中东地区的青年人群正在不断增长，而这两个地区都面临着资源短缺、经济落后和社会裂痕加深等问题。同时，欧洲和整个北部亚洲地区的人员已经开始减少并且老年化。在全球范围内，成百上千万的人口正在为了寻找工作从农村向城市流动，而到了城市中，他们又会面对文化差异、疏远和疾病等问题。他们中有越来越多的人跨越边境，甚至飘洋过海，承受着巨大的风险，并且对接收他们的国家造成了更大的负担。

尽管出现了这样一些变化，国家仍然是国际体系的主导行为体。它们约束权力，关注人类行为和提供安全的能力非常突出。在美国及其盟友和伙伴的领导下，当今大多数国家都支持既有的机制和程序，它们致力于预防冲突、尊重主权和促进人类权利。然而，某些国家却试图修正国际秩序的某些关键部分，并且其行事方式正在威胁到我们的国家安全利益。

俄罗斯虽然在诸如反毒和反恐等某些精选的安全领域作出了贡献，但也反复显示出，它并不尊重邻国的主权，并且企图使用武力来达到其目标。俄罗斯破坏地区安全的军事行动既有直接进行的，也有通过代理人部队进行的。这些行动违背了俄罗斯已经签署的多项协议，在这些协议中，它承诺要依循国际准则行事，包括《联合国宪章》(U. N. Charter)、《赫尔辛基议定书》(Helsinki Accords)、《俄罗斯—北约基本文件》(Russia-NATO Founding Act)、《布达佩斯备忘录》(Budapest Memorandum)和《中程核力量条约》(Intermediate-Range Nuclear Forces Treaty)。

伊朗也对国际社会构成了战略挑战。它正在寻求获得核武器和导弹投射技术，尽管联合国安理会反复通过决议要求其停止此种努力。它还是恐怖主义的国家支持者，已经破坏了多个国家的稳定，受害国包括以色列、黎巴嫩、伊拉克、叙利亚和也门。伊朗的行为破坏了地区的稳定，为无以数计的人们带来了苦难，并且也使伊朗人民失去了享受繁荣的未来前景。

朝鲜对核武器和弹道导弹技术的追求，也与国际社会要求其停止此种努力的反复要求背道而驰。这些能力对其邻国构成了直接威胁，尤其是韩国和日本。假以时日，它们也会威胁到美国的国土。朝鲜还发动了网络攻击，包括对美国的公司造成重大损失的攻击。

我们并不认为这些国家会寻求与美国或我们的盟国发生直接的军事冲突。然而，它们却都引发了严重的安全关切，而国际社会正在寻求通过共同政策、共享信息和协调行动来集体应对这些关切。

作为此种努力的一部分，我们仍然致力于与所有国家保持接触，来传递我们的价值观，促进透明度，并且减少误判的可能。相应地，我们继续致力于与中国保持实质性的军方对军方的关系，并且我们仍然随时准备与俄罗斯在双方具有共同利益的领域保持接触，但同时我们也要求这两个国家都以和平且符合国际法的方式解决其争端。

与国家挑战并列存在的，还有由“基地”组织和自称的“伊拉克和黎凡特伊斯兰国”(ISIL)领导的暴力极端组织，它们正在破坏跨地区安全，尤其是在中东和北非地区。这些组织致力于使人民变得更加激进，扩散暴力并且利用恐怖来强加其关于社会组织的观念。它们利用了深陷脆弱或失败国家的人民，在治理最弱的地区，呈现出势力最强的态势。在许多地区，暴力极端组织与跨国犯罪组织相生相伴，从事非法贸易和扩散腐败，从而进一步破坏了安全和稳定。

在这样一种复杂的战略安全环境中，美国军队绝无资本只集中关注某一种挑战，而忽视其他。它必须提供一系列全面的军事选项，既要应对修正主义国家，又要应对暴力极端组织。如果不能做到这一点，那么我们的国家和国际秩序都会遭遇更大的风险。

二、军事环境

美国是世界上最强大的国家，在技术、能源、联盟和伙伴关系方面都享有独一无二的优势。然而，这些优势正在遭遇挑战。

过去 10 年中，我们进行的军事战役主要是反击暴力极端网络的作战行动。但当前及在可预测的将来，我们必须要将更多的注意力转向由国家行为体制造的挑战。它们拥有越来越多的能力，挑战地区行动自由并且威胁到我们国土。其中，弹道导弹、精确打击技术、无人系统、太空和网络能力及大规模杀伤性武器的扩散尤其值得关注，因为这些技术的目的都旨在反击美国的军事优势，并且限制对全球公地的进入。

新兴技术带来了更大的不确定性，人们作出决策的空间也受到挤压，严重影响到了对威慑和冲突管理的计算。例如，在近乎没有任何预警的情况下，就可能发生对我们的通信和探测系统的攻击，从而严重影响到我们使用、协调、通信和反应的能力。因此，未来的国家间冲突可能会难于预测，代价高昂，并且很难控制。

暴力极端组织也在利用这些不断涌现的技术，利用信息工具来宣传破坏性意识形态，招募人员并煽动暴力，并且放大人们对其运动的感知力量。他们大肆宣传其活动，以引起对手的恐惧，并激发人们对其事业的支持。他们使用简易爆炸装置、自杀背心和定制的网络工具来扩散恐怖，同时还在寻求获得更尖端的能力，包括大规模杀伤性武器。

当前，我们的评估是，美国与一个重要大国发生战争的可能性虽然非常低，但却在增长。然而，一旦发生这样的战争，其后果会非常严重。相反，暴力极端组织通过将唾手可得的技术与极端意识形态相结合，对跨地区安全构成了迫在眉睫的威胁。而在国家和非国家暴力相互重叠的地区，存在着这样一种冲突领域，其中的行为体混合运用技巧、能力和资源来达成其目标。这样的“混合”战争可能涉及假扮非国家身份的军事部队，如俄罗斯在克里米亚所为；或是涉及将原始的混合军备能力投入战斗的暴力极端组织，如“伊斯兰国”在伊朗和叙利亚所展示的那样。混合冲突还可能包括一些国家和非国家行为体为了共同的目标，使用一系列的武器而协同作战，如我们在东乌克兰所看到的那样。混合冲突增加了模糊性，使决策更加复杂，并且降低了协调有效反应的速度。由于侵略者所拥有的这些优势使然，这种形式的冲突可能会持续到未来很长一段时间。

三、一体化的军事战略

美国军队的目的是要保卫我们的国家并且赢得我们的战争。我们达到这个目标的方式，就是采取各种军事行动，来保卫国土，在全球范围内打造安全，投射力量并取得决定性胜利。我们的军队还将向促进自己持久国家利益的外交、信息和经济活动提供支持。[①] 正如2015年《国家安全战略》报告所详细点出，我们的持久国家利益

① 文件列出的美国持久国家利益包括：（1）美国、其公民和美国的盟友及伙伴的安全；（2）在一种能够促进机遇与繁荣的开放的国家经济体系中，确保美国经济的强劲、创新和不断增长；（3）在国内及全球各地尊重普世价值；（4）由美国倡导的基于规则的国际秩序，这样的秩序能够通过更强大的合作来促进和平、安全和机遇，以迎接全球挑战。美国的安全利益包括：（1）国家的生存；（2）预防对美国领土的灾难性攻击；（3）全球经济体系的安全；（4）盟友的安全、信心和可靠性；（5）保护海外美国公民；（6）保护并拓展普世价值。国家军事目标包括：（1）慑止、拒止并击败国家敌人；（2）瓦解、削弱并击败暴力极端组织；（3）加强全球盟友和伙伴网络。参见原文第5页。

包括：(1) 美国、其公民和美国的盟友及伙伴的安全；(2) 在一种能够促进机遇与繁荣的开放的国家经济体系中，确保美国经济的强劲、创新和不断增长；(3) 在国内及全球各地尊重普世价值；(4) 由美国倡导的基于规则的国家秩序，这样的秩序能够通过更强大的合作来促进和平、安全和机遇，以迎接全球挑战。

从这些持久国家利益中，美国军队发展出用于优化自己的使命任务的国家安全利益。这些国家安全利益包括：(1) 国家的生存；(2) 预防对美国领土的灾难性攻击；(3) 全球经济体系的安全；(4) 盟友的安全、信心和可靠性；(5) 保护海外美国公民；(6) 保持并拓展“普世价值”。在就我国应该在何时/何地使用军事力量，该使用的部队的类型和程度，以及以何种代价使用部队提供建议方面，国家安全利益向军队领导人发挥了指导作用。

为确保这些利益，本《国家军事战略》提供了一种一体化的路径，该路径由三项国家军事目标构成：慑止、拒止并且击败国家敌人；瓦解、削弱并且击败暴力极端组织；加强我们的全球盟友和伙伴网络。美国军队通过下述行动来达到这些目标：在全球范围内进行一体化的作战行动；在国内进行机构改革；维持在冲突中取得压倒性优势所需的能力、体量和战备状态，这些冲突在范围、规模和持续时间上，都与当前极为不同。

这些国家军事目标支持了2014年《四年防务评估》所列的部队规划指南。该文件指出，我们的国家需要这样一支军队，它所拥有的体量、能力和战备状态能够同时保卫国土，进行持续和分布的反恐作战，并且在多个地区内通过前沿存在和接触来慑止侵略和让盟友安心。如果在任何时间出现威慑失败，我们的军队将能够在一场大规模、多阶段的战役中击败一个地区性敌人，并且同时还能阻止另一个地区的另一个侵略者实现其目标，或是对其施加不可承受的代价。

（一）慑止、拒止并击败国家敌人

美国军队是全世界最为杰出的联合部队。它通过提供保卫国土和我们的利益并同时确保盟友的安全所需的全方位的选择，来向国家提供支持。美国军队通过下述方式来慑止侵略：保持一种安全、可靠、有效的核能力；进行前沿接触和作战；维持现役、国民警卫队和预备役部队，随时准备部署，并进行在规模和持续时间上足以完成其使命的作战行动。定期部署的前沿、轮换和全球响应部队展示了其随时投入战斗的能力和意志。一旦威慑不能预防侵略，美国军队随时准备投射力量来阻止敌人实现其目标，并且决定性地击败对美国国土、国家利益或盟友和伙伴产生威胁的行为体。

威慑对美国和盟友的直接攻击是一项优先事项使命，需要将国土和地区防御系统与常规和核打击能力联合起来。因此，美国的战略部队将随时准备就绪。我们与加拿大的《北美空天防御司令部协定》[①] 和与美国国土安全部的密切合作，使美国军队的防御系统得到了提升。而在网络领域内，我们日渐增加的旨在保卫关键网络和基础设施的投资，也进一步加强了这些国土防御伙伴关系。

一旦出现侵略，阻止敌人达成其目的将成为一项急迫的目标。这就要求我们要特别强调以下几点：在前沿维持高度戒备的部队，并且在国内维持训练有素、装备精良的后备部队，恢复性强的后勤和运输基础设施，网络化的情报，强大的通信联结，以及与盟友和伙伴的互通性。我们还要利用及时的跨机构规划和协调，提出全面的选项，以便将国家力量的所有组成部分融为一体。

如果任何行为体直接攻击美国或我们的利益，美国军队将采取行动来防卫我们的国家。我们已准备好在所有领域投射力量，以阻

① 其前身是签署于1958年的《北美防空协议》。——译者注

止侵略，并且通过决定性地打败敌人来赢得战争。虽然我们更愿意与他人进行合作，但如果情势所需，我们也会单独行动。如果出现了攻击，美国军队将迅速作出反应，向敌人施加威力足够的损害，以迫使其停止敌对行动，或使其失去进一步侵略的能力。与重要敌人的战争，需要全面动用国家力量的所有手段，为此，美国将维持一支全频谱的军队，包括强大的预备役和国民警卫部队。他们提供的力量纵深，是既要取得胜利又要威慑其他威胁所必需的。

（二）瓦解、削弱并击败暴力极端组织

当前，美国领导了一个广泛的由多个国家组成的联盟，通过在暴力极端组织网络的全部领域内施加压力，来在多个地区将其击败。

这些努力与国家力量的所有成分和国际伙伴关系相互协调，旨在瓦解暴力极端组织的计划和行动，削弱其支持结构，清除其领导层，截断其财政，阻止外国战斗人员的流动，反击恶意影响，解放被奴役的土地，并且最终击败它们。为了支持这些努力，我们正在广泛地分布美国军事部队，并且利用全球一体化的指挥和控制程序来实现跨地区的作战行动。

可靠的地区伙伴对支撑反暴力极端组织战役至为关键。美国军队贡献出了精挑细选的作战部队、赋能技术和训练来支持当地伙伴，它们提供了收复并巩固其国土所需的大部分部队。这些战役通常耗时长久，因此其进行方式在政治、财政和军事上都必须具有可持续性，能够使联盟的力量实现最优化，正如我们在阿富汗和伊拉克所展示的那样。

在阿富汗，美国和北约伙伴与国家团结政府并肩努力，通过“坚定支持”任务（Resolute Support mission）提供安全，共同朝着建立长期的反恐伙伴关系而奋进。同样地，在伊拉克与“伊斯兰国”的斗争中，一个由60多个国家组成的广泛联盟正在提供安全援助、

训练、空投和打击支持。

击败暴力极端组织还需要理解这些组织和跨国犯罪团伙之间的联系。对这种关系了解愈深，我们愈能瓦解流入饱受冲突困扰地区的非法资金、武器和战斗人员。这种了解还能促进我们与执法官员的合作，更加有效地保卫我们的国土免受恐怖分子袭扰。

最终来说，要打败暴力极端组织，还需要向处于风险之中的人民提供安全和经济机遇。因此，反击暴力极端组织战役要求我们的军队与其他美国机构和国际组织密切协调，帮助当地政府解决引发冲突的根源性原因。作为此种努力的一部分，美国军队会定期地从事人道主义救援和灾害救援活动，以缓解痛苦和恢复希望。

（三）加强我们的全球盟友和伙伴网络

美国的全球盟友和伙伴网络是一支独一无二的力量，提供了国际安全和稳定的基石。这些伙伴关系还促进了全球范围内的繁荣增长，所有国家都会从中获益。

展望未来，美国军队及其盟友和伙伴将继续保卫并促进共同利益。我们将维系联盟，扩大伙伴关系，保持全球稳定存在，并且进行训练、演习、安全合作活动和军队之间的接触。这些活动加强了伙伴的能力和体量，因此也提升了我们威慑侵略和打败极端分子的集体能力。

美国军队在世界关键地区的存在支撑了国际秩序，并且提供了与其他国家进行接触的机会，同时还要部署部队对危机作出响应。因此，我们将继续推进向亚太地区的“再平衡”，将我们最先进的能力和更大的体量部署到这个关键的地区。我们将加强与澳大利亚、日本、韩国、菲律宾和泰国的联盟。我们还将深化与印度的安全关系，并且依靠我们与新西兰、新加坡、印度尼西亚、马来西亚、越南和孟加拉的伙伴关系。无论是对于维持地区和平，还是对于打造提供导弹防御、网络安全、海上安全和赈灾的能力，这些努力都至为关键。

在欧洲，我们将继续坚守对北约盟友的承诺。北约提供了重要的集体安全保证，对于威慑冲突具有战略重要性，尤其考虑到近来俄罗斯在其周边的侵略，更是如此。美国的“大西洋决心行动”（Operation Atlantic Resolve）、“欧洲安全保证倡议”（European Reassurance Initiative）、北约的“战备行动计划”（Readiness Action Plan），以及它们所包含的诸多活动、演习和投资，突出说明了我们对联盟巩固、团结和安全的决心。我们还将继续支持北约伙伴增强它们与美国部队的互通性，并且为自己提供防御。

在中东，我们全面致力于增强以色列的安全和“实质军事优势”（Qualitative Military Edge）。我们还在帮助该地区的其他重要伙伴增强其防御系统，包括约旦、沙特阿拉伯、科威特、卡塔尔、巴林、阿联酋、埃及和巴基斯坦。此外，我们还在努力加强整个非洲地区的机制，目的在于增进稳定，打造维和体量，反击跨地区极端主义。美国军队还在支持与拉丁美洲和加勒比国家的跨机构努力，以促进地区稳定，反击跨国犯罪团伙。

联合的训练和演习加强了我们盟友和伙伴的战备状态，同时也提升了美国部队的互通性和响应性。在与如北约、澳大利亚、日本和韩国等先进伙伴的合作中，我们的演习重在尖端能力，例如确保对争夺激烈环境的进入，以及威慑混合冲突并对其作出反应。在和其他伙伴的合作中，训练通常聚焦于改进反恐、维和、赈灾、支援执法和搜救及救援方面的技巧。

在我们在前沿地区提供稳定性存在的努力中，安全合作活动占据着中心地位。它们还能发展伙伴的军事自卫能力，并且支持多国作战行动。通过这些活动，我们与其他美国机构和任务伙伴进行协调，共同建立文化感知，并且加强增进地区稳定的伙伴关系。

（四）推进全球性一体化行动

进行一体化作战行动需要这样一支联合部队，它能够在全球范围内进行迅速和决定性的力量投射。正如《联合作战行动拱顶石概念：2020 年联合部队》（Capstone Concept for Joint Operations: Joint Force 2020）中所详细载明，全球性一体化作战行动强调 8 个关键成分：使用任务指挥；抓住、保持并利用该倡议；利用全球灵敏性；建立伙伴关系；展示建立联合部队方面的灵活性；改善跨领域协调；使用灵活、识别度低的能力；以及越来越有鉴别力使非预期后果最小化。这种行动高度依赖于全球后勤和运输网络、安全通信和一体化的联合和伙伴情报、监视与侦察能力。

在执行全球性一体作战行动时，美国军队与国际和跨机构伙伴紧密合作，为我们的国家提出各种战略选择。在此过程中，军队指挥官们将按照如下的军事任务优先排序，向我们的国家领导人提出建议：

保持一支可靠有效的核威慑力量。美国战略部队始终保持着最高等级的战备状态，始终随时准备对针对国土和我们关键利益的威胁作出反应。相应地，我们正在投资于保持并使我们的核力量实现现代化。我们继续执行 2010 年《核态势评估》（Nuclear Posture Review）和 2011 年《新削减战略武器条约》（New START），同时还要确保能够满足我们的国防需求。与此同时，我们还在提升战略和地区核部队的指挥与控制能力。

为国土提供军事防御。各种新兴的国家和非国家能力对我们的国土造成了多样和直接的威胁。因此，我们正在努力在国外阻截攻击准备，防御有限的弹道导弹攻击，并且保卫网络系统和实体基础设施。关键的国土防御能力包括可恢复性强的天基和地基指示与预警系统，一体化的情报收集、分析和分发结构，地基拦截部队，网络任务部队，以及随时准备投入战斗的陆空海部队。我们还在利用国内和地区性伙伴关系来改善信息分享和团结努力。这些能力能够更好地使我们免受高技术威胁和恐怖危险。

击败敌人。如果出现攻击美国或其某一盟友的情况，美国军队将和盟友及伙伴一道，在多个领域内投射力量，以通过迫使敌人终止敌意行为，或使其军队失去进一步侵略的能力，来决定性地击败敌人。

提供全球性、稳定性的存在。美国在全球关键地区的军事存在巩固了我们盟友和伙伴的安全，提供了稳定性来促进经济增长和地区一体化，并且使联合部队能够采取紧急行动，对危机作出反应。

与恐怖主义进行战斗。暴力极端组织常将恐怖主义用作一种战术来促进其利益。反击暴力极端组织的最佳途径，就是使用当地部队来施加持续的压力，而这些当地部队得到了专业的美国和联盟军事力量的增强，如情监侦、精确打击、训练和后勤支持等。反恐作战还涉及到与其他美国机构的协调努力，共同致力于阻截并瓦解针对美国国土的威胁。

反击大规模杀伤性武器。核、化学和生物制剂造成特别具有破坏性的威胁。它们能够赋予一小撮人令人生畏的破坏能力。因此，美国军队的重要任务之一，就是在尽可能远离国土的地方与大规模杀伤性武器进行战斗。为此，我们将与多国及美国的跨机构伙伴并肩行动，以在任何可能的地方，对大规模杀伤性武器、其部件和制造它所需的方法和设施进行定位、追踪、阻截并保证其安全，或是将其摧毁。

阻止敌人实现其目标。阻止敌人实现目标，或是对其施加不可承受的代价，对于达成我们的目标至关重要。这需要我们重视维持高度战备、前沿部署的部队，在国内维持训练有素、装备精良的大量增援部队，强劲的运输基础设施和资产，以及与盟友和伙伴的可靠且恢复性强的通信联系。这些能力提供了在危机升级前就将其遏制的方式。

对危机作出反应并进行有限的紧急作战。力量投射的另一种形式，就是与伙伴并肩行动，以采取有限的紧急行动。这些行动可能涉及到将更多的美国部队和能力部署到特定地区，以增强威慑，预防事态升级和安抚盟友。此外，美国军队还在全球维持着高度戒备的部队，来保卫我们的公民，以及保护外交设施。

进行军事接触和安全合作。美国军队通过与外国防务机构进行安全合作活动，来增强地区稳定。这些活动能够为相互的安全利益提供支持，开发伙伴自卫的能力，并且为多国行动做好准备。增强伙伴的力量增加了我们的国防战略纵深，因此对我们的安全至为关键。

进行稳定和反叛乱作战。美国军队仍然保持随时准备在必要时，与跨机构、联盟和驻在国部队并肩进行有限的稳定行动。这些努力强调我们部队中某些独一无二的元素的重要性：民事一军事事务小组（Civil-Military Affairs Teams）、打造伙伴体量、信息支持小组，以及文化服务范围扩展项目。

向民事领导人提供支持。如果美国受到人为或自然灾害影响，我们的军事部门将与其他美国机构协同行动，向民事领导人提供支持。作为此种努力的一部分，我们将通过联邦应急管理署（FEMA）的“国家规划系统”（National Planning System）和“国家演习项目”（National Exercise Program）来融合军事和民事能力。在国内事件中，包括国民警卫队和预备役部队在内的军事力量将提供训练有素的人员、通信能力、运输和后勤与计划支持。它们将与民事应急响应力量共同努力，降低类似事件的影响，保证公民的安全。

进行人道主义救援和灾害响应。多年以来，美国陆军、海军、空军、海军陆战队和海警人员迅速且有效地向全球绝望的人民提供了维持生命所需的援助。某些时候，这些努力只持续了数周时间；而另外一些时候，持续时间则更长。无论是哪种情形，采取行动来缓解痛楚，反映了我们所坚守的职业精神和价值。

（五）为本战略提供资源

如果没有足够的资源，我们将无法实现本 2015 年《国家军事战略》的目标。与先前所有的战略一样，本战略也担负了一种责任：在全球投射影响力，支持盟友和伙伴，并且维持全志愿部队。要贯彻本战略，美国军队需要对体量、能力和战备程度进行足够水平的投资，以便在国家召唤时，军队能够随时准备取得成功。

四、联合部队倡议

美国联合部队将人员、程序和项目综合在一起，以便执行全球范围的一体化作战行动，并达成我们的国家军事目标。这需要有创新性的领导人、优化的决策，以及先进的军事能力。

（一）人员及职业军人：改进我们最伟大的优势

我们的决定性优势在于我们的军事和民事职业人员。他们是我们作战卓越性和成功创新能力的基石。因此，我们致力于打造创新性和适应性兼具的职业队伍，既能熟练地领导组织变革，又能在复杂环境中作战。要完成这项任务，我们正在变革组织文化，并且加强领导层建设。

展望未来挑战，美国军队仍然随时准备满足不可预知的要求。我们必须使军队成员随时准备在复杂和具有持续危险性的环境中作战，这样的环境需要勇气、坚韧、适应能力和持久性，还需要对我们的国家价值和职业军队道德忠贞不谕。

我们正在优化领导培育。为保持我们的作战优势，我们正在通过训练、教育、广泛阅历和机遇的结合，在全志愿部队的各个领域（包括军官、军士和民事人员）内强调创新性领导培育。这些元素造就的专业知识，可以成为创新的源泉。为此，我们的训练越来越多地将实际和虚拟经验结合在一起，以模拟争夺激烈的环境和在受拒止或受削弱条件下的作战。在选择和激励人员队伍，奖励批判性思维和促进最具创新性的头脑的方式方面，我们的军事教育系统也在进行更新。持续、高要求的教育能够鼓励创新思想，并且找出完成我们使命的更佳方式。

在培育未来的联合领导人时，我们强调 6 条属性。我们的领导将：

第一，努力理解他们即将作战的环境，以及理解使用我们的国家力量的所有工具的效果；

第二，预知并适应突袭、不确定性和混乱；

第三，努力认知变革并能领导过渡；

第四，通过信任、鼓励和理解自觉地作战；

第五，根据职业军人的共同价值作出合乎职业道德的决策；

第六，在将联合作战原则和概念运用到联合行动时，能够进行批判性和战略性的思考。

我们正在调整组织文化。为提升作战能力，我们必须在每个梯队上都吸引、培养并且保留合适人才。该项努力的核心在于了解当前的社会演变。今天的年轻人成长于一个完全互联的环境。他们习惯于运用技术和互动的社会结构来解决问题。这些年轻男女正是明日的领袖，我们需要他们的服务。因此，美国军队必须愿意拥抱社会和文化变革，以更好地识别、培育和回报这种才赋。

为此，我们正研究必须如何改进自己的人事政策和提拔做法，以利用 21 世纪的技能。我们正在探寻新的途径来吸引具有宝贵的民事部门经验的人员。我们还在试验通过灵活的职业选择，赋予军事人员更多获得民事创新实践的机会。在此项努力中，预备役部队搭建了与民事人员之间的重要桥梁，为联合部队注入了独特的技能和多样的视角。对于打造一支尽可能最好的军队来说，同样重要的一项努力是，我们通过向妇女们提供更多的参军机会，进一步将她们融入到所有部队当中。

我们正在促进合符职业道德的领导。合符职业道德的领导对于保卫并加强我们的军队大家庭非常重要。这需要培育一种职业氛围，它能够加强我们对核心价值观的尊崇，促进问责性，并且赏识我们职业界每一名成员的付出。为帮助达到这些目标，我们正在推进一场信任运动，它强调相互尊重，重视积极文化的重要性，而这种积极文化得到了性侵犯预防和反应、自杀预防和高风险行为避免等品质项目的增强。

（二）程序：捕获创造性和效率

敏捷、高效和集中的程序，是完成我们战略目标的方式。这样的程序包括促进与联合、跨机构和国际伙伴间更大的互通性，同时还鼓励通过去中心化执行而采取的行动。

我们正在进行基于资源的规划。差不多一个世代以来，我们对战备程度的消耗速度与创造速度几乎相等。随之而来的就是，我们的长期战备程度已经下降了。因此，我们正在采取行动，以在达成作战行动目标与在国内保持随时就绪的储备部队之间，更好地实现平衡。我们正在修订作战行动规划，使其更灵活、更创新，并能在各个作战司令部之间更好地实现融合。我们还在为每个军种提供时间，来重置、现代化并且替换关键装备。我们的目标是：在加强威慑的同时，确保我们全频谱力量投射体量的长期有效性。此外，我们还在更加全面地协调国内外的需求、计划和作战行动执行，以使针对共同关注点的集体能力实现最大化。我们还在运用针对有限时间范围而部署的专门部队，来执行特定的任务，因为我们认识到，对于某些孤注一掷的敌人来说，“持续战役”还是十分必要的。

我们正在提升自己的全球敏捷性。全球敏捷性的核心，是在世界范围内任何地方快速集结和解散部队的能力。我们正努力通过改进战役规划，维持恢复性强的全球态势，以及执行能够依据对事件的预期来调整存在的动态力量管理程序（dynamic force management processes），来增强自己的敏捷性，以更好地抓住机遇，慑止敌人，并且让盟友和伙伴放心。我们还在更加全面地在各作战司令部之间共享部队，以应对跨地区威胁。我们正在将部队部署到最需要它们的地方，一个典型的例证就是我们向亚太地区的“再平衡”，以及我们在欧洲、中东、拉美和非洲不断变革的存在。我们正在更新国际协议，以确保进入并且向我们的人民提供法律保护。这些协议能够使我们加强作为信任基石的关系。

我们正在要求更大的有效性和高效性。在财政吃紧的环境中，我们正在努力更加谨慎地监管自己的资源。各军种的规划性纪律前所未有地重要，因为它对于产生经济效率至为关键。我们正努力维持自己的工业基础，同时还要通过国防部的《更佳购买力3.0倡议》（Better Buying Power 3.0 initiative）实现节余。当承包商支持能够更好地服务于任务时，我们正在有选择地使用。我们还在裁减雇员，理顺职能，削减冗余，以及建立融合程度更高、更加有效的组织。

（三）项目：保持我们的质量优势

有效的项目能够使我们的陆军、海军、空军、海军陆战队和海岸警卫队成员作战并取胜。及时并在成本范围内提出下一代项目至关重要，因为我们当前的系统受到的敌对能力挑战越来越多。要打败我们正面对的多种国家和非国家威胁，我们必须创新思维，挑战一切假想，并且拥抱变革。

我们正在提升联合互通性。我们正处于为未来能力制定下一套互通性标准的进程之中。就我们越来越多地面对的反进入/区域拒止（A2/AD）挑战而言，我们的未来部队将不得不在争夺更为激烈的环境中作战。保证这种进入的关键，在于部署可靠的系统，它能够在各军种、盟友、跨机构和商业伙伴之间实现互通。这方面努力的优先方向就是建立一种“联合信息环境”（Joint Information Environment，JIE），促进全球一体化后勤，并且建立一体化的联合监侦事业。这些倡议的结果，尤其是由“联合信息环境”提供的更好的连接性和网络安全，将为未来的互通性提供基础。

我们正投资于提升决定性优势。未来能力必须要能支撑我们保卫国土并且在全球投射军事力量的能力。反击反进入/区域拒止、太空、网络和混合威胁的重要投资包括：太空和地基指示和预警系统，一体化和可恢复的情监侦平台、战略投送、远程精确打击武器、导弹防御技术、水下系统、远程操作运输工具和技术、特种作战部队、网络任务部队（Cyber Mission Force），以及其他元素。我们还在提升自己的全球维持能力，以及升级自己的指挥与控制基础设施，以更好地支持广泛分布的作战行动。我们正在使自己的核产业实现现代化，并且努力保护我们国家免受非对称威胁。

为改进机制敏捷性，我们正在拓展与美国产业界的关系，其中包括大多数全球最具创新性的公司，以学习他们的最好的实践。此外，我们还在调整自己的规划努力，以利用从“防务创新倡议”（Defense Innovation Initiative）学习来的启示，该倡议旨在通过兵棋推演、概念开发和一系列大量的技术投资，来识别潜在的战略和作战优势。

我们在开发新能力应对一系列冲突所带来的威胁的同时，还必须采办足够的体量和战备状态来支撑自己的全球责任。这或许包括改进传统平台。或者，它还可能需要开发价格可以承受、并且灵活的全新系统。在所有情况下，我们的规划必须要让自己能够迅速调整，反击使用不可预期的技术或武器的敌人。

五、结论

本2015年《国家军事战略》表达了对我们面临的战略挑战的概要看法，并且详细说明了我们将如何使用联合部队来保证我们的国家、盟友和伙伴的安全。

本战略认识到了全球环境在迅速且深刻的变化的驱动下所呈现出的日益复杂性。它还承认了我们自己的重大优势、我们对国际规范的承诺、盟友和伙伴的重要性，以及自由和人类尊严的强大魅力。

如果与我们面临的威胁作一个比较，这些力量能够很好地为我们提供服务，并帮助我们实现一个更加安全的未来。

（译者：解放军外国语学院副教授　李洪波）

2015年度《日本的防卫》防卫白皮书[①]

防卫省和自卫队

刊行寄语

防卫大臣　中谷元

面对时常变化的安全保障环境，绝不能停止思考防卫政策。更何况如今，我国的防卫政策可以说正处在一个巨大的时代节点上。

我国的周边安全环境正在进一步严峻。朝鲜多次发射弹道导弹、推进核开发、强化弹道导弹能力，成为我国安全重大而紧迫的威胁。将目光转向世界，俄罗斯直接或间接介入邻国乌克兰，国际恐怖集团ISIL已在叙利亚和伊拉克地区抬头。更令人痛心的是，甚至发生了卑劣的恐怖行为造成日侨死伤的事件。在国内，广岛县的砂土灾害以及御狱山的喷发，致使许多人失去了宝贵生命。此外，尼泊尔发生大型地震，造成了巨大伤害。

面对各种事态，防卫省和自卫队是坚守我国领土、领海和领空的最后屏障，不断的努力以及储备切实的应对能力极其重要。如今，为了坚守国民的生命以及和平的生活，国会正在审议为了能够无缝应对所有事态的和平安全法制。为了在广泛的领域内进一步强化日

---

① 日本每年发行防卫白皮书，2015年度是第41次。2015年版防卫白皮书的内容基本截至2015年6月底。电子版出自 http://www.mod.go.jp/j/publication/wp/wp2015/pdf/27_Boei_PDF.zip。——译者注

美防卫合作，我们时隔 18 年修订了日美防卫合作指针。强化联合运用机能，新设防卫装备厅，不断推进防卫省改革。此外，在基于国际合作主义的积极和平主义理念下，我们正在推进联合国维持和平行动、打击海盗活动以及以亚太地区为中心的与其他国家之间的防卫合作。持续建立能够有效威慑和应对各种事态所必需的“联合机动防卫力”。

在修改防卫政策的同时，自卫队员正在全国、世界各地残酷的环境下，每天默默地执行着警戒监视和训练、联合国维持和平活动、灾害派遣以及各种后勤支援等多样任务。对于曾经作为一名自卫队员身处当地的我来说，当地是真正的“原点”。我曾经造访陆海空各部队甚至南苏丹、吉布提等地鼓励队员，因此我看到的是，面对随着时代的变迁日益多样化的任务，为了不辜负广大国民以及国际社会的信赖，始终保持不变、一心一意执行任务的队员们。

我国的防卫不能缺少广大国民的理解和支援。维持我国防卫政策的高度透明性，这对于提高各国的理解和信赖同样具有重大意义。令人欣喜的是，内阁府 2014 年度“关于自卫队和防卫问题的舆论调查”显示，国民对于防卫问题的关心以及对于自卫队肯定的印象延续 2012 年度的前次调查，继续保持了较高的水平。防卫白皮书在其中起到了一定的作用。正值战后 70 年的 2015 年，我们如上所述正在推进重要且广泛的防卫政策调整。介绍这些内容的 2015 年的防卫白皮书，同以往相比更加重要。今年同样衷心希望更多的人能够阅读防卫白皮书，也衷心希望能够加深对于防卫省和自卫队的理解。

第一章　围绕我国的安全保障环境

第一节　各国防卫政策

一、美国（略）

二、朝鲜半岛（略）

三、中国 (略)

四、俄罗斯（略）

五、澳大利亚（略）

六、东南亚（略）

七、南亚（略）

八、欧洲（略）

第二节　国际社会所面临的课题

一、地区争端和国际恐怖主义等动向（以中东和非洲为主）

（一）概况

在全球安全保障环境下，一国或一地区发生的战乱或安全保障方面的问题，直接扩大成为整个国际社会共同面对的安全保障方面的课题或者不稳定因素的风险正在不断增大。

近年，世界各地发生的地区冲突其性质未必相同。起因可能是民族、宗教、领土或资源等问题，而气候变化等全球性问题所带来的影响也可能成为冲突的导火索。这些冲突的形态各异，从武力冲突到军事对峙不一而足。伴随冲突而产生的人权侵犯、难民、饥饿、贫困所带来的影响，不仅限于冲突当事国，有时也会波及更广的范围。由于受内战、地区冲突的影响而出现或扩大的国家统治空白地区成为恐怖组织活动温床的事例十分多见。而且也有恐怖组织开展跨越国境、跨越地区的活动，继续成为国际社会安全保障方面迫切需要解决的课题。由于部分国家统治能力薄弱，导致难以应对传染病的爆发性流行和扩散等风险。

特别是中东和非洲，在那些政局不稳定、统治能力脆弱的国家，国境管理不够，恐怖组织成员、武器以及成为恐怖组织资金来源的毒品走私，这些都成为了地区威胁。此外，该区域还发生过冲突当事者在通过和平协商停战后再度爆发冲突的状况。2011 年正规化的“阿拉伯之春”推动了中东和北非各国施行民主主义体制。然而，其中也有些国家由于政权交替造成政治混乱，进而招致部族间、宗派间、党派间的对立，至今仍未结束。在此背景下，以年轻人为中心的国民对于经济和社会歧视以及高失业率等问题十分不满。而在欧美等发达国家，也因社会产生的排外感、歧视、贫困、贫富差距等不满，对“伊拉克和黎凡特伊斯兰国”（ISIL）等国际恐怖组织的极端思想产生共鸣的年轻人不断增加，他们除作为战士等参加国际恐怖组织活动以外，在本国开展“本土式”“独狼式”恐怖活动的事例也有所增加，使发达国家发生恐怖事件的风险不断增大。此外，在马里、中非、刚果等地，脆弱的政治体制，国民在政治和经济问题上的不满，领土或资源问题的对立，都是发生地区冲突的诱因。2014 年西非发生的埃博拉出血热大范围迅速流行，不仅威胁流行国的稳定，还扩散至欧美等各国。由此可见，传染病扩散风险显而易见。

国际社会针对这些复杂多样的不稳定因素，根据其性质研究国际框架和干预的应有状态，探索适当的对策更为重要。

冷战结束后，对于维和措施的期待高涨，开展了许多维和行动。近年，这一任务涉及的领域广泛，除了监督停火、撤军等传统任务外，还拓展到包括监督解除武装、治安部门的改革、监督选举及政府、对难民归还实施人道支援等平民和警察活动在内的广大领域。由于平民保护、和平构筑等任务的重要性不断增强，有一些活动根据《联合国宪章》第 7 章的规定被赋予了很高的权限。另一方面，联合国维和行动正在面临确保机械材料、确保要员安全、提升部队能力等课题。

此外，不仅在联合国维和框架内，由联合国安理会授权的多国部队和地区组织也在进行着防止冲突、维持和平、构建和平等活动。在非洲，非洲联盟（AU）等地区组织也根据联合国安理会决议实施行动，之后联合国维和行动继续履行权限。此外，国际社会正在从促进非洲各国自助努力的长期观点出发，献计献策、支援训练、提供装备等，目的是强化当地政府机构职能、提升军队和治安机构能力。围绕 ISIL 的抬头，国际社会正在采取各种举措。例如，联合国安理会通过决议以防止恐怖主义战士在国际间移动，以美国为中心的联合体进行反 ISIL 空袭等军事行动，支持反恐作战的伙伴国实施人道救援等。

（二）各地冲突现状和国际社会的应对（略）

（三）不断扩散的国际恐怖主义的动向（略）

1. 近期国际恐怖主义的特征

开展跨境活动的各类恐怖组织，虽然活动目的和能力因组织而异，但具有以下普遍倾向：通过全球化发展在组织内外实现信息共享与协作，同时灵活运用社交媒体等网络，获取武器和资金，并拥有巧妙的宣传战略。据说，恐怖组织也有可能实施网络攻击。2015年1月发生了美国中央司令部的推特账号遭到网络攻击的事件，怀疑伊斯兰激进派参与行动。这些恐怖组织经常出入统治能力脆弱或者失败的国家和地区，设置活动据点。

在各种恐怖组织当中，趁着叙利亚和伊拉克发生混乱之机扩大势力的ISIL是个尤为突出的存在，它拥有无比雄厚的资金来源和能够与国家对峙的强大军事力量，并实际控制某些地区等。此外，在正面否定此前国家在区域内的统治体制、建立伊斯兰共同体等优先追求独自的政治宗教秩序方面，ISIL具有有别于重视“全球圣战”的“基地”等恐怖组织的特征。

另一方面，被认为主导2001年发生的“9·11”事件的“基地”组织，一直潜伏在巴基斯坦的领导人奥萨马·本·拉登于2011年5月在美国组织实施的一次行动中被击毙。其核心力量鉴于此前所遭受的损失，近来非常重视组织的幸存性。然而，这并不能完全摧毁“基地”组织实施攻击的可能性。据说，在“基地”组织指挥部门指挥控制能力不断衰退的同时，将“基地”作为其名称一部分的一些组织正在扩充势力。他们主要以北非和中东地区为据点实施恐怖活动。

那些据说和“基地”或ISIL有关的组织以及其他伊斯兰激进派，除了以中东和北非地区为中心活动外，还具备越过管理不善的国境、在据点所在国之外实施恐怖活动的能力。据说这些组织已经获得了利比亚卡扎菲政权垮台之际扩散的大量武器。尤其是ISIL，据说在叙利亚以及伊拉克的战斗中，他们从叙利亚军队和伊拉克治安部队手中夺取了包含先进装备在内的大量武器。

近年，还有一些虽与“基地”或ISIL无正式关系，却深受其过激思想影响的团体和个人也变成了恐怖活动实施的主体。这些所谓“本土型”恐怖活动的威胁十分令人担忧。欧美各国也十分担心，在伊拉克或叙利亚等冲突地区经历过战斗回国的本国国民，因被灌输了过激思想，会在回国后实施恐怖活动。近年来，单独或者少数人计划和实施恐怖活动、很难掌握其事先征兆或防患于未然的“独狼型”恐怖活动也作为威胁逐渐被认识到。

在同我国的关系上，2015年初发生在叙利亚的杀害外国人恐怖事件，ISIL曾明确宣称将以日本人作为恐怖活动的对象。可见，针对国际恐怖主义威胁，绝不能说我国与之无缘。

国际恐怖主义威胁有着迅速扩散的趋势，而且随着实施主体的多样化、地区冲突复杂化而防不胜防。因此，国际恐怖主义对策的国际合作越发重要。目前，除军事手段以外，整个国际社会还联合采取各种措施，包括切断恐怖组织资金来源、防止恐怖主义战士在国际间进行移动等。

2. 世界各地发生的恐怖活动动向

(1)“本土型”和“独狼型”恐怖活动

近年，在欧美，对于“本土型”和“独狼型”恐怖活动的担心与日俱增。特别是受到巧妙的宣传战略（通过社交媒体和网站进行劝诱等）影响的人员，或者从叙利亚等发生争端地区回国的人员实施的恐怖事件不在少数。因此，各国正在采取各种应对措施，例如强化入境管理或者事先揭发恐怖活动计划等。

在美洲，2013年4月，美国波士顿的马拉松赛场发生爆炸，造成3人死亡、多人受伤。2014年10月，加拿大渥太华的联邦议会前，发生了一名赞同ISIL过激思想、改信伊斯兰教的男子枪击加拿大士兵并将其致死的事件。在澳洲，2014年12月，在悉尼中心区的咖啡馆，发生了一名赞同 ISIL 过激思想、伊朗出身的男子劫持 18 名人质据守屋内、当地警察进行枪战的结果导致包含犯人在内 3 人死亡的事件。同年 9 月，澳大利亚国内提升了警戒级别。

这些案件都是“本土型”、“独狼型”的恐怖活动。

在欧洲，2014 年 5 月，比利时发生了一名在叙利亚参加伊斯兰激进派的法国人在犹太博物馆用枪扫射导致 4 人死亡的事件。2015 年 1 月，法国发生了一名深受伊斯兰激进派影响的阿尔及利亚裔法国人袭击法国报纸《查理周刊》位于巴黎中心部的总部以及犹太人裔食品店的事件。法国政府受到这件事的影响，在国内各地配备了约 1 万名法国军人，采取了严格的警戒态势。在丹麦，2015 年 2 月，在哥本哈根市内的咖啡馆举行的“艺术和冒渎、表现的自由”集会以及犹太教礼拜所周边，发生了枪击事件，2 人死亡。

（2）伊斯兰激进派实施的恐怖活动

在中东，时有发生由在伊拉克和叙利亚不断扩充势力的 ISIL 或者“基地”相关组织等伊斯兰激进派实施的恐怖事件。在沙特阿拉伯，2015 年 5 月，该国东部多次发生以什叶派清真寺为目标的自爆恐怖活动。ISIL 发出了犯罪声明。

在北非，ISIL 相关组织和“基地”相关组织正在利比亚、埃及和阿尔及利亚活动。在突尼斯，2015 年 3 月，伊斯兰激进派团伙袭击巴尔多国家博物馆，致使包括 3 名日侨在内的 21 名观光客死亡。在阿尔及利亚，2013 年 1 月，从 AQIM 脱离出来的伊斯兰激进派组织袭击了该国东南部艾因阿迈纳斯的天然气工厂，包括 10 名日侨在内的多名人员遇害。该组织在此之前曾实施过绑架人质事件，主要目标是阿尔及利亚人和欧美人。同年 6 月，在马里和利比亚国境附近，阿尔及利亚军和武装集团发生了枪战，恐怖威胁依然存在。在肯尼亚，发生了貌似“青年党”实施的恐怖事件。2013 年 9 月，武装集团袭击了内罗毕市内的高级购物中心，造成 67 人死亡。2015 年 4 月，武装集团袭击了该国东北部的加里萨大学，造成至少 148 人死亡。

在撒哈拉以南非洲地区，伊斯兰激进派正在马里、索马里、尼日利亚扩充势力。特别是在尼日利亚，2009年以后，以建设伊斯兰国家为目的的“博科圣地”（Boko Haram）多次实施恐怖袭击，以报复警察的取缔行动，这种活动已日益活跃。

2014年4月，在东北部的博尔诺州，“博科圣地”绑架了200名以上的女学生。对此，国际社会采取了应对措施。例如，美国为了支援尼日利亚政府的搜索活动派遣了无人机，联合国安理会制裁委员会将“博科圣地”纳入制裁对象。据说最近多次利用周围女性实施自爆式恐怖活动。2015年2月，袭击了位于尼日尔东南部迪法州尼日利亚国境上的村落，可见其正在向国外扩大活动。同年3月，该组织向ISIL宣布效忠，展现出不断扩大势力的动向。但是周边国家正在进行“博科圣地”扫荡作战行动，尚不至于快速扩大控制地区。

从以前开始，南亚一直是恐怖袭击事件的高发区。特别是在巴基斯坦，“巴基斯坦的塔利班”（Tehrik-i-Taliban Pakistan，TTP）、“基地”等组织也实施了多起以宗教设施和政府机关等为目标的恐怖袭击事件。特别是2014年12月，TTP袭击西北部白沙瓦的军队学校，造成超过141人死亡。2014年9月，“基地”组织的扎瓦赫里声称已在印度新建了支部，ISIL也在阿富汗和巴基斯坦国内单方面设置了“呼罗珊州”。伊斯兰激进派实施恐怖活动的进一步激化令人担忧。

在东南亚，在取缔恐怖组织方面取得了一定进展。另外，菲律宾的“阿布·萨耶夫组织”（ASG）据说已经宣誓效忠ISIL，并为其提供了资金。据说有年轻人作为外国人战士从印度尼西亚等国到达伊拉克和叙利亚，成为该地区新的威胁。

（四）国际社会针对埃博拉出血热流行采取的措施（略）

二、大规模杀伤性武器的转移与扩散

核生化（NBC）武器等大规模杀伤性武器及其运载手段弹道导

弹的转移与扩散问题，一直被认为是冷战后的重大威胁之一。特别是那些传统的控制方式很难发挥有效作用的恐怖分子等非国家行为体，他们获取并使用大规模杀伤性武器的情况依然令人担忧。

（一）核武器

在美苏冷战最盛期的 1962 年爆发了古巴导弹危机，两国之间爆发全面核战争的危险性世人共知。在 1970 年生效的《不扩散核武器条约》的影响下，除了 1966 年以前进行过核试爆的国家外，其他国家被禁止拥有核武器，同时相关国家也开始通过相互交涉的方式管理并削减核武器。

目前已经有 191 个国家和地区在《不扩散核武器条约》上签字。有的国家过去曾经拥有核武器，现在已将其放弃并作为无核国家重新加入。而印度、以色列和巴基斯坦等国至今依然拒绝作为无核国家加入。也有国家，例如曾于 2006 年 10 月、2009 年 5 月以及 2013 年 2 月宣布进行核试验的朝鲜，对外宣称正在开发和拥有核武器。

2009 年 4 月，美国总统奥巴马发表旨在实现无核世界的演说，表明了将采取具体措施的决心：美国在保持核威慑的同时，减少核武器在美国国家安全保障中的作用；与俄罗斯缔结新条约，以取代美俄签署的《第一阶段削减战略武器条约》（START I）；谋求批准《全面禁止核试验条约》（CTBT）等。奥巴马的演说推动了国际社会向核不扩散与核裁军的方向发展。

2010 年 4 月，美俄两国总统在取代《第一阶段削减战略武器条约》的新削减战略核武器条约上签字，2011 年 2 月新条约生效。2013 年 6 月，美国总统奥巴马在柏林发表演说，表示将同俄罗斯围绕削减美国已部署战略核武器数量的 1/3 等问题进行磋商。2010 年 10 月，英国在《战略防卫和安全保障评估》（SDSR）中表示，将削减现有核弹头数量。

在应对使用核物质和其他放射性物质的恐怖活动的所谓“核安全”领域，2010 年 4 月，在华盛顿召开了首届核安全峰会。为了降低核恐怖主义的威胁，该峰会发表声明规定在未来 4 年内将采取措施彻底解决所有脆弱核物质的管制问题。2012 年 3 月，在首尔召开的第二届核安全峰会发表首尔公报，内容包含国际社会为了保证核安全而应该采取措施解决的课题，例如核物质的管理、运输以及不正当交易、核鉴别等。2014 年 3 月，在海牙召开的第三届核安全峰会发表公报，内容包括鼓励相关国家将高浓度铀的持有量降至最低，并将分离钚的持有量维持在最低水平，这些内容均同各国的国内要求保持一致。

由此，国际社会向核不扩散与核裁军的方向迈出了坚实的一大步，这有利于国际安全环境的改善，我们对此表示欢迎。另外，中国不仅增加了现有核弹头数量，还持续开发和配备运载手段、努力提高核战力。今后，必须在削减中国等国的核武器问题上作出努力。

（二）生化武器

生化武器造价低、制作简单，其所需的物资、器材、技术中有很多是军地两用的，所以极易伪装。例如，用于淡化海水的过滤器能够用来提取细菌，进而制造生物武器。用在金属镀覆工程上的氰化钠能够用来制造化学武器。因此，对于那些追求非对称攻击手段的国家和恐怖分子等非国家主体而言，生化武器颇具吸引力。

生物武器具备如下特征：第一，制作简单、造价低；第二，从外泄到症状显现通常有数日的潜伏期；第三，使用后的状况，很难被察觉；第四，即使不使用，也能给对手造成巨大的心理压力；第五，根据种类和使用状况，会造成巨大伤亡。

关于生物武器，有人指出生命科学的进步使误用、滥用成为可能。鉴于这种担忧，2009 年 11 月，美国制订了应对生物武器扩散以及恐怖分子使用该武器的方针，采取措施彻底管理病原菌和毒素。

关于化学武器，伊拉克曾在两伊战争中反复使用芥子气、塔崩和沙林毒气。20 世纪 80 年代后半期，伊拉克还使用化学武器镇压国内的库尔德人，据说其中还有毒性较强的 VX 神经毒气和较易管理的二元弹。2013年8月，军队和反政府武装在叙利亚大马士革郊外发生冲突，期间还使用了沙林毒气。虽然叙利亚政府否认使用了化学武器，但经过美俄交涉，最终加入了《化学武器公约》（CWC）。之后，按照《禁止化学武器组织》（OPCW）和联合国安全理事会的相关决议，采取了一些措施，例如将化学制剂向国外转移等。2014年8月，通过美海军运输船“光芒角”号（Cape Ray）实施的废弃作业顺利完成。此外，OPCW还指出，在伊拉克和叙利亚势力不断扩大的ISIL有可能对伊拉克军队使用了氯气。

仍有部分国家不仅不加入CWC，还持有化学武器，例如，1995年发生在我国的地铁沙林毒气事件，2001年和2004年2月在美国分别发生的炭疽病菌和蓖麻毒素邮件案等都表明，恐怖分子使用大规模杀伤性武器所带来的威胁是很现实的；而在城市使用大规模杀伤性武器的恐怖事件，将造成深刻的影响。

（三）弹道导弹等

弹道导弹不仅能将重物投射到远方，还可作为核生化武器等大规模杀伤性武器的运载工具。此外，它还具有一旦发射、将按照弹道轨道飞行、以高角度和高速度下落等特征，因此为了有效应对必须拥有精度极高的迎击系统。

如果在武力冲突持续不断的地区配备弹道导弹，冲突被激化和扩大的危险会更大，军事对峙地区的气氛势必更加紧张，整个地区将会变得更不稳定。此外，弹道导弹还可作为对常规力量占优势的国家进行远距离攻击或威吓的手段。

近年来，一方面，除了弹道导弹威胁，巡航导弹所带来的威胁也不容忽视，因为后者更容易被恐怖分子等非国家主体获取，其扩散问题同样令人担忧。与弹道导弹相比，巡航导弹不仅造价更低，保养与训练也更容易，许多国家都能进行制造和改造。另一方面，它的命中精度更高，飞行时难以被探知。此外，和弹道导弹相比，它个头较小，可以藏匿在船舶之中，偷偷地接近攻击对象。如果在弹头中搭载大规模杀伤性武器，将会造成深刻威胁。

（四）大规模杀伤性武器转移与扩散的担忧扩大

即便有些国家是出于自卫目的才购买或开发某些武器，一旦其国内生产步入轨道，这些武器就很有可能会被出口或转移。例如，大规模杀伤性武器和相关技术，正从那些无视政治风险的国家转移到那些因资源无法投入到常规力量、希望通过大规模杀伤性武器进行补充的国家手中。在寻求获得大规模杀伤性武器的国家中，有一些是政府统治能力偏低的国家，主要体现在：对于将本国和国民暴露在危险之中的抗拒较少，国际恐怖组织在其国内的活动十分活跃等。因此，在这些情况下，大规模杀伤性武器被实际使用的可能性很大。

此外，由于这些国家针对相关技术和物质的管理体制本身就不完善，化学物质或核物质转移或外流的可能性更高，这是令人十分担忧的。例如，即便是不懂技术的恐怖分子，如果获得了放射性材料，也能使用脏弹作为攻击手段。对于恐怖分子等非国家主体获取并使用大规模杀伤性武器的问题，各国都很担心。

大规模杀伤性武器相关技术的扩散事件，截至目前多次被指出。例如，可以确定的是，2004年2月，巴基斯坦的汗博士等人将以铀浓缩技术为核心的核技术转移给了朝鲜、伊朗和利比亚。

作为大规模杀伤性武器运载手段的弹道导弹，其转移和扩散现象也十分显著。苏联等国向伊拉克、朝鲜、阿富汗等许多国家和地区出口“飞毛腿－B”，导致目前许多国家都有了这些武器。此外，据说巴基斯坦的“高里”以及伊朗的“流星－3”都是以朝鲜的“芦洞”为基础。

一方面，国际社会对于大规模杀伤性武器的转移和扩散问题展现出不轻易妥协的强硬姿态，这对那些试图进行大规模杀伤性武器相关活动的国家造成了巨大压力，直接导致部分国家接受了国际机构的审查，或者放弃了大规模杀伤性武器计划。另一方面，近年来令人担忧的那些国家在向国外非法出口大规模杀伤性武器时，通过伪造文件、增加运输途径、利用多家前台企业和中介人，以避开国际社会的监视，持续进行扩散活动。此外，令人担忧的那些国家还会通过派至发达国家主要企业或学术机构的本国研究者或留学生，获得那些能够应用在开发和制造大规模杀伤性武器上的先进技术，这种无形的技术转移同样令人担忧。

（五）伊朗核问题

自20世纪70年代起，伊朗便打着按照《不扩散核武器条约》和平利用原子能的旗号，借助海外协助推进核电站的建设计划。然而到了2002年，伊朗政府反对派公开披露伊朗正在秘密建设大规模铀浓缩设施。国际原子能机构经调查发现，在未向其申告的情况下，伊朗长期从事与核武器开发相关的铀浓缩活动。2005年9月，国际原子能机构理事会认定伊朗违反了保障措施协定。

2009年9月，伊朗没有按照与国际原子能机构缔结的保障措施协定履行其申告义务，在中部库姆近郊建造新的铀浓缩设施。2010年2月，伊朗声称为了给制造医疗用同位素的研究用的原子炉提供燃料，开始进行浓缩活动，旨在将铀浓度由5%以下提高到20%左右。2011年12月，该浓缩作业也开始在上述新建的铀浓缩设施中进行。关于伊朗的核开发活动，国际原子能机构担心它有诸如导弹弹头开发等军事层面的可能性。由于伊朗并没有为了打消国际社会的担忧而采取必要的合作措施，例如伊朗不允许国际原子能机构调查团进入疑似使用高性能炸药进行实验的军事设施等，所以国际原子能机构表示无法获得确凿证据以证明伊朗的核开发是出于和平目的。

伊朗声称其并无开发核武器的意图，所有的核活动皆以和平为目的。然而，国际社会对于得不到确凿证据深表担忧，多次在联合国安理会决议和国际原子能机构理事会决议中要求伊朗停止一切浓缩和再处理活动。

关于该问题，美国和欧盟分别对伊朗强化了制裁力度。2011年12月，美国制定相关法律，规定在美国国内禁止那些与伊朗中央银行等伊朗的金融机构有相当规模交易的第三国的金融机构开设和保持户头。2012年1月，欧盟决定禁止从伊朗进口原油和石油化学制品。另外，伊朗开始同国际原子能机构调查团展开协商，以解决那些尚未解决的问题。2012年4月，伊朗再次同欧盟“3+3”（英、法、德、美、中、俄）展开磋商，但是在前总统艾哈迈迪内·贾德的推动下并未取得较大进展。

2013年6月，在伊朗的总统选举中，候选人鲁哈尼胜出。新政权在最高领导人哈梅内伊的支持下，继续推进同欧盟“3+3”的磋商。最终于2013年11月达成旨在全面解决核问题的协议——《联合行动计划》(JPOA)。2014年1月，开始执行该计划第一阶段的措施。

2013年11月，以色列总理内塔尼亚胡对此表示，允许伊朗进行浓缩活动的协议是“历史性错误”，表现出其强烈反对缓和制裁的立场。

关于包含最终阶段在内的总括措施，希望能在第一阶段措施6个月履行时间结束时的2014年7月20日达成共识，但是双方围绕主要内容存在意见分歧，并未达成共识。因此，双方同意将谈判期限延长4个月，直至同年11月24日。在这一过程中，美国表示对于伊朗保有的离心分离机数量心存担忧，但伊朗方面表示必须大幅提高该国的铀浓缩能力。

在此之后的协商中，允许伊朗拥有的铀浓缩能力的规模也是主要的争论点之一。同年11月，双方确认将继续履行曾在2013年11月达成共识的关于铀浓缩的JPOA，并发表声明称将再次延长谈判时间至2015年6月30日，以达成最终的总括共识。2015年4月2日，在瑞士洛桑举行协商的结果是，双方就“总括的共同作业计划”(JCPOA）的主要内容达成共识，并决定在6月30日之前进行包含技术性的详细情况在内的JCPOA起草工作。

三、围绕海洋的动向

对于作为四面环海的海洋国家的我国来说，“海洋安全”具有的重要性极其巨大。例如，我国能源资源的进口依赖于海上运输，确保海上交通安全对于国家存立来说是生死攸关的问题。确保能够稳定地利用“海洋”这一全球公共领域，是国际社会安全保障方面的重要课题。近年相关国家围绕海洋的动向值得关注，其中包括相关国际规范的遵守等。

（一）围绕东海和南海“公海自由原则”的动向（略）

（二）围绕北极海相关动向

占有北极圈大部分面积的北极海，面向俄罗斯、美国、加拿大、丹麦和挪威。

近年随着海冰的减少，北极海航路的利用以及资源开发的可能性日益提高。因此，北极海沿岸各国为确保资源开发、航路利用等权益的动作逐渐频繁。另一方面，沿岸各国间围绕基于海洋法划定海洋边界或延长大陆架等方面还存在着尚未解决的问题，以俄罗斯为首的部分北极圈国家出于确保本国权益和区域防卫的目的，正在推动军事力量的新部署等。加之，北极圈一直以来都是战略核力量展开和通过路线，因此随着海冰的减少，海上舰艇能够航行的时间和区域不断扩大，将来或许能够运用海上战力的展开或军队的海上运输能力进行军事力量的机动展开，其战略重要性正在提高。

（三）各国在海洋安全保障方面的举措（略）

四、宇宙空间和安全保障（略）

五、围绕网络空间的动向

（一）网络空间和安全保障

一方面，由于近年信息通信技术（ICT）的发展，互联网等信息通信网络正成为人们生活各个方面不可或缺的事物。另一方面，针对重要基础设施的信息通信网所展开的攻击行为，会给人们的生活造成深刻影响。

网络攻击有许多类型。例如，通过非法潜入或者发送邮件等方式给信息通信网络植入病毒，从而造成机能障碍或者信息的篡改、窃取；同时传输大量数据造成信息通信网络的机能障碍等。互联网相关技术的进步日新月异，网络攻击也日趋高级化和复杂化。网络攻击具有如下特征：

第一，多样性。实施者、手法、目的、状况等十分多样。

第二，匿名性。实施者容易隐蔽和伪装。

第三，隐密性。难以察觉攻击的存在，连意识到受害都很困难。

第四，攻击方的优越性。某些手法，攻击手段的获取很容易，完全排除软件的脆弱性很困难。

第五，控制的困难性。通过报复攻击和防御方的对策所得到的控制效果很小。

对军队而言，信息通讯是指挥中枢对基层部队进行指挥统管的基础，随着ICT的发展，军队对信息通讯网络的依赖程度进一步增高。此外，军队在遂行任务时要依赖以电力为首的各种社会基础设施，所以针对基础设施实施的网络攻击将会成为阻碍任务完成的巨大因素。因此，网络攻击被逐渐定位为抓住敌军弱点，削减敌军优势的非对称型战略，许多外国军队都在进行网络空间攻击能力方面的开发，同时以情报搜集为目的入侵他国的信息通信网。

因此，网络安全已经成为各国安全保障方面的重要课题之一。

（二）网络空间威胁的动向

在上述状况下，针对各国政府机构、军队等信息通讯网络的网络攻击频繁发生。

2014年10月，白宫的非秘密情报系统遭到黑客入侵。有消息指出，俄罗斯参与了该案件。关于俄罗斯，有消息称其军队、情报机构、治安机构都在参与网络攻击。其军队也正在研究成立网络司令部，招募黑客。

2013年3月，韩国的电视局、金融机构遭到网络攻击。同年6月到7月，韩国总统府、政府机构、电视局、新闻社遭到网络攻击。关于这些事件，韩国政府表示，同朝鲜之前的网络攻击手法一致。2014年11月至12月，美国的电影公司遭到网络攻击。美国联邦调查局（FBI）同年12月发表声明称，有充分的证据可以证明朝鲜政府对此次网络攻击负有责任。至于朝鲜，有消息称其政府机构参与了网络攻击，并正在举全国之力培育人才。

2010年6月，名为“震网”、拥有高度复杂构造的计算机病毒（破坏工作程序）被发现。之后，高级病毒多次被发现。

针对政府和军队信息通信网以及重要基础设施的网络攻击，会对国家的安全保障产生重大影响。消息称政府机构也参与其中，因此必须持续关注网络空间相关威胁的动向。

此外，还有消息指出了供应链风险，例如一些被蓄意植入非法改造程序的产品被企业出售等。

（三）网络攻击的对策

鉴于网络空间威胁的增大，各国政府层面和包含国防部在内的相关部厅层面，都在进行着各种努力。

近年来，网络攻击已成为新的安全保障问题。为了有效应对网络攻击，有许多问题亟待处理。例如，在规范国家网络空间行为和国际合作方面，尚未达成广泛共识。基于这些问题意识，虽然出现了根据国际社会共识制定网络空间行为准则的动向，但美国、欧州和我国等国家认为应保持网络空间的自由，而俄罗斯、中国以及诸多新兴国家都认为需加强国家对网络空间的管理。各国主张彼此对立。

1. 美国

2011年5月发布的《网络空间的国际战略》，提出了美国对网络空间未来的构想。为了实现该构想，该文件为美国与各国政府和国民开展合作设置了日程表。并指出应该优先发展的七大政策领域，分别是：经济、网络防护、执法、军事、互联网治理、国际能力构建以及互联网自由。

在美国，联邦政府的网络以及重要基础设施的网络防护问题，主要由国土安全部负责。该部的网络安全通信室（CS&C）负责政府机关的网络防御工作。

美国于2015年2月公布的《国家安全保障战略》（NSS）将网络攻击威胁认定为当今的主要威胁之一。作为国防部的举措，2014年3月发布的《四年防务评估报告》（QDR）指出，网络威胁对于美国的国家利益来说是风险。它由个人、组织、国家等多样主体构成。非法入侵国防部和产业网络和基础设施，将使美国和同盟国以及友好国家的重要基础设施暴露在威胁之下。基于这种认识，美军的网络战能力被定位成在本土防卫问题上应该保持的重要领域。美国将继续确保和培育人才、扩充网络任务部队。

2015年4月，发布的《美国防部网络战略》表明了以下认识，即关于网络威胁，国家主体和非国家主体正在企图对美国的网络实施破坏性网络攻击或窃取军事技术情报，美国正处在严重的网络威胁之中。因此，国防部将：一是保护国防部的网络、系统和情报；二是保护美国及其权益免受网络攻击造成的严重后果；三是为支援军事作战提供联合的网络战能力等作为网络空间方面的主要三大任务。其中，网络战能力包括以破坏敌国军事系统在内的网络作战。为了遂行网络空间任务，该文件提出五大战略构想：一是建设和维持能够快速实施网络作战的部队和能力；二是保护国防部情报网络和数据以及减轻任务方面的风险；三是通过与相关部厅和企业展开合作构建保护美国及其权益的防护体制，使其免受严重的网络攻击；四在争端管理方面活用网络空间的各种手段；五是与同盟国和伙伴国构建紧密的合作关系等。

在组织机构方面，战略司令部下属的网络司令部统管陆海空军及海军陆战队的各网络部队，负责网络空间作战。随着任务的扩充，美国将扩充该组织。除了现有的负责运用和保护国防部信息环境的“网络防卫部队”外，美国还将组建“网络国家任务部队”，负责支援美国的防卫，使其免受国家层面的威胁；组建“网络战斗任务部队”，负责从网络层面支援联合部队实施作战。三支部队统称为“网络任务部队”，附属许多团队。目前数十支团队已经开始运作。此外，美国将活用州兵和预备役，预计在 2018 年 9 月之前发展成 133 支团队 6200 人的规模。

2. 北约

2011 年 6 月，关于网络防卫的北约新政策和行动计划得以通过。该计划确定了如下原则：第一，明确了关于网络攻击，北约在政治上以及运用上的应对机制；第二，北约支援各加盟国构筑网络防护以及当加盟国受到网络攻击时进行支援；第三，同伙伴国展开合作。2014 年 9 月，北约首脑会谈就把针对加盟国的网络攻击认定为北约的集体防御对象一事达成共识。

在组织机构方面，北大西洋理事会（NAC）在政治上监督北约关于网络防护的政策和作战行动。新成立的安全保障课题局（ESCD）负责制定网络防卫相关的政策和行动计划；北约网络防卫中心（CCDCOE）被批准作为北约网络防护的研究和训练机构，除了每年召开“关于网络争端的国际会议”外，还负责委托专家编撰《塔林手册》等工作。

从 2008 年开始，北约每年都实施网络防卫演习以提高网络防卫能力。

3. 英国

2011 年 11 月，英国发布新的《网络安全战略》，设定了 2015 年之前的目标，同时规定了具体的行动计划，例如强化能力、制定规范、和外国展开合作，人才培育等。

在组织层面，在内阁府设置网络安全暨情报保证部（OCSIA），负责政府整体的网络安全战略的立案和协调；在政府通信本部（GCHQ）设立网络安全运用中心（CSOC），负责网络空间的监视等。在国防部层面，决定在2012年4月前临时设置国防网络作战小组（DCOG），对国防部内部的网络活动进行一元化管理，预计2015年3月之前该组织将具备完全的运用能力。

2015年1月，英国首相卡梅伦和美国总统奥巴马就两国强化网络防卫合作一事达成共识。英国正在努力同各国强化合作。

4. 澳大利亚

2013年1月，澳大利亚公布首部《国家安全保障战略》，将网络政策和联合作战作为其国家安全保障方面的最优先课题之一。

在组织层面，澳大利亚在网络政策调整官（CPC）下设立网络政策小组（CPG），负责调整、总结政府整体的网络安全政策。澳大利亚通信电子局（ASD）的网络安全运用中心（CSOC）负责处理涉及政府机构和重要基础设施的重大网络安全案件。

5. 韩国

2011年8月，韩国制定《国家网络安全总体规划》。该规划除了明确国家情报院在处理网络攻击方面的综合职能外，还指出将重点推进预防、检测、应对、制度、基础五个领域的建设。在国防部门方面，2010年1月，韩国设立网络司令部，负责网络空间作战的计划、实施、训练和研发工作。该机构目前属于韩国国防部的直属部队。

六、围绕军事科技与防卫生产和技术基础的动向（略）

第二章　我国安全保障防卫政策与日美同盟

第一节　我国安全保障和防卫的基本思路

一、确保我国安全保障的策略

为了保证一国自主决定其政治、经济和社会方式，坚守其文化、传统和价值观，必须捍卫国家的独立。然而，和平、安全和独立，仅靠愿望是难以确保的。虽然通过外交创造稳定且易于洞察的国际环境、将威胁防患于未然是国家安全保障的要诀，但从国际社会的现实来看，仅仅依靠非军事手段的努力，未必能将外部侵略防患于未然；一旦受到侵略，也无法将其排除。防卫能力是安全保障的最终担保，它表达了国家抵抗侵略的意志和能力，其他任何手段都无法替代。

因此，为了确保国民的生命、财产以及领土、领海和领空的安全，我国必须在推进建立适当防卫能力的同时，强化和我国具有共同基本价值和利益的美国间的日美同盟关系。自身的防卫能力和日美安全保障体系相互结合，通过构筑无缝的防卫态势，确保我国的和平和安全。

我国正在经济和教育等领域贯彻各种政策、确立安全的基础，以稳定国民生活、充实守卫国家的国民气概、消除招致侵略的机会。

从改善我国周边安全环境、预防发生对我国的威胁的观点来看，防卫力量在亚太地区和国际社会合作中所扮演的角色正日益重要。我国将在充分认识防卫力量重要性的基础上，在各领域竭尽全力，以确保国家安全；与此同时，维护亚太地区，乃至世界的和平与安全也是我们的目标。

二、宪法与防卫政策的基础

（一）宪法和自卫权

二战后，我国决意避免重蹈战争苦难之覆辙，努力建设和平国家。持久和平是日本国民的愿望。日本国宪法彰显了这种和平主义的理想，在第9条中作出规定：放弃战争、不保持战力、否认交战权。但是，既然我国是独立国家，那么该规定并不否认我国作为主权国家所固有的自卫权。我国政府认为，既然不否认我国的自卫权，那么宪法是承认为了行使自卫而保持必要且最低限度实力的。基于这种观点，我国依据宪法规定，将专守防卫作为我国防卫的基本方针，保持自卫队作为实力组织，推进其建设和运用。

（二）关于宪法第9条主旨的政府见解

1. 可以保持的自卫力量

根据宪法规定，我国可以保持的自卫力量必须以自卫为目的，而且是必要和最低限度的。具体的限度有相对的一面，即根据不同时期的国际形势、军事技术水平和其他条件，它可以发生变化；由作为国民代表的国会通过审议年度预算的方式作出判断。是否属于宪法第9条第2款中所禁止保持的“战力”，这是关于我国保持的整体军力的问题。因此，自卫队是否可以拥有某件武器，取决于有了这种武器之后我国保持的整体实力是否会超过宪法所规定的限度。

然而，某件武器如果在性能上专门用于针对对象国国土进行毁灭性破坏的话，即所谓“攻击性武器”，因为超出自卫所必要的最小限度范围，在任何条件下都不被允许。比如，洲际弹道导弹、远距离战略轰炸机、攻击型航母是不允许拥有的。

2. 在宪法第9条的基础上被允许的自卫措施

关于在宪法第9条的基础上被允许的自卫措施，2014年7月1

日的内阁决议（将在下节记述）做了如下规定：

从字面上看，宪法第9条貌似禁止了国际关系上的一切“武力行使”。然而立足于宪法前言所明确的“国民的和平生存权”以及宪法第13条所规定的“对于谋求生存、自由以及幸福的国民权利”在政治上必须受到最大尊重这一宗旨来考虑的话，就不能将宪法第9条解释成，禁止了一切为了维持我国和平与安全、确保其存立所必须采取的自卫措施。另外，这里所说的自卫措施，只有是针对那些来自外国的武力攻击从根本上侵害到国民谋求生存、自由以及幸福权利的紧迫和非法的事态、为了保障国民的上述权利而不得不采取的措施才被允许。为此所采取的必要的、最小限度的“武力行使”是被允许的。关于立足第9条作为特例被允许的“武力行使”，这是政府一贯主张的基础，即所谓的基本逻辑。这一点曾在政府于1972年10月14日向参议院决算委员会提交的资料《集体自卫权和宪法的关系》中明确表述过。

这一基本逻辑今后必须继续立足宪法第9条进行维持。

基于这一基本逻辑，政府一直以来都认为，允许“行使武力”仅限于发生针对我国的武力攻击时。然而，由于实力平衡的变化、技术革新的急速发展、大规模杀伤性武器等威胁，我国周边安全保障环境正在发生根本性的变化，而且这种变化仍将持续。鉴于此，今后即使发生的是针对他国的武力攻击，而根据其目的、规模、样态的不同，也有可能会威胁到我国的存立。

发生争端时，为了将其和平解决，我国将尽最大限度的外交努力。与此同时，当然也会采取所有必要的措施加以应对。例如，依据基于一直以来的宪法解释所建立的现存国内法令加以应对，或者在该宪法解释的框架内进行有可能的法律建设等。即便如此，为了确保国家存立、保护国民，我国还必须做到万全。

基于这种问题意识，并对照如今的安全保障环境进行慎重研讨的结果是：不仅在发生针对我国的武力攻击时，当发生针对与我国有密切关系的他国的武力攻击，而这种攻击很明显会有威胁到我国的存立。从根本上侵害国民追求生存、自由和幸福权利的危险时，与此同时，为了将其排除，确保我国存立、保护国民却没有其他更适当的手段时，行使必要的、最小限度的实力是基于一直以来的政府见解的基本逻辑而采取的出于自卫的措施，因此我们判断这种措施应该是被宪法所允许的。

当然，我国的“武力行使”必须要在遵守国际法的基础上进行。然而，还必须将国际法的依据和宪法解释分开进行理解。宪法所允许的上述“武力行使”，有时在国际法上的依据是集体自卫权。这种“武力行使”包括以发生针对他国的武力攻击为契机的情况。但是在宪法上，只有为了确保我国的存立、保护国民，即为了保卫我国而不得不采取的自卫措施才被允许。

3. 能够行使自卫权的地理范围

作为行使自卫权，为了保卫国家，我国动用必要且最低限度武力的地理范围未必只局限于我国的领土、领海和领空。具体会延伸到哪里，根据具体情况会有所不同，不能一概而论。

然而，宪法不允许以行使武力为目的，向他国的领土、领海和领空派遣武装部队；这类海外派兵行为超出了自卫所需的必要和最低限度。

4. 交战权

一方面，宪法第9条第2款规定“不承认国家的交战权”。但是，这里的“交战权”并不是指交战的权利，而是交战国在国际法中所拥有的各种权利的总称，包括杀伤和破坏对方国家的兵力、占领对方国家的领土等权限。另一方面，出于行使自卫权，为了防卫我国而使用必要且最小限度的武力当然是被允许的。比如，我国出于行使自卫权而杀伤和破坏对方国家兵力之时，虽然表面上看是同样的杀伤和破坏，但是这与行使交战权是不同的概念。然而，占领对方国家的领土超过了自卫所需的必要且最小限度，因此不被承认。

（三）基本政策

一直以来，我国在宪法的指导下，坚决贯彻专守防卫，遵循不成为会给别国造成威胁的军事大国之基本理念，在坚持日美安保体制的同时，确保文官统治，遵守“无核三原则”，有效率地建立实效性高的统合防卫力。

1. 专守防卫

专守防卫是指，在受到对手武力攻击后才使用防卫力量，而且仅限于自卫所需的必要和最低限度。保持的防卫力量也仅限于自卫所需的必要和最低限度。这种被动型的防卫战略姿态与宪法精神相符。

2. 不成为军事大国

虽然没有对“军事大国”的明确定义，但是我国不成为会给别国造成威胁的军事大国是指，不拥有给他国造成威胁的强大军事力量，不超出我国自卫所需的必要和最低限度。

3. “无核三原则”

“无核三原则”是指不拥有、不制造、不运进核武器。我国将其作为国策并坚持至今。

制造和拥有核武器是《原子能基本法》所禁止的。根据《不扩散核武器条约》，我国作为无核武器国家，负有不制造、不获取核武器的义务。

4. 确保文官统治

文官统治，又称文民控制，是指在民主国家，政治优先于军事，民主主义的政治控制军事力量。我国基于对战争历史的反省，为了确保自卫队根据国民意志加以建设和使用，采用了下列与旧宪法完全不同的严格文官统治的制度。

国会代表国民，通过法律和预算的方式决定自卫官的人数和主要机构，并批准防卫出动。与国家防卫有关的事务，作为一般性行政事务，完全属于内阁的行政权。组成内阁的内阁总理大臣和其他国务大臣必须是宪法上的文官。内阁总理大臣代表内阁对自卫队行使最高指挥监督权；防卫大臣作为国家防卫专门的主任大臣统管自卫队的事务。此外，内阁中设置国家安全保障会议，负责审议与我国安全保障相关的重要事宜。

在防卫省内，防卫大臣分担管理与国家防卫相关的事务，作为主任大臣管理和运营自卫队。在政策、企划和政务方面，防卫副大臣、防卫大臣政务官（2人）以及防卫大臣辅佐官负责辅助防卫大臣。

在防卫省负责事务相关的重要事宜上，防卫大臣政策参与[①]根据自己的见解向防卫大臣谏言。在防卫会议上，政治任用者、文官、自卫官三者汇聚一堂，在防卫大臣的带领下审议防卫省负责事务的基本方针，彻底实现文官统治。

如上所述，文官统治的制度业已确立，但是为了取得实效，在国民关心防卫的同时，仍有必要继续从政治和行政两方面努力运营。

三、完善和平安全法制等

（一）研讨经过和“内阁决议”概要

1. 研讨经过

我国周边安全保障环境进一步严峻，内阁总理大臣安倍于2013年2月重开了曾在第一次安倍内阁时期召开的“关于再构筑安全保障法律基础的恳谈会”，并指示该恳谈会充分考虑过去4年半的变化，注意将来可以预见的安全保障环境的变化，再度围绕安全保障的法律基础展开讨论，目的是弄清我们应该怎么做，包括如何最有效地运用日美安全保障体制，以维持我国的和平与安全。经过共计7次会议，2014年5月，报告书被提交给安倍内阁总理大臣。

从恳谈会提交报告书后，根据内阁总理大臣安倍指出的推进讨

① 官职名。——译者注

论的基本方向，执政党进行了协商，政府也进行了研讨。2014 年 7 月 1 日，政府通过了题为《建立无缝的安全保障法制以确保国家存立和保护国民》的内阁决议。该决议提出建立新的安全保障法制的基本方针。在通过提高威慑力以及更加积极地为地区和国际社会的和平与稳定做贡献等方式，进一步确保我国的和平与安全方面，该决议具有历史的重要性。

2. 内阁决议的概要

内阁决议指出，为了面对任何事态都能坚决守护国民生命和和平生活，并在基于国际合作主义的“积极和平主义”基础上为维持国际社会的和平与稳定作出更大的贡献，必须完善国内法制以便能够进行无缝应对。在此基础上，内阁决议关于应对尚未构成武力攻击的侵害、为国际社会的和平与稳定作出更大贡献、宪法第 9 条允许的自卫措施等问题，提出了基本方针。

3. 完善法律的研讨

在“内阁决议”之时，内阁总理大臣安倍作出指示，希望以建立能够无缝应对所有事态的安全保障法制为目标，立即着手开展作业。在此基础上，我们在内阁官房国家安全保障局里设立了法案制定小组，同时为了使防卫省和自卫队能够切实发挥国民对我们所期待的作用，我们还设置了以防卫大臣为委员长的“安全保障法制整备研讨委员会”，为了完善安全保障法制展开研讨。

政府的研讨是在执政党讨论的基础上进行的。2014 年 5 月之后，执政党共进行了 25 次讨论，并于 2015 年 3 月 20 日提出了《完善安全保障法制的具体方向》。在执政党展开进一步讨论的同时，政府也进行了研讨，同年 5 月 14 日，以内阁决议的形式通过了《和平安全法制整备法案》以及《国际和平支援法案》等两法案，并于 15 日提交给第 189 届国会（常会）。同月 19 日，为了审议这些法案，决定在众议院设立与我国和国际社会和平安全法制相关的特别委员会。

（二）和平安全法制整备法案的概要

2015年5月14日阁议通过并向国会提交的和平安全法制整备法案的概要如下。

1.《自卫队法》的修订

作为《自卫队法》主要的修改事项，将下列内容写入法案：完善防卫出动相关规定，新增关于海外日本人的保护措施以及防护美军等部队的武器的规定，扩充平时向美军提供物资劳务的范围，新增国外犯罪处罚规定。

2.《重要影响事态安全确保法》（修订《周边事态安全确保法》）

作为《周边事态安全确保法》主要的修改事项，将下列内容写入法案：修订关于目的的规定，从事态的定义中删除“我国周边”同时取名为“重要影响事态”，把为了实现日美安保条约的目的开展活动的美军以及其他国家军队作为支援对象，扩充支援项目。

3.《船舶检查活动法》的修订

作为《船舶检查活动法》主要的修改事项，将下列内容写入法案：伴随《周边事态安全确保法》的修订进行修订，新增在国际和平支援法规定的国际和平联合应对事态中进行船舶检查活动的规定等。

4.《国际和平合作法》的修订

作为《国际和平合作法》主要的修改事项，将下列内容写入法案：扩充在联合国维和行动中能够实施的业务（所谓的确保安全的业务以及快速警护等），修改武器使用权限，新增关于非联合国统筹型人道重建支援和所谓安全确保的活动（国际协作和平安全活动）的规定。

5.事态应对法制等的修订

作为《武力攻击事态法》等事态应对法制以及《自卫队法》主要的修改事项，将下列内容写入法案。

（1）存立危机事态的名称、定义、手续等的整备（事态应对法）；

（2）应对“存立危机事态”的自卫队任务的定位、行动、权限等的整备（自卫队法）；

（3）除了向应对武力攻击事态的美军外，向武力攻击事态时的美国以外的外国军队以及存立危机事态时美军以及其他外国军队追加提供支援（美军等行动相关举措法）；

（4）把在武力攻击事态时的美军以外外国军队的行动，追加成特定公共设施等的利用调整对象（特定公共设施利用法）；

（5）存立危机事态时实施海上运输管制（海上运输管制法）；

（6）存立危机事态时适用俘虏处置法（俘虏处置法）。

6.《国家安全保障会议设置法》的修订

作为《国家安全保障会议设置法》的主要修订事项，将根据此次法律修订追加审议事项的内容写入法案。

（三）国际和平支援法案的概要

国际和平支援法案于2015年5月14日阁议决定，并向国会提交。该法案将有助于在国际和平共同应对事态中，通过向外国军队开展合作支援活动，确保国际社会的和平和安全。

（四）治安出动和海上警备行动等命令发布手续的迅速化

考虑到我国安全保障环境日益严峻，容易发生既非平常又非异常的事态，因此存在容易导致重大事态的风险。为了迅速应对这些尚不构成武力攻击的侵害，确保能够无缝应对所有不法行为，政府于2015年5月14日围绕以下三种情况通过一项阁议决定，旨在实现治安出动和海上警备行动等命令发布手续的迅速化。

（1）应对那些不符合国际法所规定的“无害通航”条件却在我国领海和内水航行的外国军舰；

（2）应对武装集团非法登陆离岛等行为；

（3）当自卫队查明外国船舶在公海上对我国民间船舶实施侵害行为情况下的应对。

具体而言，治安出动的命令发布，是在需要进行紧急判断、却难以迅速召开临时阁议之时，由内阁总理大臣主持，通过电话获得各国务大臣的同意，实施内阁决议。对于无法取得联络的国务大臣，事后要迅速取得联络。

（五）现行相关安全保障法制（略）

第二节　国家安全保障战略与防卫计划大纲等

一、国家安全保障战略概要

（一）国家安全保障会议

国家安全保障会议设置在内阁，主要负责审议《国家安全保障战略》（以下简称《战略》）等与国家安全保障相的关外交和防卫政策基本方针等。以防卫省为首的相关行政机构实时地向国家安全保障会议提供与国家安全保障相关的资料和情报。设置在内阁官房的国家安全保障局负责协助国家安全保障会议，从防卫省内派遣自卫官等职员执行勤务。

《关于保护特定秘密的法律》于 2014 年 12 月开始施行。政府内部关于保护秘密的共通规则得以进一步完善，也使得国家安全保障会议进行更有效果、更有效率的审议工作成为可能。这也提高了我国在管理安全保障问题方面具有高度隐匿性情报的信赖度，希望我国和相关国家间能够进一步促进情报的共享。

（二）国家安全保障战略

1. 我国国家安全保障政策体系

《战略》作为国家安全保障的基本方针，属我国首次制定。该战略在从长期的观点判断国家利益的基础上，围绕今后应该如何应对推导出我国应该采取的步骤。该战略取代了此前一直作为我国防卫政策基础的《国防基本方针》。政府依据《战略》制定的《防卫计划大纲》（防卫大纲），指出今后我国防卫的基本方针、防卫力量的职能、自卫队具体体制的目标水准等。各种装备的取得以及部队运用体制的确立，并非一朝一夕便能完成，而是需要花费很长的时间。因此防卫大纲是立足中长期的展望而制定的。《战略》和防卫大纲一般来说考虑的都是10年的状况。《中期防卫力整备计划》（中期防）是为了达到防卫大纲中所提出的防卫能力的目标水准而明确指出5年经费总额的限度以及主要装备建设数量的文件。年度预算则将中期防以事业的形式加以具体化，并根据实际情况计算出每年度的所需经费。

一直以来，关于我国安全保障的基本方针，防卫大纲虽进行了某种程度的论述，但主要以防卫政策为中心。此次，《战略》指出了以外交政策和防卫政策为中心的国家安全保障方面的基本方针，具有很大的意义。

2. 国家安全保障战略概要（略）

二、防卫计划大纲概要（略）

三、中期防卫力量整备计划概要（略）

四、“防卫装备转移三原则”

（一）“防卫装备转移三原则”的制定宗旨

我国一直以来都是根据“武器出口三原则”等文件慎重处理武器出口问题。另外，关于国内企业参与BMD相关的日美共同开发问题，正如内阁官房长官的发言所示，个别采取了不依据“武器出口三原则”的措施。

2011年12月，关于《防卫装备品海外转移基准》的内阁官房长官谈话正式发布。该文件指出，那些与和平贡献和国际合作相关的案件以及对我国安全保障有利的防卫装备品的国际共同开发和生产相关案件，是在严格管理的前提之下所采取的“武器出口三原则”

的例外措施。

国内企业此前试图参与同制造F－35相关的国际后勤支援系统计划。2013年12月，基于联合国的请求，我国曾在南苏丹PKO活动中将陆自所持有的1万发弹药提供给联合国。由于两件事无法适用上述基准，我国决定发布内阁官房长官谈话、采取不依据“武器出口三原则”的措施。

受该状况影响，我国政府于2014年4月根据《国家安全保障战略》确定了《防卫装备转移三原则》及其运用指针。两文件较以往进一步明确防卫装备转移相关的具体标准、程序及控制，以内外透明的方式进行信息公开。

防卫省和自卫队将立足“防卫装备转移三原则”，进一步为和平贡献和国际合作活动做贡献。与此同时，通过更加积极地推进同美国以及其他各国间的防卫装备和技术合作，进一步积极采取必要举措以维持地区的和平稳定和我国的安全。

（二）“防卫装备转移三原则”的内容（略）

第三节　强化日美同盟

基于日美安保条约的日美安保体制，与我国自身努力一同构成了我国安全保障的支柱。以日美安保体制为核心的日美同盟，不仅是我国，也是确保亚太地区乃至整个世界稳定和繁荣的“公共财产”。我国周边安全保障环境进一步严峻。另一方面，美国正在不断维持和强化对亚太事务的参与程度和影响力。基于这一现状，强化日美同盟对于确保我国的安全来说，具有较之以往更为重要的意义。

驻日美军的存在是日美安保体制的核心要素，不仅有利于我国的防卫，而且对威慑和应对亚太地区紧急事态都有着重大作用。然而，由于驻日美军的驻留会对当地居民的生活环境产生影响，我国必须努力减轻冲绳等地的负担，使其与各地实际情况相适应。

一、日美安全保障体制的意义（略）

二、“指针”修订的概要

为了迅速应对针对我国的武力攻击，日美两国必须事先围绕两国的职责展开协商并作出决定。日美两国之间发挥这一职能的框架就是《日美防卫合作指针》以及为了确保实效性而采取的各种措施。日美两国立足该框架，根据我国安全保障环境的变化，围绕两国间的合作计划开展了持续性的研讨和协商活动，同时开展了能够适应现状的指针修订工作。

（一）“指针”修订经过

1. 制定“97 指针”的经过

“78 指针”是以 1978 年，即冷战时期的国际形势为背景，以应对针对日本的武力攻击为中心制定的。在此之后，根据 1997 年冷战结束等安全保障环境的变化，制定了“97 指针”，扩大了应对周边事态、展开合作的范围。“97 指针”中，日美两国的职责以及合作方式区分成：平时、日本受到武力攻击时、周边事态三种情况并加以规定，同时决定要适时、适当地进行修订。

2. 修订背景

“97 指针”制定以来，已经经过了 17 年以上的时间。我国周围的安全保障环境、各种课题和不稳定因素正在明显化、尖锐化、严重化，其中包括周边国家军事活动的活跃化，国际恐怖组织等新型威胁的发生，与海洋宇宙网络空间等国际公共领域的稳定利用相对的风险的明显化等。此外，如同打击海盗活动、PKO、国际紧急援助活动一样，自卫队的活动也不断扩大至全球规模。因此，必须使日美防卫合作的方式适应这些安全保障环境的变化以及自卫队活动和任务的扩大。

在安全保障环境发生变化的背景下，内阁总理大臣安倍于2012年末要求防卫大臣（时任）小野寺修改指针。在2013年2月的日美首脑会谈中，内阁总理大臣安倍也向总统奥巴马表达了意愿，“希望能够根据安全保障环境的变化，围绕日美两国职能、任务、能力（RMC）的思想展开讨论，推进指针的修订工作”。

3. 修改方向

经过以上过程，在2013年10月的“2＋2”会谈中要求防卫合作小组委员会（SDC）制作修改“97指针”的建议书，并决定将在2014年年末之前修改“97指针”。

“2＋2”共同声明列出了修改“97指针”的七个目的：

第一，作为日美防卫合作的核心要素，确保应对针对日本实施的武力攻击的同盟能力；

第二，为了反映日美同盟的全球性，扩大包括反恐对策、打击海盗对策、维和、能够构建人道支援和灾害救援、装备和技术的强化等领域在内的合作范围；

第三，为了推进共同的目标和价值，同区域内的其他伙伴促进更加紧密的安全保障合作；

第四，使同盟的协商和调整机制变得更加灵活、机动且具备应对能力，强化该机制使得两国间的能够面对所有状况开展“无疏漏”合作；

第五，在强化相互能力的基础上，指出两国在防卫合作方面适当的职能分担；

第六，为了能在包括宇宙、网络空间等新兴战略领域课题在内、不断变化的安全保障环境中确保两国同盟能够更有效果、有效率地开展“无疏漏”应对，对在紧急事态时成为两国防卫合作指针的概念加以评估；

第七，为了实现共同目标，寻求追加政策，使未来强化同盟成为可能。

根据2013年10月的“2＋2”共同声明，以及防卫大纲和美国《四年防务评估》报告中指出的思想，日美两国展开修订作业。2014年10月8日，根据同年7月11日举行日美防卫大臣会谈中达成共识的基础上，对之前的工作加以归纳，公布了《关于修改日美防卫合作指针的中期报告》。同年12月19日，日美安全保障协商委员会（SCC）再次确认了确保指针的修改同日本完善安全保障法制之间的匹配性的重要性，并在此基础上根据日本完善法制的进展，决定深化讨论，希望能在2015年上半年完成指针的修订工作。

（二）新指针内容（略）

三、成为强化日美同盟基础的措施（略）

四、驻日美军的驻扎（略）

第四节　防卫省改革

一、防卫省和自卫队的组织结构（略）

二、防卫省改革的背景和过程

（一）改革的背景和过程

鉴于防卫省和自卫队频发不幸事件，2007年官邸设置“防卫省改革会议”，2008年汇总报告书。在防卫省内，我们按照报告书所指明的基本方向，努力确立任务遂行优先型的业务运营，其目标是彻底遵守规则以及整体的优化。与此同时，2009年为了强化防卫大臣辅佐机制、谋求文民统制的彻底性，我们在法律意义上新设防卫会议、废止防卫参事官制度并新设防卫大臣辅佐官（现在的防卫大臣政策参与）等。另外，我们还在2009年8月的2010年度概算要求中加入了机构改编案，内容包括：在防卫省中央机构内实现防卫力整备部门向内部部局的一元化、运用部门向统幕的一元化等。然而，由于2009年9月民主党的政权交替，围绕防卫省改革问题，决定从民主党政权的视角重新研讨。因此，在2009年10月的2011年度概算要求中，要求被暂时搁置。

在此之后，鉴于2012年12月自由民主党和公明党的再次政权交替，为了加快推进防卫省改革问题的研讨，我们于2013年2月发出“防卫省改革相关防卫大臣指示”，并设置了以防卫副大臣为委员长的“防卫省改革研讨委员会”（委员会）。

（二）防卫省改革的方向（略）

三、防卫省改革的具体举措（略）

第三章　坚决捍卫国民生命财产及领土领海领空的措施

第一节　构建联合机动的防卫力量

防卫大纲指出，我国将努力构建注重确立广泛的后勤支援基础，并以高度的技术能力和情报指挥通信能力为支撑、在硬件和软件两个方面均重视快反性、持续性、强韧性和连接性的联合机动防卫力。必须适当管理防卫大纲和中期防卫力整备计划中所指出的各种措施的进展情况，同时积极推进建立联合机动防卫力。

为了无缝、机动地应对平时的情报搜集和警戒监视、灰色地带事态以及各种事态连续发生或者同时发生的复合事态，防卫省和自卫队正在以构筑联合机动防卫力为目标，采取包括防卫力整备在内的各种举措。

防卫省根据2013年12月防卫大臣的指示，设立了以防卫副大臣为委员长的“联合机动防卫力构建委员会”，正在进行研讨。

为了评价和检验防卫大纲和中期防中所提出的各种政策的进展情况，积极推进构建联合机动防卫力，“联合机动防卫力构建委员会”正在根据防卫大臣的指示采取必要措施。此外，该机构还正在同防卫省内原有的“网络政策研讨委员会”“综合获取改革推进委员会”“防卫省改革研讨委员会”等机构进行着密切合作。

一、有效遏制与应对（略）

为了适时、适当地应对各种事态，切实保卫国民的生命、财产和领土、领海、领空，必须构筑综合的防卫体制、努力抑制各种事态；而当事态真正发生时，能够根据事态的发展进行无缝地应对。

为此，通过对我国周边的广大区域进行持续监视以确保情报优势，同时当各种事态已经发生时，确保在适当的时机和海空域的海上优势和航空优势，进行有效地应对，并将受害情况降至最小十分重要。

二、2015年度防卫力量整备

2015年度，作为第二个年度，我们将依据新防卫大纲和新中期防，以构筑统合机动防卫力为目标，切实推进防卫力整备。

期间，为了能够无缝、机动地履行防卫力量的有效威慑和应对各种事态、确保亚太地区的稳定和全球安全保障环境的改善等职能，我们将注重进一步充实联合机能，完善防卫力量。期间，除了警戒监视能力、情报机能、运输能力以及指挥控制和情报通信能力外，我们特别重视应对针对岛屿部的攻击、应对弹道导弹攻击、应对宇宙空间和网络空间、应对大规模灾害以及应对国际和平合作活动等。

此外，我们还将在考虑目前格外严峻的财政状况，与我国其他政策谋求协调的同时，彻底推进更进一步的效率化和合理化。

三、防卫相关经费

（一）防卫相关经费及其推移

防卫相关经费除了自卫队的维持运营经费外，还包括改善防卫设施周边的生活环境以及援助驻日美军等所需的经费。

2015 年度，鉴于更加严峻的安全保障环境，为了强化固守国民的生命、财产以及我国领土、领海、领空安全态势，同 2014 年度一样，继续增加额度。

如果加上冲绳事务特别行动委员会（SACO）相关经费、美军整编相关经费中当地负担减轻的部分以及购买新的政府专机的相关经费，进行比较的话，防卫相关费是 4 兆 9801 亿日元，比上一年度增加 953 亿日元。如果除去 SACO 相关经费、美军整编相关经费中当地负担减轻的部分以及购买新的政府专机的相关经费，防卫相关费是 4 兆 8221 亿日元，比上一年度增加 383 亿日元。

此外，在 2014 年度的补充预算中，加入了 2110 亿日元，作为提高自卫队灾害应对能力、确保自卫队稳定的运用状态、自卫队活动等所必需的经费。

四、支撑防卫力量的人力基础（略）

第二节　防卫装备相关政策措施（略）

第三节　积极推进安全保障合作（略）

第四节　与地区社会和国民的关系（略）

（译者：解放军外国语学院讲师　梁宝卫）

日美防卫合作指针[①]

2015年4月27日

一、防卫合作与指针的目的

为了从平时到紧急状态的任何状况下都能确保日本的和平与安全，同时为了亚太地区以及更广大地区的稳定、和平与繁荣，日美两国间的安全与防卫合作强调以下事项：

· 无缝、强力、灵活而且有效的日美共同应对；

· 日美两国政府国家安全保障政策间的倍增效果；

· 政府各部门同心协力的、作为同盟的措施；

· 与地区和其他伙伴国家或者国际机构的合作；

· 日美同盟的全球性。

日美两国政府将持续强化日美同盟。各政府将基于其国家安全政策，维持各自的防卫态势。日本基于“国家安全保障战略”和《防卫计划大纲》保持防卫力量。美国将继续通过其包括核武器在内的所有能力，向日本提供延伸威慑。美国还将继续在亚太地区前方部署处于快反态势的战力，同时维持迅速增强其战力的能力。

① 资料出自日本防卫省网站，http：//www. mod. go. jp/j/approach/anpo/shishin/shishin _ 20150427j. html。

日美防卫合作指针（以下称为“指针”）为了提高两国间安全和防卫合作的实效性，就日美两国的作用和任务以及合作与协调的应有状态，展示一般性框架和政策的方向。据此，指针将促进和平与安全、抑制冲突、夯实经济繁荣基础，促进国内外对日美同盟重要性的理解。

二、基本前提与思考

指针以及指针指导下的行动与活动，遵循以下基本前提与思考。

日本国与美利坚合众国相互合作与安全保障条约（日美安保条约）及其相关规定确立的权利与义务以及日美同盟关系的基本框架将不会变。

日本和美国在指针指导下进行的所有行动和活动，应符合国际法。后者包括与冲突的和平解决和国家主权平等相关的法律，以及其他《联合国宪章》规定和其他相关国际规则。

日本和美国进行的所有行动和活动应遵守各自的宪法和当时具有适用性的国内法令以及国家安全政策相关的基本方针。日本的行动和活动应该遵守专守防卫、无核三原则等日本的基本方针。

指针并不赋予任何政府承担立法上、预算上、行政上及其他措施的义务，指针也不使任何政府产生法律权利和义务。但是，因为指针的目标是构筑两国间合作的有效态势，所以希望日美两国政府基于各自的判断，把这种努力的结果以适当的形式反映到各自具体的政策和措施上。

三、得到强化的同盟内部的协调

为了在指针下有效的两国间合作，日美两国政府有必要从平时到紧急状态，进行紧密磋商，在政策层面和落实层面进行有效协调。

为了两国间安全和防卫合作取得成功，日美两国政府有必要获取足够的情报，在各个层面上进行协调。朝着这个目标，日美两国政府为了强化情报共享，确保无缝的、有效的，包括所有相关机构在内的政府整体的同盟内协调，将利用各种渠道。为了实现该目的，日美两国政府将设置新的、从平时开始便可使用的同盟协调机制，强化落实层面的协调，强化共同计划的制定。

（一）同盟协调机制

持续性和新生的威胁，可能给日美两国的和平与安全带来严重而且快速的影响。日美两国政府为了无缝、有效处理可能影响日本的和平与安全的状况以及其他作为同盟需要应对的所有状况，将利用两国协调机制。该机制将强化与自卫队和美军在从平时到紧急状态的所有阶段中实施活动相关的政策及其落实的协调。该机制还有利于构筑和维持适时的情报共享和共同的形势判断。日美两国政府为了确保有效的协调，将在确立必要的程序和基础（包括设施和情报通信系统）的同时，实施定期的训练和演习。

日美两国政府将依据当时状况决定同盟协调机制中协调的程序和参加机构的构成状况。作为该程序的一环，两国政府将从平时开始，共享和保持与联络窗口相关的情报。

（二）得到强化的落实层面的协调

为了灵活快速的指挥和控制而强化的两国间在落实层面的协调，对日美两国而言是决定性的重要核心能力。在此语境下，日美两国政府认识到，为了强化自卫队和美军间的合作，附设落实层面的协调功能将依然重要。

自卫队和美军为了确保紧密的情报共享，理顺从平时到紧急状态的协调，支援国际性活动，将进行人员交换。自卫队和美军在紧密合作和协调的同时，将通过各自的指挥系统实施行动。

（三）共同计划的制定

日美两国政府为了确保自卫队和美军顺利和有效地联合行动，将继续制定和更新共同计划。日美两国政府为了确保计划的实效性和灵活、适时而且恰当的处理能力，将在适当的时候进行相关情报交换，包括提前制定落实层面和后勤支援方面所需政策。

日美两国政府将在平时，就与日本和平与安全相关的紧急事态，通过包括各自政府相关机构在内的改良过的共同计划制定机制，制定共同计划。共同计划将在适当的时候，从相关机构得到情报后加以制定。日美安全磋商委员会将继续负责提示方向性，确认与在此机制下制定计划相关的进展，必要的时候发出指示。日美安全磋商委员会将得到适当的下级机构的辅助。

共同计划将适当地反映在日美两国政府双方的计划里。

四、无缝确保日本的和平与安全

持续性和新生的威胁可能对日本的和平与安全产生严重而且快速的影响。在这日益复杂的安全保障环境中，日美两国政府将在包括即便不伴有针对日本的武力攻击的状况在内，从平时到紧急事态的任何阶段，以无缝的形式采取措施确保日本的和平与安全。在此语境下，日美两国政府还将推进与伙伴国家的进一步合作。

日美两国政府认识到，这些措施应该基于两国间根据各种状况采取的灵活、适时而且有效的协调，而且为了同盟作出适当的应对，各政府部门间应取得协调。因此，两国政府将在适当的时候，使用政府各部门参与的同盟协调机制，以达到以下目的：

其一，评价状况；

其二，共享情报；

其三，制定方法以保证同盟作出包括灵活选择遏制措施和以缓和事态为目的的行动在内的适当应对。

日美两国政府为了落实两国间的上述措施，还将就可能影响日本和平与安全的事项，协调通过适当的渠道发送战略情报。

（一）平时的合作措施

日美两国政府为了确保日本的和平与安全，强化日美同盟的威慑力和能力，将在包括外交努力等在内的广泛的领域内推进合作。

自卫队和美军为了防备所有状况，将强化相互运用性、快速反应性和警戒态势。为此，日美两国政府将采取不限于以下范围的措施。

1. 情报收集、警戒监视和侦察

日美两国政府为了尽早锁定威胁日本和平与安全的征兆，确保情报收集和分析方面的决定性优势，将构筑和维持共通的形势判断，共享和保护情报。其中包括强化相关机构间的协调和合作。

自卫队和美军根据各自的资产的力和使用的可能性，实施情报收集、警戒监视和侦察（ISR）活动。其中包括，为了确保持续监视影响日本和平与安全状况的变化，自卫队和美军以相互支援的形式实施共同的ISR活动。

2. 防空和导弹防御

自卫队和美军将维持和强化针对弹道导弹发射和空中经过入侵的遏制和防御态势。日美两国政府将展开合作，以利用早期警戒能力、相互运用性和网络化扩大监视范围和实时情报交换，综合性提高应对弹道导弹的能力。日美两国政府还将继续紧密协调应对挑衅性导弹发射和其他航空活动。

3. 海洋安全保障

日美两国政府将就维持航行自由等基于国际法的海洋秩序的措施，相互紧密协调。自卫队和美军将进一步构筑和强化海洋监视情报的共享（包括必要时候协调相关机构），同时在适当的情况下通过ISR和训练、演习维持和强化日美两国的海洋存在等措施中进行合作。

4. 资产（装备等）防护

自卫队和美军将在包括训练和演习在内合作展开有助于日本防卫行动的情况下，在适当的时候，相互防护各自的资产。

5. 训练和演习

自卫队和美军为了强化相互运用性、持续性和快速反应性，将在日本国内外两方面实施有效的两国间和多国间训练和演习。适时而且实践性的训练和演习将增强威慑。日美两国政府为了支持这些活动，将展开合作，以确保训练场、设施和相关装备可以使用而且是现代化的。

6. 后勤支援

日本和美国将在任何阶段主动对自卫队和美军实施后勤支援。关于日本国自卫队和美利坚合众国军队间后勤支援、物品和劳役的互相提供相关的两国政府间协定（日美物品劳役相互提供协定）以及其他相关制度规定的活动，自卫队和美军将在适当的时候，相互实施包括但不限于补给、维护、运输、设施和卫生等后勤支援。

7. 设施的使用

日美两国政府为了扩大自卫队和美军的相互运用性，提高灵活性和耐受性，将展开合作，强化设施和区域的共同使用，确保设施和区域的安全。日美两国政府认识到防备紧急事态的重要性，将在适当的时候，合作实施对包括民间机场和港口在内的设施进行实地调查。

（二）应对针对日本和平与安全的威胁

同盟将应对对日本和平与安全造成重要影响的事态。关于该事态，不能做地理上的规定。本节所述的措施包括，在尚未达到该事态的状态下各国根据各自国内法令采取的措施。早期情况的掌握和两国间根据状况采取行动的坚定意志，有助于该事态的遏制和缓和。

日美两国政府为了确保日本和平与安全，除了从平时便持续采取合作的措施外，还寻求使用包括外交努力在内的所有手段。日美两国政府将在使用同盟协调机制的同时，根据各自的决定采取包括但不限于下述的追加措施。

1. 撤退非战斗人员行动

在有必要把作为非战斗人员的日本国民或美国国民从第三国撤退到安全区域时，各政府有责任处理本国国民的撤退和与当地政府的关系。日美两国政府将在适当的时候，协调制定撤退作为非战斗人员的日本国民或美国国民的计划，并合作实施该类非战斗人员的撤退。这些撤退行动在实施时，将综合利用两国的运输手段和设施等能力，相互补充。日美两国政府可以各自讨论针对第三国的非战斗人员进行与撤退相关的援助。

日美两国政府为了在撤退者的安全、运输手段和设施、通关、出入国管理和检疫、安全区域、卫生等领域展开合作，将在适当的时候，通过同盟协调机制从初期阶段开始便展开协调。日美两国政府将在适当的时候，通过训练和演习等，从平时开始强化撤退非战斗人员行动的协调。

2. 海洋安全

日美两国政府将在考虑各自能力的同时，紧密合作以强化海洋安全。合作的措施包括情报共享和基于联合国安理会决议以及其他国际法进行船舶检查等，但不仅限于此。

3. 应对难民的措施

在可能有难民流入日本或者实际上即将发生这一状况时，日美两国政府将在遵守国际法相关义务使用人道主义的方法处理难民的同时，为了日本的和平与安全而展开合作。关于对难民的应对，日本将作为主体加以实施。美国将基于日本的要求，进行适当的支援。

4. 搜索和救援

日美两国政府将在适当的时候，合作开展搜索和救援活动，并进行相互支援。自卫队将根据日本的国内法令，在适当的时候，与相关机构合作，对美国的战斗搜索和救援行动进行支援。

5. 设施和区域的保护

自卫队和美军有责任和相关当局合作保护各自的设施和区域。日本将基于美国的要求，在与美军紧密合作和协调的同时，对日本国内的设施和区域实施追加保护。

6. 后勤支援

日美两国政府为了能够有效地、高效地实施行动，将在合适的时候，强化相互的后勤支援（包括补给、维护、运输、设施和卫生等，但不限于此）。其中包括迅速确认作战方面和后勤支援方面的需求并采取必要的措施。日本政府将适当地利用中央政府和地方公共团体机构具有的权限和能力以及民间具备的能力。日本将遵守本国的国内法令，在适当的时候实施后勤支援和相关支援。

7. 设施的使用

日本政府将遵守日美安全保障条约以及其他相关规定，根据需要把包括民间的机场和港口在内的设施提供给美国暂时使用。日美两国政府将强化在共同使用设施和区域方面的合作。

（三）应对对日本的攻击

共同应对针对日本的武力攻击将继续是日美间安全和防卫合作的核心要素。

在可以预见日本遭到武力攻击时，日美两国政府为了防卫日本将进行必要的准备，同时采取措施遏制武力攻击，缓和事态。

在日本遭到武力攻击后，日美两国政府为了尽量在早期阻止进攻和遏制进一步的进攻，将实施适当的共同应对行动。日美两国政府还将采取包括第四部分列举的内容在内的必要措施。

1. 可以预见日本遭到武力攻击时

在可以预见日本遭到武力攻击时，日美两国政府为了遏制攻击和缓和事态，将通过统揽性的政府整体采取的措施，强化情报共享和政策层面的磋商，追求包括外交努力在内的所有手段。

自卫队和美军为了共同作战将采取适当的态势，包括实施必要的部队调动。日本将确立和维持支援美军部队调动的基础。日美两国政府的准备不仅包括设施和区域的共同使用、补给、维护、运输、设施和卫生，还包括强化相互的后勤支援和保护日本国内的美国设施和区域等。

2. 日本遭到武力攻击后

（1）采取整合性应对行动的基本思考

当外交努力和遏制均告失败，日本遭到武力攻击后，日美两国将展开合作，迅速阻止武力攻击，遏制进一步的攻击，恢复日本的和平与安全。该整合性行动有助于该地区的和平与安全的恢复。

日本将继续作为主体，实施对日本国民和领土的保护，迅速采取行动以尽量在早期排除针对日本的武力进攻。自卫队将作为主体在日本及其周边海空域和海空域的接近路线上实施防御作战。美国将与日本紧密协调，提供适当的支援。美军为了保卫日本，将支援和补充自卫队。美国将以支援日本防卫和恢复和平与安全的方法采取行动，为了建设该地区的环境而采取行动。

日美两国政府认识到为了防卫日本需要使用国家力量的所有手段。为了通过同盟协调机制协调行动，两国政府将充分使用各自的指挥系统，团结政府各部门的力量采取措施。

美国将运用包括驻日美军兵力在内的前方部署兵力，而且可根据需要投入从其他所有地区调来的增援兵力。日本为了这些部队的顺利部署将确立和维持必要的基础。

日美两国政府在应对针对日本的武力攻击时，将采取必要的行动以保护美军、自卫队及其设施。

（2）作战构想

第一，空域防御作战。

自卫队和美军将实施联合作战以保卫日本上空和周边空域。

自卫队将在确保航空优势的同时，作为主体实施防空作战。为此，自卫队将采取必要行动，以应对包括但不限于飞机和巡航导弹的攻击。

美军将实施作战以支援和补充自卫队的作战。

第二，应对弹道导弹攻击的作战。

自卫队和美军将实施联合作战，以应对针对日本的弹道导弹攻击。

自卫队和美军为了早期侦察弹道导弹发射，将进行实时情报交换。在具有弹道导弹攻击的征兆时，自卫队和美军将维持有效态势，以应对针对日本的弹道导弹攻击，保护从事弹道导弹防卫作战的部队。

自卫队为了保护日本，将作为主体实施弹道导弹防御作战。

美军将实施作战以支援和补充自卫队的作战。

第三，海域防御作战。

自卫队和美军将实施联合作战，以保护日本周边海域，确保海上交通的安全。

自卫队将作为主体实施日本主要港湾和海峡的防卫、日本周边海域舰船的保护和其他相关作战。为此，自卫队将采取必要行动，包括但不限于沿岸防卫、对水面战、反潜战、鱼雷战、对空战和航空阻止等。

美军将实施作战以支援和补充自卫队的作战。

自卫队和美军将合作阻止支援参与该武力攻击的敌人的船舶行动。

这些行动的实效性，将通过相关机构间情报共享以及其他形式的合作得到加强。

第四，应对陆地攻击的作战。

自卫队和美军将使用陆海空以及水陆两栖部队实施联合作战，以应对针对日本的陆地攻击。

自卫队将作为主体实施作战以阻止和排除包括针对岛屿在内的陆地攻击。必要的时候，自卫队将实施岛屿夺回作战。为此，自卫队将采取行动，包括但不限于阻止和排除着登陆进攻，水陆两栖作战和迅速部署部队等。

自卫队还将在协调相关机构的同时，作为主体击破包括潜入在内的特种作战部队攻击等非正规型攻击。

美军将实施作战以支援和补充自卫队的作战。

第五，跨领域作战。

自卫队和美军将实施跨领域联合作战，以排除针对日本的武力攻击，并遏制进一步的攻击。这些作战的目的是跨多个领域同时产生效果。

跨领域合作的例子中包括下述行动：

自卫队和美军在适当的时候与相关机构合作，同时强化各自的ISR态势，促进情报共享，保护各自的ISR资产。

美军为了支援和补充自卫队，可以实施伴随使用打击力的作战。美军在实施这些作战的时候，自卫队根据需要可以实施支援。这些作战将基于两国间紧密的、适时的协调加以实施。

日美两国政府将根据第六部分所述的两国间合作，为应对宇宙和网络空间的威胁而进行合作。

自卫队和美军的特种部队将在作战实施中进行适当的合作。

（3）作战支援行动

日美两国政府为了支援联合作战，将在下述行动中进行合作。

第一，通信电子行动。

日美两国政府将在适当的时候，为了确保有效利用通信电子能力，开展相互支援。

自卫队和美军为了在共同的状况判断下实施联合作战，将确保自卫队和美军间的有效通信，维护联合作战状况图。

第二，搜索和救援。

自卫队和美军将在适当的时候与相关机构合作，在包括战斗搜索和救援行动在内的搜索和救援行动中，进行合作相互支援。

第三，后勤支援。

在作战上各自的后勤支援能力需要补充的时候，自卫队和美军将基于各自的能力和使用的可能性，相互进行灵活和适时的后勤支援。

日美两国政府为了实施支援，将适当利用中央政府和地方公共团体机构具有的权限和能力以及民间具备的能力。

第四，设施的使用。

日本政府将在必要的时候，根据日美安保条约和相关规定，追加提供设施。日美两国政府将在联合使用设施和区域方面加强合作。

第五，化学、生物、放射性、核（CBRN）防护。

日本政府将继续作为主体，应对日本国内的CBRN事件和攻击。美国将作为主体，维持和恢复驻日美军的任务遂行能力。基于日本的要求，美国将在CBRN事件和攻击的预防以及应对方面，适当地支援日本，以切实保护日本。

（四）应对针对日本以外国家的武力攻击的行动

日美两国为了各自应对针对美国或者第三国的武力攻击，在决定根据充分尊重主权的国际法和各自的宪法以及国内法采取伴随武力行使行动的情况下，即便日本还没有受到武力攻击，日美两国也将紧密合作应对该武力攻击并遏制进一步攻击。共同应对将通过政府各部门的同盟协调机制，进行协调。

日美两国将对正在采取行动应对该武力攻击的他国进行适当的协助。

倘若发生针对与我国关系紧密的他国的武力攻击，而且该攻击威胁到我国的存立，国民享有的生命、自由及追求幸福的权利处于根本性颠覆的明显的危险情况下，自卫队为了保全日本的存立，守护日本国民，将采取适当的伴随武力行使的作战。

合作实施作战的例子，其概要如下所述。

1. 资产防护

自卫队和美军将在适当的时候合作进行资产防护。该防护包括但不限于从事撤退非战斗人员和弹道导弹防御作战的资产的防护。

2. 搜索和救援

自卫队和美军将在适当的时候与相关机构合作，包括战斗搜索和救援行动在内的搜索和救援行动中进行合作和支援。

3. 海上作战

自卫队和美军将在适当的时候合作扫雷，包括旨在确保海上安全的扫雷行动。

自卫队和美军将在适当的时候与相关机构合作，旨在防护舰船的护卫作战中进行合作。

自卫队和美军将在适当的时候与相关机构合作，共同阻止对参与该武力攻击的敌人进行支援的船舶行动。

4. 应对弹道导弹攻击的作战

自卫队和美军将基于各自的能力，在适当的时候合作迎击弹道导弹。日美两国政府为了切实进行对弹道导弹发射的早期侦察，将进行情报交换。

5. 后勤支援

在作战上各自的后勤支援能力需要补充的时候，自卫队和美军将基于各自的能力和使用的可能性，相互进行灵活和适时的后勤支援。

日美两国政府为了实施支援，将适当利用中央政府和地方公共团体机构具有的权限和能力以及民间具备的能力。

（五）应对日本大规模灾害的合作

日本发生大规模灾害时，日本将作为主体，应对该灾害。自卫队将与相关机构、地方公共团体和民间主体合作，实施灾害救援行动。美国认识到日本大规模灾害后的迅速恢复对于确保日本的和平与安全而言不可或缺，而且该灾害可能影响到驻日美军的行动，所以美国将根据自己的标准，对日本的行动进行适当的支援。该支援可包括搜索、救援、运输、补给、卫生、状况判断和评价以及其他专门能力。日美两国政府将在适当的时候，通过同盟协调机制协调行动。

为了提高美军在日本的人道主义救援和灾害救援中的实效性，日美两国政府将进行包括情报共享在内的紧密合作。美军还可以参加与灾害相关的训练，由此将加深应对大规模灾害时的相互理解。

五、为了地区和全球的和平与安全的合作

相互关系日渐深化的世界中，日美两国为了亚太地区和更广大的地区的和平、安全、稳定以及经济繁荣，将与伙伴国家合作，发挥主导作用。在远超半个世纪的时间中，日美两国为了针对世界上各地区的问题实施有效的解决对策，进行了合作。

在日美两国政府各自决定为了亚太地区和更广大地区的和平与安全而参与国际活动的情况下，包括自卫队和美军在内的日美两国政府将在适当的时候，在下述行动中，相互或者与伙伴国家进行紧密合作。该合作还将有助于日美两国的和平与安全。

（一）国际性活动中的合作

日美两国政府将基于各自判断，参加国际性活动。在共同进行活动的时候，自卫队和美军将在可行的范围内最大限度展开合作。

日美两国政府将在适当的时候，通过同盟协调机制，协调该活动，在该活动中寻求三国或者更多国家间的合作。自卫队和美军为了顺利和有效地进行合作，将在适当的时候共享办事程序和最佳经验。日美两国政府将继续在本指针未必明确包含的广泛的事项中展

开合作。日美两国政府在地区性和国际性的活动中进行一般性合作的领域包括以下内容。

1. 维和行动

在日美两国政府根据《联合国宪章》参加联合国授权的维和行动的情况下，日美两国政府将在适当的时候紧密合作，以最大限度使用自卫队和美军间的相互运用性。日美两国政府还可以在适当的时候，合作向参加同一任务的联合国其他人员提供后勤支援和保护。

2. 国际性人道主义援助和灾害救援

在日美两国政府根据发生大规模人道灾害和自然灾害的相关国家政府或者国际机构的要求，实施国际人道主义救援和灾害救援行动的情况下，日美两国政府将在适当的时候，最大限度使用参加行动的自卫队和美军间的相互运用性，紧密合作，以相互支援。合作实施行动的例子可包含相互的后勤支援、运用方面的协调、计划制定和实施等。

3. 海洋安全

日美两国政府在为了海洋安全而实施行动时，将紧密合作。合作实施行动的例子中可包含打击海盗、扫雷等为了安全的海上交通而采取的行动、为了防止大规模杀伤性武器扩散而采取的行动以及反恐行动等。

4. 支援伙伴国家的能力建设

与伙伴国家的积极合作有助于维持和强化地区以及国际的和平与安全。日美两国政府将在适当的时候通过最大限度使用各自的能力和经验，合作支援伙伴国家的能力建设，以强化伙伴国家应对不断变化的安保问题的能力。合作实施行动的例子可包括海洋安全、防卫医学、防卫组织建立、人道主义支援和灾害救援以及维和部队的快速反应性的提高等。

5. 撤退非战斗人员的行动

在为了撤退非战斗人员而有必要采取国际行动的情况下，日美两国政府将在适当的时候，使用包括外交努力在内的所有手段，以确保包括日本国民和美国国民在内的非战斗人员的安全。

6. 情报收集、警戒监视和侦察

日美两国政府参加国际行动时，自卫队和美军将根据各自资产的能力和使用可能性，在适当的时候，合作开展ISR行动。

7. 训练和演习

自卫队和美军为了强化国际行动的实效性，将在适当的时候，实施联合训练和演习，并强化相互运用性、持续性和快速反应性。另外，日美两国政府将继续寻求在训练和演习中与伙伴国家合作的机会，以有助于强化与同盟的相互运用性以及建立共同的战术、技术和程序。

8. 后勤支援

日美两国政府在参加国际行动时，将展开合作以相互进行后勤支援。日本政府将根据自国的国内法令，在适当的时候进行后勤支援。

（二）三国和多国间合作

日美两国政府将推进和强化三国和多国间安全和防卫合作。特别是，日美两国政府将强化措施以同地区的和其他的伙伴国家以及国际机构进行合作，并将为此寻求更多的机会。

日美两国政府还将推进基于国际法和国际准则的合作，合作强化地区和国际机构。

六、宇宙和网络空间的合作

（一）宇宙相关的合作

日美两国政府认识到宇宙空间涉及安全，为了负责任地、和平地并且安全地使用宇宙，日美两国政府将维持和强化合作。

作为该措施的一环，日美两国政府将强化确保各自宇宙系统的耐受性以及宇宙状况监视相关的合作。日美两国政府为了建设和提高能力，将在适当的时候相互支援，共享影响宇宙空间安全和稳定、妨碍其使用的行为和现象方面的情报。日美两国政府为了应对宇宙空间威胁将共享情报，并且寻求机会在强化海洋监视以及宇宙系统能力和耐受性的、与宇宙相关的装备和技术（包括搭载有效载荷）方面进行合作。

自卫队和美军为了有效和高效地完成各自任务，在利用宇宙时将继续在早期警戒、ISR、位置测定、航行规则和时机、宇宙状况监视、气象观测、指挥、控制和通信以及确保任务所需的宇宙系统耐受性等领域进行合作，并团结政府各部门作出贡献。在各自的宇宙系统受到威胁的情况下，自卫队和美军将在适当的时候，合作减少危险避免受损。在损伤已经发生的情况下，自卫队和美军将在适当的时候，合作重建相关能力。

（二）网络空间的合作

日美两国政府为了帮助确保安全和稳定地使用网络空间，将在适当的时候，适时而且使用适当的方法共享与网络空间威胁和脆弱性有关的情报。另外，日美两国政府还将在适当的时候，共享与提高网络空间各种能力相关的情报，包括交换与训练和教育相关的最佳经验。日美两国政府将在适当的时候，合作保护自卫队和美军遂行任务所需要的基础设施和服务，包括通过与民间共享情报进行合作。

自卫队和美军将采取以下措施：

第一，维持监视各自网络和系统的态势；

第二，共享网络安全相关的知识，进行教育交流；

第三，为了保证任务完成，确保各自的网络和系统的耐受性；

第四，团结政府各部门致力于提高网络安全；

第五，实施联合演习，以在平时和紧急状态下都能有效合作确保网络安全。

包括针对自卫队和驻日美军使用的基础设施和服务的网络攻击在内，在发生针对日本的网络攻击的情况下，日本将作为主体加以应对，美国将基于紧密的两国间协调对日本进行适当的支援。日美两国政府还将迅速和适当地共享相关情报。包括在日本受到武力攻击时发生的网络攻击在内，在发生严重影响日本安全的网络攻击时，日美两国政府将紧密磋商，采取适当的合作行动加以应对。

七、日美共同的措施

日美两国政府为了进一步提高两国间合作的实效性，作为安全和防卫合作的基础，将发展和强化下述领域。

（一）防卫装备和技术合作

日美两国政府为了强化相互运用性和推进高效获取与维护，将采取以下措施。

第一，在装备的共同研究、开发、生产、试验评价和共同装备的零部件与劳务的相互提供方面，进行合作。

第二，强化共同装备的修理与维护的基础，以提高相互的效率性和快速反应性。

第三，促进互惠性防卫采购，以强化高效获取、相互运用性、防卫装备和技术合作。

第四，寻求机会在防卫装备和技术方面同伙伴国家合作。

（二）情报合作与保密

日美两国政府认识到共同的形势判断不可或缺，所以将在包括国家战略层面在内的所有层面强化情报合作与情报共享。

日美两国政府为使紧密的情报合作与情报共享成为可能，将继续在秘密情报保护相关政策、习惯做法以及手续强化等方面推进合作。

日美两国政府还将寻求机会在情报共享方面与伙伴国家进行合作。

（三）教育和研究交流

日美两国政府认识到与安全与防卫相关知识合作的重要性，所以将深化相关机构成员的交流，强化各自研究和教育机构间的互相理解。这样的措施将成为安全和防卫当局者共享知识强化合作的永久性基础。

八、修改的程序

日美安全磋商委员会将在适当的下级机构的辅助下，根据该指针的变化情况对该指针是否适当定期作出评价。日美两国政府在认为与日美同盟的相关形势发生变化，有必要作出修改的时候，将适时以适当的形式修改该指针。

（译者：解放军外国语学院讲师　付红红）

法国《情报法》[①]

2015年7月24日第2015—912号法律

经国民议会和参议院通过，并根据制宪委员会2015年7月23日第2015—713号决议，共和国总统特颁布此法。

第一条

《国内安全法》增设第8卷，题为《情报法》。该法包含第L.801—1款，内容如下：

法律确保尊重个人生活的方方面面，特别是保守通信秘密，保护个人数据，保证住宅不受侵犯。公共权力机关只有在法律预设的保护公共利益的必要情况下，并且在法律允许的范围内和恪守比例性原则的基础上，才能触及个人生活。

在国土上对本卷第5编第1—3章提及的情报搜集技术的许可和实施，必须符合以下情况：

1. 由具有相关权限的权力机关合法开展；

2. 符合本卷第2编描述的程序；

3. 恪守本卷第L.811—2款所提及机构的使命，恪守行政法院以第L.811—4款预设的法令形式所指定机构的使命；

① 原文出自 http://www.legifrance.gouv.fr/jopdf/common/jo_pdf.jsp?numJO=0&dateJO=20150726&numTexte=2&pageDebut=12735&pageFin=12751。

4. 以本卷第 L. 811－3 款所列举的事关国家根本利益的各类威胁、风险和重大事件为依据；

5. 对个人生活造成的影响程度与工作意图相适应。

在本卷预设的各种条件下，国家情报技术控制委员会确保恪守这些原则。对于针对有关情报技术许可与实施的决定以及所搜集情报的储存所提起的上诉，行政法院有权作出裁决。

第二条

以本卷第一条为依据的《国内安全法》第 8 卷包括如下四编：

第一编　总则

L. 811－1　情报公共政策的宗旨，在于推动实施国家安全战略，捍卫和提升国家根本利益。它隶属于中央政府的专有权能。

L. 811－2　专业情报机构由行政法院以法令的形式加以指定。它们的使命，就是在国内和国外搜寻、收集、研判事关地缘政治与战略性重大事件以及可能危及国家生存的威胁与风险的各类情报，并提交政府使用。它们致力于对这些事件的了解与预测，以及对这些威胁与风险的预防与抑制。

专业情报机构的行动必须遵守法律、接受政府的领导，并与国家情报委员会确立的方针相一致。

在国土上实施本卷第 2 编第 2 章以及第 5 编第 1—3 章的条款，不得与《刑事诉讼法》第 40 条第 2 段的规定相抵触。

L. 811－3　为了履行各自的使命，各种专业情报机构可以动用本卷第 5 编提及的相关技术来搜集情报，而这些情报必须有助于捍卫和提升国家的下列根本利益：

1. 国家独立、领土完整和国家防卫；

2. 外交政策的重大利益，执行法国对欧洲和国际社会的承诺，预防任何形式的外来干涉；

3. 法国的重大经济、工业和科技利益；

4. 防范恐怖主义；

5. 防范下列情况：

（1）对共和政体的损害；

（2）维持或重建根据第 L. 212－1 款而解散的各类团体的企图；

（3）严重损害公共和平的集体性暴力事件。

6. 预防有组织犯罪和违法行为；

7. 预防大规模杀伤性武器的扩散。

L. 811－4　在各种专业情报机构之外，行政法院还通过征求国家情报技术控制委员会的意见，以法令的形式指定隶属于国防部长、内政部长以及负责经济、预算或海关事务的各位部长的机构，并允许这些机构在本卷预设的条件下动用本卷第 5 编列举的各项技术。该法令就本卷第 L. 811－3 款提及的工作意图向每个机构明确说明，并对需要报批的相关技术作出界定。

第二编　从可实施的程序到需要获得批准的情报搜集技术

第一章　关于实施许可

L. 821－1　在国土上动用本卷第 5 编列举的情报搜集技术，必须事先由总理在征求国家情报技术控制委员会意见的基础上给予批准。

只有获得单独任命和授权的人员才能实施上述技术。

L. 821－2　第 L. 821－1 款提到的批准书应国防部长、内政部长或负责经济、预算或海关事务的各位部长理由充分的书面申请而签发。各位部长只能将这种权限单独授予获准接触国防秘密的直接合作伙伴。

申请书必须明确以下事项：

1. 需要动用的某种或某些技术；

2. 申请动用技术的机构；

3. 要实现的某个或某些工作意图；

4. 所采取措施的理据；

5. 许可有效期限；

6. 要涉及的某个人或某些人，某处或某些场所，某种或某些车辆。

关于第6点，如果涉及的人员身份不详，可以用其身份特征或资质来指代；至于涉及到的场所或车辆，也可以参照需要参与的人员来指代。

如果申请展期许可，那么需要对照工作意图说明展期的具体理由。

L.821—3　申请书应呈报给国家情报技术控制委员会主席，如果主席不在或不便，则应呈报给第L.831—1款第2—3点提到的该委员会的某位成员，然后由该成员在24小时之内汇报给总理。如果限制性委员会或委员会全会讨论这一申请，必须及时地告知总理，并在72小时之内给出意见。

本款提到的意见书必须在第一时间上报给总理。如果在本款预设的期限内没有意见转达，则被视为已经发布。

L.821—4　总理签发的本卷第5编所列举技术的动用许可，最长期限为4个月。总理只能将这一权限单独授予获准接触国防秘密的直接合作伙伴。许可书包含第L.821—2款第1—6点预设的动机与批注等内容。在与本章预设的同等条件下，任何许可都可以展期。

如果许可是在国家情报技术控制委员会给出不利意见的基础上签发，那么就应在许可书上注明没有采纳该意见的理由。

总理的许可书必须在第一时间传达给委员会和负责执行的部长。

申请书和许可书都由总理的下属机构登记备案。国家情报技术控制委员会有权支配这些档案。

L.821—5　在绝对紧急情况下，为了实现第L.811—3款第1、

4点和第5点中第（1）点提到的工作意图，总理或第L.821－4款提及的某个受委托人可以无需事先征求国家情报技术控制委员会的意见，而特别签发同一条款述及的许可书。不过，他必须在第一时间设法向该委员会通知这一事宜。

从许可书签发之后的最多24小时内，总理须向委员会说明第L.821－4款列举的所有动机要素，并给出本款提及的绝对紧急情况的特征说明。

L.821－6　（根据制宪委员会2015年7月23日作出的第2015－713 DC号决议而声明的、与宪法有一定出入的规定）

L.821－7　囿于任期或职业，不应针对议员、法官、律师或记者申请在国土上动用本卷第5编提及的某种情报搜集技术。如果这一申请涉及到某位此类人员或是他（她）的车辆、办公室或住所，国家情报技术控制委员会的意见需以全会形式加以讨论。这种情况下，第L.821－5款就不可实施。（根据制宪委员会2015年7月23日作出的第2015－713 DC号决议而声明的、与宪法有一定出入的规定）

委员会需要了解根据本款签发的许可的实施方式。

根据本款规定而搜集到的情报全文需传达给委员会。对由此引起的对这些职业活动或任职造成的伤害的必要性和程度，委员会给予高度关注。

L.821－8　在第L.833－6款和第L.833－8款预设的条件下，国家情报技术控制委员会可以给出一些建议和提交行政法院审理。

第二章　关于收集到的情报

L.822－1　本章预设程序的实施需接受总理的领导，总理在咨询国家情报技术控制委员会的基础上确定实施的条件。

总理对根据本编第1章而批准的技术实施进行跟踪，并确定所搜集情报的汇总方式。

为此，情报搜集技术的每次实施都得留有记录，内容包括每次实施的起止日期和所搜集情报的性质。国家情报技术控制委员会有权支配所有记录，无论在哪个实施环节，它都可以对记录进行常态化的全面、直接的审查。

L.822－2　Ⅰ.通过动用根据本编第1章而批准的情报搜集技术所收集的情报，其保有期如下：

1.对于根据第L.852－1款所拦截的通信以及根据第L.853－1款所截获的语音，其保存期为搜集后的30天；

2.对于通过动用本卷第5编第3章列举的技术而收集的情报（第L.851－1款述及的信息与资料除外），其保存期为搜集后的120天；

3.对于第L.851－1款述及的信息与资料，其保存期为搜集后的4年。

对于加密情报，期限从解密时间起算，其保存期不得超过搜集后的6年。

除却监视有关人员的用途，出于技术分析的严格需要，对于所收集的包含网络攻击要素的情报或加密情报以及相应的解密情报，其保存期可以超出该部分列举的期限。

Ⅱ.有别于第Ⅰ部分所述，如果情报被卷入向行政法院提交的诉讼，则不得销毁。当第Ⅰ部分预设的期限到期后，出于参与行政法院诉讼程序的唯一需要，情报当被继续保存下来。

L.822－3　除了第L.811－3提及的工作意图，不得进行情报的收集、抄写或摘录。所有这些活动都得置于国家情报技术控制委员会的管控之下。

一旦情报的保存已经无益于工作意图，那么所抄写、摘录的情报必须予以销毁。

L.822－4　第L.822－2款和第L.822－3款提到的所收集情报的销毁、摘录等活动，须由获得单独任命或授权的人员进行。所有这些活动都要载入记录，随时供国家情报技术控制委员会支配。

第三编　关于国家情报技术控制委员会

第一章　组成与体制

L.831－1　国家情报技术控制委员会是一个独立的行政机构。它由9名委员组成：

1. 分别由国民议会和参议院指派的两名众议员和两名参议员，任期即为各自的议会任期；

2. 由行政法院副院长任命的至少与国务顾问平级的两名行政法院成员；

3. 由最高法院第一院长和总检察长联合任命的两名最高法院特级法官；

4. 由电子通讯和邮政调配署署长提名的一位电子通讯业资深人士。

第1—3点所述委员的指派与任命必须确保男女代表数量相同。

委员会主席由共和国总统以法令的形式从第2—3点所述委员中任命。

第1点所述委员之外的各位委员任期6年，不得续任。

行政法院或最高法院的成员每3年改选1/2。

委员会可以中止或解除某位委员的任职，前提是其余委员的3/4认为该委员无法胜任、履职受阻或不能尽责。

无论是何种原因造成某个席位空缺，都需要指派或任命一位新的委员，以履职余下的任期。如果余下的任期不足2年，则该委员可以续任一次。

L.831－2　国家情报技术控制委员会全会包括第L.831－1款述及的全部成员。

国家情报技术控制委员会限制性会议则由第L.831－1款第2、4点述及的成员组成。

无论是全会还是限制性会议，统一由委员会主席主持。

第二章　职业操守与行事规则

L.832－1　国家情报技术控制委员会的成员在履职期间不接受任何部门的指令。

L.832－2　委员会主席不得兼有任何选任官职，不得从事其他任何职业活动。

委员职务不得与有权动用本卷第5编所列举技术的机构或是《邮政与电子通讯法》第L.34－1款第II部分以及旨在增进数字经济中相互信任的2004年6月21日第2004－575号法第6款第I部分第1—2点所提及人员的活动产生任何直接或间接的利益关系。委员也不得同时从事任何职业活动或担任其他任何全职性公职，也不得兼有任何选任官职（第L.831－1款第1点述及的委员除外）。

L.832－3　国家情报技术控制委员会制定自己的内部条例。

针对第L.821－2款描述的申请，委员会主席或第L.831－1款第2－3点提及的另外某位委员负责给出批复。委员会的全体成员都有权支配这些批复。

如遇任何崭新或严肃的问题，需要回归限制性会议或全会加以讨论。如果委员会主席或本款第二段提到的委员认为申请的有效性不好确定，也可以召开这两类会议。限制性会议和全会只有分别在三位和四位委员出席的情况下，才能展开有效磋商，并由出席会议委员的多数作出决定。

如果出现意见相持不下的情况，则由委员会主席作出最终决定。

委员会全会至少每月召开一次。最近一次会议就第L.821－2款描述的申请给出的批复需要向委员会全会传达。

L.832－4　委员会拥有履职尽责所必需的人力和技术手段，也拥有《金融法》描述条件下的相应财力（根据制宪委员会2015年7月23日作出的第2015－713 DC号决议而声明的、与宪法有一定出入的规定）。主席是委员会支出的审核者。有关费用控制的1922年8月10日法律对委员会不适用。委员会的账务接受审计法院的审查。

委员会秘书长由主席任命，协助主席工作。

委员会可以支配或借调相关的公务员和法官，也可以招聘合同制办事员为其效力。

L. 832—5　委员会成员有权了解《刑法》第 413—9 条所保护的、对其行使职能有用的信息或鉴定材料。

委员会的办事员应有权接触国防秘密，以获得完成任务所必需的信息与资料。

委员会的成员和办事员必须按照《刑法》第 413—10 条和第 226—13条的要求，对其履职过程中可能获知的事件与情报严格保密。

委员会的一切工作均属国防秘密。

第三章　使命

L. 833—1　国家情报技术控制委员会确保情报搜集技术严格按照本卷规定在国土上实施。

L. 833—2　为了完成使命，委员会必须做到以下方面：

1. 接收本卷提及的所有申请与许可；

2. 拥有长期、完整和直接的管道，以查阅本卷提及的各种记录、所收集情报、情报抄写与摘录（根据制宪委员会 2015 年 7 月 23 日作出的第 2015—713 DC 号决议而声明的、与宪法有一定出入的规定），并根据第 L. 822—1 款了解对情报收集的跟踪部署，查看情报的汇总场所；

3. 应自身的要求，时刻知晓正在进行的许可执行方式；

4. 向总理申领完成使命所必需的各种素材（外国机构或国际组织传送的素材以及有可能让委员会直接或间接地了解专业情报机构情报来源的素材除外），包括情报搜集技术的实施既未提交申请也未获得许可或者无法满足跟踪条件这种情况；

5. 向总理申阅与委员会使命相关的全部或部分的情报机构监察报告以及政府各部监察部门针对下属机构的监察报告。

L.833－3 政府各部部长、公共权力机关和公务人员采取一切必要措施以方便委员会行动。

如有下列妨碍委员会行动的行为，将受到入狱1年、罚款15 000欧元的处罚：

1. 拒绝向委员会提交其根据第L.833－2款规定而索要的资料与情报，或者故意隐匿、丢弃这些资料与情报；

2. 提交的复本或摘录与根据当初申请所搜集情报的内容不符；

3. 抵制委员会成员和获得授权的办事员根据第L.832－5款履行自己的使命。

L.833－4 或是出于主动作为，或是因为有人提请委员会核实并未对其滥用情报技术，委员会对涉及到的某种或某些技术实施进行监督，以确保这种或这些技术的实施合乎本卷规定。委员会会告知提请人已经进行了必要的核实，而无需对技术的实施加以核准或废止。

L.833－5 一旦需要对动用本卷第5编第1—3章预设的情报技术的许可申请给出批复，一旦需要对情报技术的实施进行监督，委员会必须确保相关举措符合第L.801－1款的规定。

L.833－6 当委员会发现存在以下情况时，可以随时向总理、负责执行的部长以及相关机构提出建议，要求中止实施某项技术和销毁据此收集的情报：

1. 在不了解本卷规定的情况下给予了某项许可；

2. 在不了解本卷规定的情况下实施了某种技术；

3. 在不了解本卷第2编第2章规定的情况下进行了情报的收集、抄写、摘录、保存或销毁。

L.833－7 总理须及时告知委员会对其建议所作出的回应。

L.833－8 如果总理未对委员会的意见或建议作出回应，或者委员会认为所作出的反应不够充分，那么委员会主席或至少三名委员可以根据第L.841－1款第2点的规定，向行政法院提出诉讼。

L.833—9　委员会每年都要撰写一份公开报告，对其工作进行总结。

在保守国防秘密、不泄露作战程序或方式的前提下，公开报告将提及以下各项内容的数量：

1. 委员会接到的申请和给出的意见；

2. 委员会受理的申诉；

3. 委员会向总理提出的建议以及这些建议获得的有利回应；

4. 委员会向总理提出的意见以及应请求作出的指示；

5. 第 L.821—5 款所明确的紧急程序的启用（根据制宪委员会 2015 年 7 月 23 日作出的第 2015—713 DC 号决议而声明的、与宪法有一定出入的规定）；

6. 委员会向行政法院提起的诉讼，以及该法院向委员会征求意见的诉讼。

L.833—10　委员会如果认为某些意见很有必要，可以随时向总理提交。

在遵守 1958 年 11 月 17 日颁布的有关议会运作的第 58—1100 号法令第 6—9 款第 1 节最后一段、第 4 节第一段之规定的前提下，总理将委员会提交的意见通报给议会情报评议会。

L.833—11　委员会须对总理、国民议会议长、参议院议长或议会情报评议会的意见征求作出回复。

在保守国防秘密的前提下，委员会可以向电子通讯和邮政调配署进行咨询，也可以对其请求予以回应。

第四编　针对应报批的情报技术和事关国家安全的资料卡片的实施而提起的诉讼

L.841—1　（根据制宪委员会 2015 年 7 月 23 日作出的第 2015—713 DC 号决议而声明的、与宪法有一定出入的规定）在《行政裁决法》第 7 卷第 7 编第 3 章预设的条件下，行政法院有权了解针对本卷第5编提及的情报技术的实施而提起的诉讼。可以向该法院提起诉讼的人员或机构如下：

1. 提请核实并未对其滥用情报技术以及能够证实第L.833－4款预设的程序业已实施的任何个人；

2. 根据第L.833－8款预设的条件而提起诉讼的国家情报技术控制委员会。

当某个行政法庭或某个司法机构需要受理一种诉讼或争端，而这种诉讼或争端的解决有赖于对情报搜集技术的合法性进行审查时，他们可以根据规定或应任何当事一方的请求，提请行政法院裁决。自受理之日起，行政法院需在一个月内作出裁定。

L.841－2　在《行政裁决法》第7卷第7编第3章预设的条件下，行政法院有权了解针对1978年1月6日颁布的有关信息技术、卡片资料和公民自由的第78－17号法律第41条的实施而提起的诉讼，以从该法院以法令形式确定的事关国家安全的处理方案中拿出解决办法。

第三条

在2010年7月23日颁布的有关宪法第13条第5段的实施的第2010－838号法律之附表的第23行后，须插入这样一行：

国家情报技术控制委员会主席	负责公众自由事务的常务委员会

第四条

《刑法》也相应地作出如下修改：

1. 在第323－1条中，第一段里的金额30000欧元改为60000欧元；第二段里的金额45000欧元改为100000欧元；最后一段里的金额 75000 欧元改为 150000 欧元。

2. 在第 323－2 条中，第一段里的金额 75000 欧元改为 150000 欧元；第二段里的金额 100000 欧元改为 300000 欧元。

3. 在第 323－2 条中，第一段里的金额 75000 欧元改为 150000 欧元；第二段里的金额 100000 欧元改为 300000 欧元。

4. 在第 323－4－1 条中，金额 150000 欧元改为 300000 欧元。

第五条

Ⅰ. 根据本卷第二条，《国内安全法》第 8 卷须增补第 5 编，题为《应报批的情报搜集技术》。

Ⅱ. 根据本条第 III 部分，在第 5 编中应加入第 1 章，题为《对联接数据的行政性获取》，包含第 L. 851－1 款至第 L. 851－7 款。

Ⅲ. 《国内安全法》相应地作出如下修改：

1. 第 L. 246－1 款变更为第 L. 851－1 款，并将其内容调整如下：

（1）将开头的“为了实现第 L. 241－2 款列举的目标”改为“在本卷第 2 编第 1 章预设的条件下”；

（2）增补如下三个段落：

作为第 L. 821－2 款的例外，为了获得用以识别注册或接入电子通信部门的号码以及用以审查某一特定个人的全部注册或接入号码的技术数据，其书面申请必须由第 L. 811－2 款和第 L. 811－4 款提到的情报机构中获得单独任命和授权的人员直接转交给国家情报技术控制委员会。

总理的某一下属机构负责向本款第一段提及的运营商或个人搜集信息或资料。国家情报技术控制委员会可以对由此收集到的信息或资料进行常态化的全面、直接、及时的审查。

本款的实施方式由行政法院在征求国家信息技术与个人自由委

员会、国家情报技术控制委员会的意见的基础上，以法令的形式加以确定。

2. 根据该部分第1点，继第L.851－1款之后的第L.851－2款和第L.851－3款内容如下：

L.851－2　Ⅰ. 在本卷第2编第1章预设的条件下，出于防范恐怖主义的唯一需要，在第L.851－1款提及的运营商或个人网络中对有关被预设为潜在威胁的某个人员的信息或资料进行实时获取将会单独获得授权。

Ⅱ. 作为第L.821－4款的例外，所颁发的许可有效期为1个月，在相同条件下可以续延。

Ⅲ. 根据本款颁发的许可不适用于第L.821－5款。

L.851－3　Ⅰ. 在本卷第2编第1章预设的条件下，出于防范恐怖主义的唯一需要，针对第L.851－1款提及的运营商和个人网络，可以根据许可书中确定的参数强制实施自动化处理，以侦测有助于发现恐怖主义威胁的链接。

这种自动化处理只能使用第L851－1款提及的信息或资料，只能搜集符合设计参数需要的数据，不允许对信息或资料相关人员的身份进行识别。

在遵循比例性原则的基础上，总理通过颁发许可来明确执行这种处理的技术领域。

Ⅱ. 国家情报技术控制委员会针对有关自动化处理的许可申请以及采用的侦测参数给出批复。它有权对这种处理以及搜集到的信息与数据进行常态化的全面、直接的审查。委员会对处理和参数的任何修改具有知情权，并可就此提出建议。

对实施本款第Ⅰ部分预设的自动化处理的首次许可有效期为两个月，在本卷第2编第1章预设的条件下，许可可以续延。在递交续延申请时，必须提交一份自动化处理所提示的鉴别性标志的数目清单以及对这些提示中肯度的分析报告。

Ⅲ. 第L871－6款预设的条件适用于第L. 851－1款提及的运营商和个人为实施自动化处理而执行的实质性操作。

Ⅳ. 当通过本款第Ⅰ部分提及的自动化处理而侦测到能够表明恐怖主义性质威胁存在的数据时，总理或其委派的某个人员在征求国家情报技术控制委员会根据本卷第2编第1章预设的条件而给出的意见的基础上，可以批准对涉事人员进行身份鉴定，对相关数据进行搜集。对这些数据的研判须在搜集之日起的60天内进行，一旦到期必须将其销毁，除非存在着证实涉事人员具有恐怖主义威胁的严肃问题。

Ⅴ. 第L. 821－5款不适用于根据本款颁发的许可。

3. 第L. 246－3款变更为第L. 851－4款，其内容相应做如下调整：

（1）对第一段修改如下：

本段开头的“为了实现第L. 241－2款列举的目标，第L. 246－1款提及的信息或资料……”变更为“在本卷第2编第1章预设的条件下，有关对第L. 851－1款提及的所用终端设备进行定位的技术数据……”。

本段结尾的“第L. 246－2款第Ⅰ部分提及的人员”变更为“总理下属的某一机构”。

（2）将最后四段删除。

4. 根据该部分第3点，在第L. 851－4款后面应加入内容如下的第L. 851－5款和第L. 851－6款：

L. 851－5　在本卷第2编第1章预设的条件下，允许使用某一技术设备对特定的人员、车辆或物体进行实时定位。

如果该技术的实施需要进入某一私人车辆或场所，那么需要按照第L. 853－3款确定的方式执行这一行动。

L. 851－6　Ⅰ. 在本卷第2编第1章预设的条件下，可以借助于《刑法》第226－3款第1点提及的仪器或技术设备，直接搜集相关链接的技术数据以鉴别某一终端设备或接入号码，也可直接搜集对所用终端设备进行定位的相关数据。

作为本法第L.821—4款的例外，本款涉及的许可最长有效期为2个月，相同条件下可以续延。

Ⅱ. 对于本款第Ⅰ部分提及的仪器或技术设备，需要在国家情报技术控制委员会掌管的专门登记簿上进行登记，并且只能由获得单独任命和授权的人员进行操作。

Ⅲ. 总理下属的某一机构负责对所搜集的信息或资料进行汇总。

1. 如果这些信息或资料涉及到实施许可，那么需要按照第L.822—2款预设的条件对其进行保存；

2. 如果它们并不涉及到实施许可，那么必须在90天的最长期限内将其销毁。

Ⅳ. 总理在征求国家情报技术控制委员会意见的基础上，负责确定可以同时动用的本款第II部分提及的仪器或技术设备的数量。有关界定这一限额以及在第L.821—2款第一段提及的政府各部部长间的分配方案的决定，委员会具有知情权。

5. 第L.246—5款变更为第L.871—7款，其内容相应做如下调整：

（1）将款号“L.246—1”修改为“L.851—1”；

（2）“这些申请……”变更为“第L.851—1款、第L.851—2款、第L.851—3款、第L.851—4款和第L.852—1款提及的情报搜集技术的实施……”

6. 根据该部分第4点，在第L.851—6款后面应加入内容如下的第L.851—7款：

“L.851—7　本章按照《刑法》第226—15款的相关规定加以实施。”

Ⅳ. 根据本条第I—III部分，《国内安全法》第8卷第5编应包含内容如下的第2章：

第二章　关于安全拦截

L.852—1　Ⅰ. 在本卷第 2 编第 1 章预设的条件下，允许对经由电子通讯渠道发送、有可能泄露与第 L.811—3 款所述目标相关的情报的各种通信进行拦截。如果有重大理由相信，在许可所涉及的某个人员的身边有一人或多人也可以提供与许可所要达到的目标相关的信息，那么该许可也必须征得这些人的同意。

Ⅱ. 出于达到《国内安全法》第 L.811—3 款第 1 点、第 4 点和第 5 点的第（1）点提及的唯一目的，在可续延的 48 小时期限内，允许使用《刑法》第 226—3 款第 1 点提及的某种仪器或技术设备来拦截通过某一终端设备收发的通信。一旦发现通过这种仪器或技术设备拦截的通信与所颁发的许可并无关联，那么须在本法第 L.822—2 款第 I 部分第 1 点预设的期限内将这些通信信息全部销毁。

Ⅲ. 根据所颁发的许可，为了执行拦截和研读任务，允许对第 L.851—1 款述及的信息或资料进行搜集。

Ⅳ. 总理下属的某一机构负责统筹本款第 I 部分提及的拦截任务的执行。在征求国家情报技术控制委员会意见的基础上，总理来确定根据本款第 II 部分所拦截的通信的汇总方式。

Ⅴ. 对所拦截通信的复制、摘录等行动限制在总理下属的某机构内部进行。当然，国家情报技术控制委员会对这些通信具有常态化的全面、直接和及时的支配权力。

Ⅵ. 在征求国家情报技术控制委员会意见的基础上，总理负责确定为同时进行的拦截行动所颁发的许可的最大数量。有关界定这一限额、在第 L.821—2 款第一段提及的政府各部部长间的分配方案以及所颁发的拦截许可的数量的所有决定，委员会具有知情权。

第六条

根据本法第五条，《国内安全法》第8卷第5编还应包括下述第三章和第四章。

第三章　关于某些场所和车辆的配音设备以及图像、信息数据的拦截

L.853—1　Ⅰ.在本卷第2编第1章预设的条件下，如果所需情报不能借助于获得合法批准的其他手段进行搜集，则允许使用某些技术设备对私密的谈话或私人场所的图像进行拦截、定位、传输和录制。

Ⅱ.作为本法第L.821—4款的例外，本款涉及的许可最长有效期为两个月，相同条件下可以续延。

Ⅲ.只有第L.811—2款和第L.811—4款提到的某个机构（机构名单由行政法院以法令的形式确定）的从属人员才有权使用本款第Ⅰ部分提及的技术设备。

Ⅳ.获准动用本款第Ⅰ部分提及的技术的机构须向国家情报技术控制委员会汇报相关技术的实施情况。国家情报技术控制委员会可以随时提出建议，以终止该项行动，并销毁由此收集的情报。

Ⅴ.若动用该项技术需要进入私人车辆或场所，则需参照第L.853—3款确定的方式加以实施。

L.853—2　Ⅰ.在本卷第2编第1章预设的条件下，如果无法通过获得合法批准的其他手段搜集情报，则允许使用具有以下功能的技术设备：

（1）获取、录制、保存和传输某一信息系统中存储的信息数据；

（2）获取、录制、保存和传输或是显示在某一数据自动处理系统的使用者眼前屏幕上的信息数据，或是该使用者通过字符录入而输入数据自动处理系统的信息数据，或是通过外围视听设备收发的

信息数据。

Ⅱ. 作为第 L.821—4 款的例外，为本款第Ⅰ部分第 1 点提及的技术的实施而签发的许可最长期限为 30 天，为同一部分第 2 点提及的技术的实施而签发的许可最长期限为 2 个月，相同条件下可以续延。

Ⅲ. 只有第 L.811—2 款和第 L.811—4 款提到的某个机构（机构名单由行政法院以法令的形式确定）的从属人员才有权使用本款第Ⅰ部分提及的技术设备。

Ⅳ. 获准动用本款第Ⅰ部分提及的技术的机构须向国家情报技术控制委员会汇报相关技术的实施情况。国家情报技术控制委员会可以随时提出建议，以终止该项行动，并销毁由此收集的情报。

Ⅴ. 若动用该项技术需要进入私人车辆或住所，则需参照第 L.853—3 款确定的方式加以实施。

L.853—3　Ⅰ. 在本卷第 2 编第 1 章预设的条件下，如果无法通过获得合法批准的其他手段搜集情报，出于安装、启用或回收第 L.851—5 款、第 L.853—1 款和第 L.853—2 款提及的技术设备的唯一目的，则允许进入私人车辆或场所。如果需要进入的是私人住宅，或是需要使用第 L.853—2 款第Ⅰ部分第 1 点提及的技术，那么签发许可的前提是紧急征得国家情报技术控制委员会限制性会议或全会的同意。

只有第 L.811—2 款和第 L.811—4 款提到的某个机构（机构名单由行政法院以法令的形式确定）中获得单独任命和授权的从属人员，才能实施进入私人车辆或场所的行为。

Ⅱ. 若要实施第 L.821—2 款的倒数第二段，在相关信息已知的情况下，申请书必须提及用来界定场所的任何指标，场所的用途，场所的所有人或是享有场所某一权益的任何人员，以及需在该场所使用的设备的具体性质。

Ⅲ. 作为第 L.821—4 款的例外，所签发的专门用于上述目的的许可最长期限为 30 天，相同条件下可以续延。该许可只适用于技术设备的安装、使用、维护或回收。

如果未经国家情报技术控制委员会的同意就为本款第 I 部分提及的进入私人住宅的行为签发许可，那么该委员会的主席或本法第 L. 831—1 款第 2、3 点提及的某位委员会成员可立即向行政法院提出诉讼。在这种情况下，或是《行政裁决法》第 L. 773—2 款提及的专门会议，或是该法同一款提及的限制性会议主席，或是该主席指派的某一代表，负责在提告之日起的 24 小时的期限内作出裁定。在行政法院做出裁决前，总理的许可决定不得执行，除非该许可是根据本法第 L. 811—3 款第 4 点签发的，或者总理已经下令立即实施。

Ⅳ. 获准进入私人车辆或场所的机构须向国家情报技术控制委员会汇报相关行为的实施情况。国家情报技术控制委员会可以随时提出建议，以终止该项行为，并销毁由此收集的情报。

第四章　关于国际监管的措施

L. 854—1（根据制宪委员会 2015 年 7 月 23 日作出的第 2015—713 DC 号决议而声明的、与宪法有一定出入的规定）

第七条

《刑法》第 226—3 款第 1、2 点中的“由《刑事诉讼法》第 706—102—1 款”变更为“《刑事诉讼法》第 706—102—1 款和《国内安全法》第 L. 853—2 款中”。

第八条

Ⅰ. 根据本法第五条和第六条，在《国内安全法》第 8 卷第 5 编的后面需加入第 6 编，题为《关于专业化情报机构的人员》。

Ⅱ. 根据本法本款的第Ⅲ、Ⅳ部分和本法第 23 款的第Ⅲ部分，在上述第 6 编中需加入第 1 章，题为《关于国防秘密和情报人员匿名身份的保护》。

Ⅲ. 第 6 编第 1 章开头的第 L. 861－1 款内容如下：

L. 861－1　要制定涉及到第 L. 811－2 款提及的机构、第 L. 811－4 款预见的由行政法院以法令形式指定的机构的组织、管理和运作以及这些机构人员的情况的个别规章条例，必须满足“确保情报人员的匿名身份得到保护”这一条件。

在本款第一段的实施过程中，如果某一条例不便公之于众，那么它在生效之前必须被载入由总理掌管的、禁止发表和传播的专门登记薄。只有具备权限的公共权力机构、利益相关的公务人员以及行政法庭和审判法庭（前提是满足上一段预设的各项条件）才能查阅该登记簿中的某一条例。

作为 2000 年 4 月 12 日有关公民在与行政机构的关系中的权力的第 2000－321 号法律第 4 款的例外，由本款第一段提及的各机构的行政机关作出的决定和下达的文件除了签名之外，只能包含作出决定者和文件下达人通过签字授权而获得的身份识别号码，而不再提及其姓名与职务。按机构编号的签字授权的数量由主管部长以决议的形式加以确定。

当有人向行政法庭或审判法庭提起诉讼时，如果争端的解决取决于有关根据本款规定而不便公开的或者具有编号签名的某一文件的某个问题，那么需要应法庭或法庭所委派的法官的要求，向其出示这一文件，但是不得提交对审传阅。若该文件作为国防秘密而受到保护，则法庭可以根据《国防法》第 L. 2312－4 款的规定而要求撤销文件的密级并对文件进行查阅。

Ⅳ. 第 6 编第 1 章还应包括内容如下的第 L. 861－3 款：

L. 861－3　Ⅰ. 当第 L. 811－2 款提及的某一机构或第 L. 811－4 款预设的由行政法院以法令形式而指定的某一机构的任何人员在履职尽责的过程中，了解到一些可能与本卷规定有明显抵触的事件，则可以将这些事件知会国家情报技术控制委员会，然后该委员会在第L.833－8款预设的条件下提交行政法院审理，并将相关情况告知总理。

当国家情报技术控制委员会认为业已发现的非法行为有可能构成犯罪，它会在保守国防秘密的前提下将其提交检察官，并将所掌握的全部资料传达给国防秘密顾问委员会，以便该委员会向总理提交有无可能撤销全部或部分资料密级的意见，从而最终供检察官查阅。

Ⅱ.情报机构的任何人员都不能因为向国家情报技术控制委员会如实汇报了第Ⅰ部分提及的事件，而在报酬、招募、正式任职、工作评价、待遇、教育、培训、级别调整、职位分配、专业资格、等级认定、专业晋升、人事调动、合同中止或续签等方面遭受直接或间接的制裁或歧视。与本段抵触的任何文件都被视为完全无效。

在第Ⅱ部分第一段的实施过程中如产生争讼，则须由被告方证明自己的决定能够得到涉事人员声明与见证之外的客观因素的支撑。

情报机构的任何人员若出于欺骗、伤害或在明明对事件的非真实性有部分了解的情况下而针对第Ⅰ部分提及的事件进行描述或作证，则需遭受《刑法》第226－10款第一段预设的惩罚。

Ⅴ.第6编包含的第二章、第三章内容分别如下：

第二章　关于情报人员的法律保护

L.862－1　当主管检察官获知第L.811－2款提及的情报机构人员出于完成其上级领导的某项任务的需要在境外的所作所为有可能构成刑事犯罪时，就会通知涉事人员所属机构的主管部长，以在发起任何起诉行动之前征求他的意见。若非紧急情况，该部长给出意见的期限为1个月。征求意见时可以采取诉讼卷宗中提及的任何方式。

主管部长的意见必须在诉讼卷宗中得到体现，否则被视为无效，除非是紧急情况或者该部长在上述期限内未能给出意见。

L. 862－2　在《刑法》第1卷第2编规定的条件下，专业情报机构的人员都是自身行为的刑事责任人。

第三章　关于情报机构的信息

L. 863－1　在履行本卷第1编规定的各种使命的过程中，由第L. 811－2款提及的或由行政法院以第L. 811－4款预设的法令形式而指定的情报机构中获得单独任命和授权的人员可以执行下述行动而无需承担刑事责任：

1. 在第L. 861－2款预设的条件下，通过电子交流手段与有可能危害第L. 811－3款提及的国家根本利益的人员保持联系；

2. 通过电子交流手段提取、获得或储存有关本款第1点提及人员的各种数据；

3. 为了满足某种明确要求，提取、传递、获得或储存怂恿发起恐怖主义行动的某些内容。

上述行动不应成为犯法行为的教唆因素，否则就要面临1年的刑期和30000欧元的罚款。

L. 863－2　第L. 811－2款提及的专业情报机构或由行政法院以第L. 811－4款预设的法令形式而指定的各种机构可以共享有助于完成本卷第1编规定的各种使命的一切信息。

2005年12月8日发布的关于用户与行政机关之间、行政机关相互之间的电子交流的第2005－1516号法令第1款提及的各行政机关可以主动或应本款第一段提及的各类机构的请求，向这些机构传递有助于完成其自身使命的各种信息。

本款的实施方式与条件由行政法院以法令的形式加以确定。

第九条

作为《刑事诉讼法》第4卷第10编第1章第一部分的补充，第L. 694－4－1款的内容如下：

L.694—4—1　如果来自国外司法机关的互助申请牵涉到《国内安全法》第L.811—2款预设的某专业情报机构出于维护和提升该法第L.811—3款预设的国家根本利益而在境外作出的可能与所完成使命直接相关的一些行为，受理这项申请的或根据本法第L.694—1款而行使职能的检察官须先将这一申请上报给总检察长，再由总检察长提请司法部长裁决，必要时还须向预审法官通报这一情况。

然后，司法部长将相关事宜通报给涉事的专业情报机构的主管部长，并征求后者的意见。

主管部长须在1个月的期限内告知司法部长，这项互助申请的执行是否会伤及国家的根本利益。

必要时，司法部长须将就互助申请完全或部分不能作出后续行动的决定告知发出申请的机构。此外，还须将这一决定告知最初受理该项申请的司法机关，由此阻止互助申请的执行，并不再退还相关文件。

第十条

《行政裁决法》须作出如下修改：

在第L.311—4款之后，增加内容如下的第L.311—4—1款：

L.311—4—1　行政法院有权在第一时间和最后时刻了解涉及《国内安全法》第8卷第5编提及的情报技术的实施以及1978年1月6日颁布的有关信息技术、卡片资料与公民自由的第78—17号法律第41条的实施、有关触及国家安全的某些处置方式的诉讼申请。

行政法院可以在第一时间和最后时刻应请求进行紧急审理。

在第7卷第7编的第三章之后，须增加内容如下的第三章（复）：

第三章（复）　关于需要报批的情报技术的实施以及事关国家安全的卡片资料的诉讼

L.773－1　行政法院负责审查以与本法总规定相一致的《国内安全法》第L.841－1款和第L.841－2款为依据而提交的诉讼，本章的特别规定不在此限（根据制宪委员会2015年7月23日作出的第2015－713 DC号决议而声明的、与宪法有一定出入的规定）。

L.773－2　除非需要以限制性会议形式进行的诉讼大会或分庭会议加以解决，本章涉及的各类案件均由某个专门的会议审理。会议的人员组成由行政法院以法令的形式加以确定。

在案件审理之前，可以申请以诉讼大会或分庭会议的形式来审查其中的某个法律问题。诉讼大会或分庭会议以各自的一般形式进行。

第一段提及的各类会议的成员和他们的推事均需具备接触国防秘密的资格。列席会议的情报人员也需具备这种资格，以便掌握履行使命所必需的信息与资料。与这些情报人员一样，会议的成员与推事因为自己在履职尽责过程中知晓了一些事件、文件与情报，从而必须遵守《刑法》第413－10款和第226－13款所保护的秘密。

在诉状预审中，审理团队的成员与推事获准查阅国家情报技术控制委员会或《国内安全法》第L.811－2款提及的机构与该法第L.811－4款提及的行政法院以法令形式指定的机构所掌握的文件，《刑法》第413－9款保护下的文件也包括在内。

L.773－3　若执行本法第五条提及的辩驳环节，其要求须与保守国防秘密的要求相适应。

依据《国内安全法》第L.841－1款所提出的任何诉讼必须向国家情报技术控制委员会进行通报。必要时，该委员会还会到庭表达一些书面或口头意见。诉讼双方提交的全部文件也必须向该委员会传达。

当涉及国防秘密时，负责预审的团队将对诉讼双方分开质询。

L.773－4　当涉及国防秘密时，审理团队的主席须要求禁止旁听。

L. 773－5　审理团队可以使用规定的任何手段。

L. 773－6　当审理团队发现在某项情报搜集技术的实施过程中并不存在不合法现象时，须向起诉方或提交审查的法庭作出“无任何违法现象发生”的决定，并对该项技术的实施不作认可或撤销的结论。当在情报的储存方面也不存在不合法现象时，审理团队采用相同的处理方式。

L. 773－7　当审理团队发现某项情报搜集技术正在或已经被违法实施，或是某项情报被违法储存，则可以取消许可，并要求销毁通过不正常渠道收集到的所有情报。

在绝不提及作为国防秘密而受到保护的任何信息的前提下，审理团队向相关人员或提交审查的法庭作出“确有违法现象发生”的通报。当在有关某项情报技术的已经或将要实施的诉讼中作出这样的结论时，审理团队可以判处政府赔偿由此招致的损失。

当审理团队认为所发现的不合法现象有可能构成犯法时，就会告知检察官，并将查实的全部案宗转交给国防秘密顾问委员会，以便该委员会向总理提高有无可能撤销全部或部分资料密级的意见，从而最终供检察官查阅。

L. 773－8　如果审理团队处置的诉状事关1978年1月6日颁布的有关信息技术、卡片资料与公民自由的第78－17号法律第41条的实施，它就会将处置办法中包含的所有要素当作依据，并且既不泄露这些要素，也不说出起诉方是否出现在处置办法中。不过，如果发现引起争讼的处置办法包含不准确、不完整、模糊、陈旧的个人数据，或者这些数据的收集、使用、交流或储存是不被允许的，审理团队就会在绝不提及作为国防秘密而受到保护的任何要素的前提下将这一情况通报给起诉方。它可以要求视情纠正、公布或删除这些数据。当拿出这样的意见时，它可以对起诉方作出赔偿。

第十一条

对《国内安全法》修改如下：

1. 原第 L. 241—3 款和第 241—4 款分别变更为第 L. 811—5 款和第 L. 871—5 款。

2. 因应本条第 1 点，第 L. 811—5 款和第 L. 871—5 款中的“本编”相应改为“本卷”。

3. 原第 L. 242—9 款变更为第 L. 871—6 款，且内容作如下调整：

（1）将“截获”变更为“第 L. 851—1 至第 L. 851—4 款和第 L. 852—1 款提及的情报搜集技术”；

（2）将“电子通讯主管部长的命令”改为“总理的命令”。

第十二条

对《国内安全法》修改如下：

1. 因应本法，原第 2 卷第 4 编第四章变更为第 8 卷第 7 编；分别因应本法本条第 2—6 点、本法第 11 条以及本法第 5 条第 III 部分第 5 点，第 7 编包含第 L. 871—1 至第 L. 871—4 款、第 L. 871—5 与第 L. 871—6 款以及第 L. 871—7 款。

2. 第 L. 244—1 款、第 L. 244—2 款和第 L. 244—3 款分别变更为第 L. 871—1 款、第 L. 871—2 款和第 L. 871—3 款。

3. 因应本条第 2 点，对第 L. 871—1 款作出如下修改：

（1）第一段第一句变化如下：

在“提交”一词之后添加“在 72 小时的期限内”；编号“L. 242—1”变更为“L. 821—4”；

（2）在第一段第二句中的“实施”一词之后添加“在 72 小时的

期限内”。

4. 因应本条第2点，对第L. 871－2款作出如下修改：

（1）第一段变化如下：

编号“L. 241－3”变更为“L. 811－5”；“搜集”一词变更为“征用”；

（2）本款新增一段，内容如下：

“本款第一段提及的自然人或法人必须在最短的期限内对申请进行回复。”

5. 因应本条第2点，第L. 871－3款中的“本编的规定”变更为“……为了保守国防秘密，本卷的规定……”；因应本条第2点，在第L. 871－3款之后，加入第L. 871－4款，内容如下：

L. 871－4　至于《邮政和电子通讯法》第L. 34－1款提及的电子通信运营商以及2004年6月21日颁布的旨在增进数字经济中相互信任的第2004－575号法律第6条第I部分第1、2点提及的人员，他们有义务允许国家情报技术控制委员会的委员和办事员应委员会主席的指派而进入这些运营商或人员根据本卷第5编而获准实施情报搜集技术的场所。

在同样条件下，应委员会的要求，这些运营商或人员须向其提供有关这些活动的所有信息。

第十三条

对《国内安全法》修改如下：

1. 因应本法，原第2卷第4编第五章变更为第8卷第8编；因应本法本条第2—4点，第8编包含第L. 881－1款和第L. 881－2款。

2. 第L. 245－1款、第L. 245－2款分别变更为第L. 881－1款、第L. 881－2款。

3. 因应本条第 2 点，第 L. 881－1 款中的“……安全拦截的决定，揭发截获行为的存在”变更为“……情报搜集技术，揭发该项技术实施行为的存在……”。

4. 因应本条第 2 点，对第 L. 881－2 款修改如下：

（1）“第 L. 244－1 款的……”变更为“第 L. 871－1 款的……，在第 L. 871－4 款中……”；

（2）金额“30000 欧元”变更为“150000 欧元”；

（3）此处增加新的一段，内容如下：

“无论是开发电子通讯网络或提供电子通讯服务的人员违反本卷第 5 编和第 L. 871－2 款第一段的规定而拒绝提供信息或资料，还是传递的是错误情报，这些行为都将受到同样的惩罚。”

第十四条

因应本法，《国内安全法》应增设第 9 编，内容如下：

第九编　有关海外法国的相关规定

第一章　瓜德罗普、法属圭亚那、马提尼克和留尼汪岛的特别规定

第二章　马约特岛的特别规定

第三章　圣巴泰尔密岛和圣马丁岛的特别规定

第四章　圣皮埃尔和密克隆岛的特别规定

第五章　法属波利尼西亚的适用规定

L. 895－1　因应 2015 年 7 月 24 日关于情报的第 2015－912 号法律而作出的本卷（第 8 卷）的下列条款适用于法属波利尼西亚：

第 1—6 编；第 7 编中的第 L. 871－1 款、第 L. 871－2 款、第 L. 871－4 款、第 L. 871－6 款和第 L. 871－7 款；第 8 编。

L. 895－2　第 L. 871－6 款在法属波利尼西亚实施时，须作出

如下修改：

1. “电子通讯主管部长监管下的机构或组织、网络开发商或服务提供商”变更为“负责公共服务开发的组织”。

2. 文后的“在各自设施中的机构、组织、开发商或提供商”变更为“组织”。

第六章　新喀里多尼亚的适用规定

L.896－1　因应2015年7月24日关于情报的第2015－912号法律而作出的本卷（第8卷）的下列条款适用于新喀里多尼亚：

第1—6编；第7编中的第L.871－1款、第L.871－2款、第L.871－4款、第L.871－6款和第L.871－7款；第8编。

L.896－2　第L.871－6款在新喀里多尼亚实施时，须作出如下修改：

1. “电子通讯主管部长监管下的机构或组织、网络开发商或服务提供商”变更为“负责公共服务开发的组织”。

2. 文后的“在各自设施中的机构、组织、开发商或提供商”变更为“组织”。

第七章　瓦利斯和富图纳群岛的适用规定

L.897－1　因应2015年7月24日关于情报的第2015－912号法律而作出的本卷（第8卷）的第1—8编适用于瓦利斯和富图纳群岛：

L.895－2　第L.871－6款在瓦利斯和富图纳群岛实施时，须作出如下修改：

1. “电子通讯主管部长监管下的机构或组织、网络开发商或服务提供商”变更为“负责公共服务开发的组织”。

2. 文后的“在各自设施中的机构、组织、开发商或提供商”变更为“组织”。

第八章　法属南半球与南极领地的适用规定

L.898－1　因应2015年7月24日关于情报的第2015－912号

法律而做出的本卷（第8卷）的第1—8编适用于法属南半球与南极领地，只是须作出如下改动：

1. 删除第L.871－3款开头的“在《邮政和电子通讯法》第2卷赋予的权限内”。

2. 第L.871－5款内容如下：

L.871－5　根据《刑事诉讼法》第100款而有权下令实施拦截的法院以及电子通讯主管部长在行使本编赋予他们的特权的过程中，《邮政和电子通讯法》第L.32款第12点确定的基本要求与运营商及其职员应该保守的通讯秘密不得产生对立。

第十五条

《国内安全法》的第L.285－2款第6—7点、第L.286－2款第7—8点和第L.287－2款第8—9点均予以废止。

第十六条

Ⅰ. 对《货币与金融法》作出如下修改：

第L.561－26款变动如下：

(1) 在第Ⅲ部分第一段中的“提及的人员”之后添加“在本款第Ⅱ部分（复）和……”；

(2) 在第Ⅱ部分后面添加内容如下的第II部分（复）：

“Ⅱ（复）：第L.561－23款提及的机构可以向从事公路、铁路、海上或航空运输的任何公司以及从事旅行或旅居业务的任何运营商索要支付了服务费或享受了补助金的人员的身份信息，包括他们出发、到达的日期、时间和地点，必要时还包括这些公司或运营商所掌握的有关托运行李或货物的详细信息。”

2. 在第L.561－29款第II部分第二段末的“事件”一词前，增加“涉及《国内安全法》第 L. 811—3 款所提及目标的”。

Ⅱ.《交通法》第一大部分的第 6 卷第 3 编第一章增加内容如下的第 L. 1631—4 款：

“从事公路客运的公司在进行距离超过或等于 250 公里的国际公路客运时，必须收集旅客的身份信息并保存 1 年。”

第十七条

《货币与金融法》第 L. 574—1 款中的编号“Ⅱ”变更为“Ⅲ”。

第十八条

《刑法》第 3 卷第 2 编第三章增加内容如下的第 323—8 款：

“323—8　在涉及《国内安全法》第 L. 811—2 款提及的专业情报机构中获得总理以决议形式指定的国家情报机构的授权的人员在境外为保护《国内安全法》第 L. 811—3 款提及的国家根本利益而采取的各种措施时，本章不适用。”

第十九条

Ⅰ. 对《刑事诉讼法》作出如下修改：

1. 在第 74—2 款第 3 点之后，添加内容如下的第 4 点和第 5 点：

“4. 被载入国家恐怖主义违法分子自动化司法卡片库、未履行第 706—25—7 款规定的各种义务的人员；”

“5. 被载入国家性犯罪和暴力犯罪分子自动化司法卡片库、未履行第 706—53—5 款规定的各种义务的人员。”

第 L. 230—19 款变动如下：

(1) 在第 2 点中的编号“3”后添加编号“7”；

（2）添加内容如下的第 15 点和第 16 点：

“15. 在履行第 706—25—7 款规定的义务期间，被载入国家恐怖主义违法分子自动化司法卡片库的所有人员；”

“16. 在第 706—53—8 款提及的情况下，被载入国家性犯罪或暴力犯罪分子自动化司法卡片库的所有人员。”

3. 在第 706—16 款第三段之后，添加新的一段，内容如下：

“这些规定同样适用于对《刑事诉讼法》第 706—25—7 款预设的所有违法行为的追踪、预审和审判。”

4. 第 4 卷第 15 编增加“第三部分”，内容如下：

第三部分　关于国家恐怖主义违法分子自动化司法卡片库

706—25—3　国家恐怖主义违法分子自动化司法卡片库，是在司法部长领导和一名法官监督下的国家犯罪记录档案局掌管的记名信息的自动化应用。为了及时通知第 706—25—4 款提及的违法行为的再次发生，并帮助识别违法分子的身份，该卡片库会采取本部分规定的方式接收、储存并向获得授权的人员传递第 706—25—4 款预设的各种信息。

706—25—4　当涉及到《刑法》第 421—1 款至第 421—6 款（第 421—2—5 款除外）提及的一次或多次违法行为以及《国内安全法》第 L.224—1 款提及的各种违法行为时，须在卡片库中载入下列人员的身份、家庭地址甚至住址等信息：

1. 所有遭到判刑（即便尚未最终确定）的人员，包括遭到缺席判决的人员，也包括获得免刑或延期处罚但有犯罪声明的人员；

2. 所有遭到依据 1945 年 2 月 2 日关于儿童犯罪的第 45—174 号法令第 8 款、第 15 款、第 15—1 款、第 16 款、第 16 款（复）和第 28 款而作出的裁决（即便尚未最终确定）的人员；

3. 所有遭到因为精神错乱而免于追究刑事责任的判决的人员；

4. 所有遭到外国法院或司法机关作出的第 1—3 点提到的判决的人员（需要说明的是，依据某项国际惯例或协议这些判决已被通知法国当局，或在囚犯移交后在法国执行了这些判决）；

5. 所有因为预审法官要求将裁决载入卡片库而遭到审查和质疑的人员；

“卡片库也包含证实违法行为性质和应予登记在案的司法裁决的相关信息。第1点和第2点提及的裁决一旦作出，也须载入卡片库。”

“第1点和第2点提到的裁决由法院决定登记在案，第3点和第4点提到的裁决由检察官决定登记在案。”

“针对不满13周岁的未成年人作出的裁决不予登记在案。针对13—18周岁的未成年人作出的裁决也不予登记在案，除非法院明确作出要求，或是针对第3点和第4点预设的情况，检察官明确作出要求。”

706—25—5　主管检察官组织人员通过安全的电子通讯手段，将应该登记在案的信息及时载入卡片库。若要查阅卡片库，如果可行，那么只有先由卡片库管理局结合全国身份信息库对涉事人员的身份进行核实后，才能了解这些登记在案的信息。

当司法警察、外交部下属机构或卡片库管理局或是获知身份被登记在案的某个人员的新地址，或是收到此人地址的确认书，抑或是获悉此人动身前往国外，根据第706—25—7款作出的预设，这些机构必须在第一时间通过安全的电子通讯手段将上述信息载入卡片库。

706—25—6　在不妨害第706—25—1款和第706—25—12款实施的情况下，当涉事人员去世，或者自第706—25—4款预设的裁决作出之日起的下列期限到期时，第706—25—4款提及的该人员的相关信息应从卡片库中清除。

若涉事人员为成年人，期限为20年；

若涉事人员为未成年人，期限为10年。

若涉及到《国内安全法》第L. 224—1款提到的违法行为，当涉事人员去世，或者自裁决作出之日起的下列期限到期时，《刑事诉讼法》第706—25—4款提及的此人相关信息应从卡片库中清除。

（1）若涉事人员为成年人，期限为5年；

（2）若涉事人员为未成年人，期限为3年。

如果因违法而被登记在案的涉事人员正被拘留或监禁，上述期限则从其被释放之日起算。

无论赦免、撤销原判，还是洗刷体现在犯罪记录档案里的处罚的通例，都不能因此而清除这些信息。

这些信息不能单独充当证明累犯的证据。

在作出“不予起诉”、“释放”或“宣告无罪”等最终裁决的情况下，第706—25—4款第1点、第2点和第5点预设的所有评语都要从卡片库中清除。

第706—25—4款第5点预设的评语也可以应预设法官的决定而从卡片库中清除。

706—25—7　为安全起见，凡是身份信息被录入卡片库的人员都必须履行本款预设的各种义务。

1. 该人员在收到第706—25—8款第二段提及的措施与义务等信息时，有义务对其地址的准确无误提供一次证明，此后每3个月再提供一次；

2. 如遇地址变更，该人员有义务最迟在变更后的15天内对这一变更进行申报；

3. 如遇出国旅行，该人员有义务最迟在出国前的15天内对这一出行进行申报；

4. 如果该人员定居国外而须出行法国，则有义务最迟在出行前的15天内对这一出行进行申报。

如果该人员居住在法国，则有义务亲自前往其住址隶属的警察局或宪兵队接受问讯。

如果该人员拥有法国国籍并定居国外，则有义务亲自前往离其住所最近的法国领事馆或法国大使馆领事部接受问讯。

如果该人员拥有外国国籍并定居国外，则有义务以挂号信的形式向管理局提交其证明材料，并索要回执。

在该人员被囚禁于法国境内期间，本款预设的提供证明与到场接受讯问等义务均被取消。

在履行义务期间，被载入国家恐怖主义违法分子自动化司法卡片库的任何人员都要被录入被追查人员卡片库。

自第706－25－4款预设的裁决作出之日起，涉事人员必须在下列期限内履行本款预设的提供证明和到场接受讯问等义务：

若涉事人员为成年人，期限为10年；

若涉事人员为未成年人，期限为5年。

自本法第706－25－4款预设的裁决作出之日起，因为实施了《国内安全法》第L.224－1款提及的违法行为而遭到判刑的人员必须在下列期限内履行本款预设的提供证明和到场接受讯问等义务：

若涉事人员为成年人，期限为5年；

若涉事人员为未成年人，期限为3年。

若因违法而被登记在案的涉事人员正被拘留或监禁，上述期限则从其被释放之日起算。

若未履行本款预设的义务的人员拒不履行，将被处以两年有期徒刑和30000欧元的罚款。

若未履行本款第3点规定的申报义务而擅自出行，必须接受同样的处罚。

定居国外的涉事人员若拒不履行本款第3点规定的义务，必须接受同样的处罚。

706－25－8　对于身份信息被录入卡片库的任何人员，由司法机关负责告知本人。告知的方式或是通过私人通知，或是以挂号信寄往最近申报的地址并索要回执，或是在这两种方式均不可行的情况下，由司法警官在事先征得检察官同意的基础上求助于公权力。

需要告知该人员的信息包括第706—25—7款要求其履行的义务以及拒不履行这些义务时需要面临的惩罚。

若因违法而被登记在案的涉事人员正被监禁并且尚未收到本款第一段提及的信息，则应在其被最终释放时或对其启动处罚前将这些信息告知该人员。

706—25—9　下列机构或人员可以通过安全电子通讯系统查阅卡片库里的所有信息。

1. 司法机关。

2. 司法警官。当他们例行有关《刑法》第421—1款至第421—6款或《国内安全法》第L. 224—1款预设的违法行为的工作程序或者执行本法第706—25—7款、第706—25—8款和第706—25—10款规定的相关任务时，有权查阅卡片库信息。在开展现行调查、事前调查或嘱托案件调查时，司法警官还可以应检察官或预审法官的指示，或者在获得这两位官员之一的批准后，查阅卡片库信息。

3. 驻省中央代表和以第706—25—14款预设的法令形式确定的中央行政机关。这些代表和机关在就聘用、分派职位、批准、同意或授权需要作出行政决定时，可以查阅卡片库信息。

4. 获得单位领导授权的监狱档案室的办事员以及获得单独任命和授权的监狱行政机关领导下的监狱情报处的人员。其中，前者在核实涉事人员的身份是否登记在案或录入涉事人员的入狱、释放日期以及住址信息时，可以查阅卡片库。

5.《国内安全法》第L. 811—2款提及的机构以及第L. 811—4款预设的行政法院以法令形式指定的机构中获得单独任命和授权的人员。只有出于防范恐怖主义的唯一目的，他们才能查阅卡片库信息。

6. 获得授权开展本法第706—25—7款规定的各种工作的外交部人员。

本款第1点、第2点、第4点和第6点提及的机关与人员可以根据以第706－25－14款预设的法令形式确定的一个或多个标准查阅卡片库信息，最常用的标准是涉事人员的身份、先后居住的地址或违法行为的性质。

本款第3点提到的人员只能根据行政裁决所涉及人员的身份来查阅卡片库信息。

为了作出第3点提到的行政裁决，地方行政区域或区域联盟的市（镇）长和最高长官也可以经由驻省中央代表获得卡片库里储存的信息。

当第706－25－7款预设的期限到期时，只有本款第2点提及的卡片库管理局、司法机关、司法警官以及第5点所提及机构中获得单独任命和授权的人员才有权查阅卡片库信息。

706－25－10　一旦有了新的涉事人员的登记信息，或是原来登记的地址发生变更，或是获悉涉事人员出行国外或法国，或是涉事人员未在要求的期限内没有提交地址证明，卡片库管理人就会采取以第706－25－14款预设的法令形式加以明确的方式，将这些情况直接汇报给内政部长，然后再由内政部长在第一时间通知主管机构。此外，一旦依据第706－25－6款和第706－25－12款的规定对涉事人员的信息进行了删除，卡片库管理人就会直接通知追查人员卡片库的管理机构。

检察官也可以按规定执行上述工作。

一旦有迹象显示涉事人员从原来登记的地址消失，司法警官就须向检察官汇报，然后再由检察在官第一时间将其录入追查人员卡片库。

为了验证或定位涉事人员的地址，警察或宪兵机构可以借助于公共行政机关开展一切必要的核查与临时征用。

706－25－11　凡是证明了自己身份的涉事人员，都可以通过向其居住地所在的终审法庭的检察官递交申请，从而获知自己在卡片库中的全部登记信息。

第777—2款的倒数第二、三段同样适用。

706—25—12　如果相对于违法行为的性质、作出违法行为时的年龄、作出违法行为以来的时间以及当前的个人情况，身份被登记在案的涉事人员认为所载信息不够准确，或者这些信息的储存已经无益于卡片库的作用发挥，那么他就可以向检察官申请更正甚至删除自己的相关信息。

如果当初是依据第706—25—4款第5点的规定而进行的信息登记，那么涉事人员可以向预审法官递交同样的申请。

如果对涉事人员的评定关涉到正在进行的司法诉讼，那么删除信息的申请就不会得到受理，除非当初是依据第706—25—4款第5点的规定而进行的信息登记。

如果检察官或预审法官不同意更正或删除所登记的信息，那么涉事人员可以提请有权裁决释放或监禁的法官作出决定，只是该决定需要征求预审法庭庭长的意见。

在就信息更正或删除的申请作出决定前，检察官、预审法官、有权裁决释放或监禁的法官以及预审法庭庭长可以开展他们认为必要的一切核实工作。

706—25—13　依据1978年1月6日颁布的有关信息技术、卡片资料和公民自由的第78—17号法律第30条的规定，在开展本部分预设的各项工作的过程中，不得将国家恐怖主义违法分子自动化司法卡片库与个人或不隶属于司法部的政府机构所掌握的其他卡片库或记名数据库等同或互联（被追查人员卡片库除外）。

若非本法预设的情况或条件，由个人或不隶属于司法部的政府机构所掌握的任何卡片库或记名数据库都不得提及国家恐怖主义违法分子自动化司法卡片库里储存的信息。

违反本款前两段规定的任何行为，都将因为犯下《刑法》第226—21款预设的不法行为而受到惩罚。

706—25—14　本部分的实施方式由行政法院在征得国家信息技

术与个人自由委员会同意的基础上以法令的形式加以确定。该法令将对卡片库记载所被问询和查阅经历的条件作出明确规定。

Ⅱ.1. 如果恐怖主义违法行为发生在本法生效日期前，但在生效后已经受到《刑事诉讼法》第 706—25—4 款预设的裁决，那么关于国家恐怖主义违法分子自动化司法卡片库的该法第 706—25—3 款和第 706—25—14 款适用于这些违法人员。

《刑事诉讼法》第 706—25—3 款和第 706—25—14 款同样适用于那些在本法生效时依据检察官的裁决而被执行剥夺个人自由之处罚的人员。

2. 如果《刑事诉讼法》第 706—25—6 款规定的期限尚未到期，那么在本法生效时载入犯罪记录档案的关于那些因为犯下该法第 706—25—4 款预设的恐怖主义行为而受到处罚的人员的评定话语，也可以根据检察官的决定载入国家恐怖主义违法分子自动化司法卡片库。

应检察官的要求，国家警察和宪兵机构可以开展用于确定这些人员地址的一切必要的侦查工作。

依据本点（第 2 点）规定而被载入卡片库的人员可以在收到信息载入通知之日起的 10 天内，向有权裁决释放和监禁的法官递交申请，以期删除有关自己的信息。如果申请被拒或者在法令确定的期限内没有得到答复，该人员可以提请预审法庭庭长裁决。

本点（第 2 点）第二段预设的侦查工作可以通过自动化处理方式进行，并且这种处理须将这些人员的身份与《社会安全法》第 L. 115—2 款、《税法》第 1649A 款以及《刑事诉讼法》第 230—6 款和第 230—19 款预设的需要载入卡片库的各种信息结合起来。只有在本法生效后的 36 个月的期限内，这种处理方式才被允许进行。

一旦有人泄露依据本点（第 2 点）倒数第二、三段规定其地址受到侦查的人员的身份信息，就须面临《刑法》第 226—22 款预设的各项处罚。

第二十条

《国内安全法》第 2 卷第 3 编第四章新增第 L. 234－4 款，内容如下：

L. 234－4 在其严格的权责范围内，出于保护《国内安全法》第 L. 811－3 款第 1 点、第 4 点和第 5 点所述及利益的唯一需要，第 L. 811－2 款提及的机构中获得单独任命和授权的人员以及行政法院以第 L. 811－4 款规定的法令形式指定的人员可以接触对《刑事诉讼法》第 230－6 款提及的个人数据进行的自动化处理，其中也包括正在进行的司法诉讼的相关数据，但是有关受害者的数据除外。

行政法院颁布法令来确定需要涉及的机构，以及接触本款提及的自动化处理的方式与意图。

第二十一条

Ⅰ. 对 1958 年 11 月 17 日颁布的有关议会运作的第 58－1100 号法令第 6－9 款作出如下修改。

1. 第Ⅰ部分修改如下：

（1）在第 3 点末尾的“情报”一词前添加下面的话语：

“《国内安全法》第 L. 811－2 款提及的……以及行政法院以该法第 L. 811－4 款规定的法令形式批准的机构……在有关它们的情报活动方面，借助于该法第 8 卷第 5 编提及的某些技术。”

（2）对第 4 点补充如下话语：

“以及行政法院以该法第 L. 811　4 款规定的法令形式批准的机构……在有关它们的情报活动方面，借助于该法第 8 卷第 5 编提及的某些技术。”

（3）在第4点之后，添加如下两段：

“5. 国家情报技术控制委员会依据《国内安全法》第L. 833－10款的规定向总理提交自己的意见，并从技术和意图的角度对该法第L. 833－9款提及的该委员会工作报告中体现的统计性要素作出介绍。”

“评议会可以依据该法第L. 833－11款的规定提请国家情报技术控制委员会表达意见。”

2. 对第Ⅲ部分修改如下：

（1）第一段的第一句修改如下：

将“以及”改作逗号；

删除“专业情报”；

添加如下话语：“按照评议会的议事日程，在他们自己选择的合作者的协助下……以及这些负责人领导下的在部长会议上拥有某种职位的所有人员。”

（2）删除第一段的第二句话；

（3）删除第一段最后一句中的“专业情报”；

（4）在第一段之后，增加如下两段：

“评议会可以每周一次听取总理就2015年7月24日颁布的第2015－912号《情报法》的实施进行报告。”

“评议会也可以听取总理所委派的代表依据《国内安全法》第L. 821－4款的规定对该法第8卷第5编提及的情报技术的实施签发许可进行报告。”

（5）第二段行文如下：

“评议会可以邀请国家情报技术控制委员会主席对其做委员会的工作报告，并介绍委员会依据《国内安全法》第L. 833－10款的规定向总理提交的意见，以及评议会依据《国内安全法》第L. 833－11款的规定向委员会征求的意见。它还可以邀请国防秘密顾问委员会主席对其做委员会的工作报告。”

Ⅱ. 对《国内安全法》修改如下：

1. 将第 L. 222—1 款第Ⅱ部分第一段中的“1958 年 11 月 17 日颁布的有关议会运作的第 58—1100 号法令第 6—9 款第Ⅰ部分中的……”改为“《国内安全法》第 L. 811—2 款中的……”。

2. 将第 L. 234—2 款第 2 点末尾的“1958 年 11 月 17 日颁布的有关议会运作的第 58—1100 号法令第 6—9 款第Ⅰ部分中的……”改为“《国内安全法》第 L. 811—2 款中的……”。

Ⅲ. 将《刑事诉讼法》第 656—1 款第一段中的“1958 年 11 月 17 日颁布的有关议会运作的第 58—1100 号法令第 6—9 款提及的专业情报机构”改为“《国内安全法》第 L. 811—2 款提及的某一机构或行政法院以该法第 L. 811—4 款预设的法令形式指定的某一机构”。

Ⅳ. 国家安全拦截控制委员会掌握的资源与档案统一移交给国家情报技术控制委员会。

本法生效后，无论是由总理依据《国内安全法》第 2 卷第 4 编还是由该法第 L. 246—2 款提及的人员定期签发的许可和作出的决定都是适用的，并且一直适用到许可和决定的有效期限到期为止。情报技术的实施以及续延许可的申请均须呈报国家情报技术控制委员会，由其在技术实施之前综合考虑各方面的意见与决定，并最终下达指示。

Ⅴ. 作为《国内安全法》第 L. 831—1 款第九段之规定的例外，在召开国家情报技术控制委员会首次会议时，由来自行政法院的两名成员和来自最高法院的两名成员分别抽签，各选出一人，任期 3 年。

第二十二条

Ⅰ. 《国防法》第 L. 4211—1 款增设第Ⅴ部分，内容如下：

“《国内安全法》第 L. 811—2 款提及的专业情报机构可以向军事

预备役人员求助。”

“为了实施本部分（第Ⅴ部分）第一段的规定，民事预备役志愿者若同意，则可转为作战预备役。”

Ⅱ. 在《国防法》第L. 4241－2款中的“军事”一词后添加如下话语：“或由《国内安全法》第L. 811－2款提及的机构……”。

第二十三条

Ⅰ. 废止《国内安全法》第2卷第4编的规定。

Ⅱ. 废止该法第L. 285－1款、第L. 286－1款和第L. 287－1款第4点的规定。

Ⅲ. 将《国防法》第L. 2371－1款变更为《国内安全法》第L. 861－2款，并作如下修改：

1. 在第一段中的“情报”一词前添加“第L. 811－2款提及的”；

2. 删除最后一段；

3. 增加新的一段，内容如下：

“总理作出决议，在行政法院以《国内安全法》第L. 811－4款预设的法令形式指定的机构中，明确其人员可以使用掩护身份或虚假身份的具体机构。”

Ⅳ. 废止该法第二大部分第3卷第7编的规定。

Ⅴ. 删除该法第L. 2431－1款、第L. 2441－1款、第L. 2451－1款、第L. 2461－1款、第L. 2471－1款中的“与第L. 2371－1款”。

Ⅵ. 对《刑法》第413－13款作出如下修改：

1. 将第一段中的“《国防法》第L. 2371－1款”改为“《国内安全法》第L. 861－2款”；将“1958年11月17日颁布的有关议会运作的第58－1100号法令第6－9款提及的专业情报机构”改为“《国

内安全法》第 L. 811－2 款提及的某一机构或行政法院以该法第 L. 811－4 款预设的法令形式指定的某一机构”。

2. 将最后一段末尾的“专业情报”改为“本款第一段提及的”。

第二十四条

本法的第 4 款、第 7 款、第 9 款、第 16 款至第 23 款、第 25 款和第 26 款均适用于法属波利尼西亚、新喀里多尼亚和瓦利斯和富图纳群岛。

本法的第 10 款适用于瓦利斯和富图纳群岛。

本法的第 20 款、第 21 款的第Ⅳ部分与第Ⅴ部分、第 23 款的第Ⅰ部分至第Ⅲ部分、第 25 款和第 26 款适用于法属南半球与南极领地。

第二十五条

《国内安全法》第 L. 851－3 款在 2018 年 12 月 31 日前均可适用。政府须最迟于 2018 年 6 月 30 日就这一规定的实施向议会作报告。

第二十六条

Ⅰ. 除了第三条、第四条、第九条、第十六至二十条、第二十二条以及本条的第Ⅱ至第Ⅳ部分以外，本法从任命国家情报技术控制委员会主席的法令在政府公报上发表的次日起生效。

Ⅱ. 直到《国内安全法》第 L. 851－1 款预设的行政法院法令生效以前，即最迟到 2016 年 3 月 31 日，该法第 L. 246－3 款除外的第 2 卷第 4 编第六章的所有规定（本法颁布以前的原有版本）均适用于该法第 L. 811－2 款提及的所有机构。从本条第 I 部分所提及法令的颁布次日起，国家情报技术控制委员会行使上述规定赋予国家安全拦截控制委员会的所有职权。

Ⅲ. 直到《国内安全法》第 L. 811－4 款预设的行政法院法令生效以前，即最迟到 2016 年 3 月 31 日，该法第 2 卷第 4 编的所有规定（本法颁布以前的原有版本）均适用于该法第 L. 811－2 款所提及机构以外的隶属于国防部长、内政部长以及主管经济、预算或海关事务的各位部长的所有机构。从本条第 I 部分所提及法令的颁布次日起，国家情报技术控制委员会行使《国内安全法》第 2 卷第 4 编赋予国家安全拦截控制委员会的所有职权。

Ⅳ. （根据制宪委员会 2015 年 7 月 23 日作出的第 2015－713DC 号决议而声明的、与宪法有一定出入的规定）

第二十七条

在本法生效之日起的 5 年期限内，议会有权对本法条款的实施进行评估。

本法将作为国家法律加以执行。

共和国总统弗朗索瓦·奥朗德

2015 年 7 月 24 日签发于巴黎

（译者：解放军外国语学院副教授　高振明）

2014 年韩国国防白皮书[①]

2014 年 12 月

韩国　国防部

刊首寄语

2014 年是意义深远的一年，我军为建设国民信赖的“开放的军营文化”，打造“精锐先进的强大军队”在困境之中夯实了基础。

我军在武器装备极差的恶劣条件下多次战胜了“6.25”战争（朝鲜战争，美韩称“6.25”战争——译者注。下同。）等危机，坚定不移地保卫着大韩民国，为韩国的现代化提供了坚实的安全保障。为了大韩民国的自由与和平，为了国民的幸福安全，我军将尽忠职守。我军还将帮助世界上的战乱地区维持和平，进行重建，提升大韩民国的国际形象。

当前韩半岛（中国称“朝鲜半岛”——译者注。下同。）的安全环境不容乐观。北韩（中国称“朝鲜”——译者注。下同。）在保持大规模传统战斗力的同时，力促部分战斗力实现质的提升，并且不懈地发展非对称战斗力和大规模杀伤性武器。北韩的核武器开发不仅威胁着韩半岛，也威胁着世界的和平与安全。

① 原文出自 http://www.mnd.go.kr/cop/pblictn/selectPublicationUser.do?siteId=mnd&componentId=14&categoryId=15&publicationSeq=672&pageIndex=1&id=mnd_050601000000。

东北亚国家之间围绕历史和领土问题的各种争端及军备竞赛正在不断深化。国内外恐怖主义、网络攻击、传染病、大规模灾害等跨国性、非军事性威胁也正在不断扩大。

为了应对北韩的挑衅以及各种形态的跨国性、非军事性威胁，我军正确立以韩美联合防御体系为基础的全方位安保态势。我军要以坚实的军事应对态势打消北韩的挑衅念头。在北韩挑衅时，我们将迅速、有力地进行还击。为此，我军在严明军纪的同时，着力创造条件使官兵能安全幸福地投入战斗任务，并强化官兵的精神思想教育和实战教育训练。

韩美两国持续强化军事同盟，不断扩大合作领域以期能解决地区性和世界性的安全问题。两国正在朝着全面战略同盟关系迈进。为了遏制北韩的核武器和导弹挑衅，安全管理东北亚地区的不稳定因素，我们正通过开设国防和军事当局间的直通网和激活高层战略对话来强化与周边国家的双边和多边交流合作。

我军制定了反映国内外安全局势和国防环境变化的《国防改革基本计划（2014—2030）》，正推进国防改革扎实进行。我军将改造军队结构以适应未来战争，以构建高效的国防管理体系为目标进行国防改革。为了发展国防科学技术，我军将把国防科学研究所建设成为世界级的国防研究开发机构并激活军民技术合作活动，如国防技术的民用化等。

我军将保障官兵人权视为强军的出发点和实现严明军纪的根基。因此，为了让父母们放心地送子女参军，我们正努力打造使国民放心的“开放的军营文化”。这不仅单纯地为了预防军队内部的事故，更为了从根本上改变所有军队成员的认识、军队的文化和制度，筑牢我军的基层结构，最终培养出能够克敌制胜的“精锐先进的强大军队”。为此，国防部将以“民·官·军兵营文化革新委员会”的建议为基础，以保障官兵人权、培养人性、强化初级干部的领导能力、克服军营文化的封闭性、建设安全的军营环境为目的，在政府层面制定对策并施行。

我军不仅要坚定履行军队的本职，做好军事应对准备，建设让发挥战斗力主体作用的官兵们满意的国防环境，同时更要强化独立的国防力量，构建有利于国家利益和统一的战略环境，面向未来做好筹划。

朴槿惠政府上台后将“构筑坚实的安全态势”作为国家安全战略的基础。此次出版的《2014 国防白皮书》收录了朴槿惠政府执政两年内在国防领域的主要成果和国防政策的动向，并详细记载了倍受国民关注的军营文化改革、我军应对北韩核武器和导弹威胁的能力以及国民对提高防御能力信任度的增加等内容。此次发表的白皮书带有二维码，通过智能手机即可观看与国防相关的视频，便于读者理解。

今后，我军将发展成为一支“精锐先进的强大军队”。无论面对何种安全威胁，我军都将坚决保卫大韩民国，进一步提高我国的国际地位。我军将努力向着“基础牢固的国防，筹划未来的国防”的方向发展，希望各位国民一如既往地支持我们。

谢谢。

2014 年 12 月 31 日

国防部长　韩民求

第一章 安全环境的变化和挑战

第一节　世界安全形势

当今世界的国际秩序仍然是以美国为首的国际秩序，但由于地区强国崛起等原因，要求变革国际秩序的挑战因素正在增加。局部战争依旧频发，跨国性威胁在持续扩散，这些更加剧了国际社会安全的不确定性。经济领域的不稳定和未来战争模式的变化等新型安全威胁也在日益增加。

一、以美国为首的国际秩序和地区强国的崛起

冷战结束后的国际秩序发生巨大变化的可能性较小，但是要求变革国际秩序的挑战因素却日益增多。尽管美国缩减了国防开支，但其将以压倒性的军力、尖端科学技术和软实力为基础，始终保持在国际秩序中的优势地位。中国在经济高度增长的基础上，不断提升自己的国际地位，与美国形成新型大国关系，并将在世界安全秩序的变化中发挥核心作用。由于欧盟范围的扩大，俄罗斯恢复过去影响力的意图，以及印度和巴西的地区强国化趋势等因素，主要国家间的合作和竞争将会日益深化，国际秩序将会更加复杂，韩国在国际秩序中的比重和作用也会增大。

二、局部纷争发生的可能性依然存在

由于领土、宗教、种族等根深蒂固的矛盾，世界各地的局部纷争会持续发生。

在欧洲，围绕乌克兰的地缘政治问题加剧了美国、欧洲和俄罗斯间的紧张局势。2013年11月，乌克兰中断与欧盟的贸易协定，由此引发大规模反对此举的反政府示威。2014年2月，亚努克维奇政权倒台。2014年3月，克里米亚的分离主义者实施公投后，克里米亚并入俄罗斯。此后，美国、欧盟坚决实行对俄罗斯的制裁。继克里米亚之后，乌克兰东部地区的分离主义在不断加速发展，最终导致了乌克兰政府军和亲俄罗斯叛军的交火。2014年9月，明斯克休战协议签署后，交火事件零星发生，不稳定因素依然存在。

中东地区各种矛盾纷争也持续不断。自2011年美国宣布停战撤

兵以来，伊拉克政府军和伊斯兰极端武装势力“伊拉克和黎凡特伊斯兰国”（简称“伊斯兰国”）组织之间的内战在日益激化。伊拉克正式邀请美国对“伊斯兰国”组织进行空袭，以美国为首的国际社会从 2014 年 8 月开始空袭伊拉克境内的“伊斯兰国”组织。2014 年 9 月，美国和一部分中东国家将空袭范围扩大至叙利亚境内的“伊斯兰国”组织。国际社会则努力制止叙利亚内战造成流血事件。叙利亚政府承诺废除化学武器，但 2014 年 1 月在叙利亚政府和叛军（叙利亚国民联合）间举行的“日内瓦和平会谈”却未取得任何进展，处于僵持状态。以色列和巴勒斯坦间的和平谈判不仅没有取得任何进展，2014 年 6 月和 7 月发生的“绑架杀害青少年”事件还引发了加沙地带的武装冲突。双方在美国和埃及等国际社会积极协调下，于 2014 年 8 月达成了停战协议，但仍有可能再度激化矛盾。

东亚地区围绕南海和东海的主权争端正在成为不稳定的安全因素。相关国家向南海和东海派遣潜艇、战斗机并实施训练，加剧了紧张氛围。2014 年 1 月，菲律宾向联合国国际海洋法法庭提交了南海主权仲裁申请，5 月，东盟外长对南海主权纷争表示担忧并敦促当事国保持自制。

在阿富汗，北约国际安全援助部队执行的反恐战争已接近尾声。北约各成员国首脑在 2010 年的里斯本北约首脑会议上决定于 2014 年年末前将维持治安的责任转交给阿富汗政府，交接工作从 2013 年 6 月开始进行。我国政府自 2010 年 7 月开始，派遣地方重建队支援当地战后重建，此后又派遣了保护该重建队的“朋友”部队。成功完成了重建任务后，上述队伍于 2014 年 6 月全部撤出阿富汗。

非洲地区也因各种形态的纷争而一直处于政治、社会不稳定的状态。自 2010 年 12 月北非国家突尼斯的“茉莉花革命”之后，埃及、利比亚等国虽然实现了政权交替，但仍处于混乱状态。2011 年 7 月南苏丹独立后，种族矛盾引发了南苏丹内战。国际社会为平息南苏丹内乱不断努力。东非政府间发展组织自 2014 年 1 月起进行和平协商，同年5月联合国在原有7000余名维和兵力的基础上增派5000多名维和兵力来维持南苏丹治安。苏丹的达尔富尔地区内矛盾冲突依旧不断。阿卜耶伊地区因归属南北苏丹问题而纷争频发。索马里地区在内战平息后仍存在令人堪忧的政治混乱等不稳定因素。

三、跨国性威胁扩散导致安全不确定性增大

跨国性威胁的扩散导致安全威胁更加多样化，增强了国际社会安全的不确定性。

北韩和伊朗等部分国家持续发展核武器和远程弹道导弹，威胁着世界的和平与安全。北韩继2012年12月发射远程弹道导弹后，于2013年2月实施第三次核试验。联合国安全理事会针对北韩发射远程导弹和第三次核试验制定了第2087号和第2094号高度制裁方案并开始执行。为了阻止伊朗开发核武器，国际社会也在不断努力。2013年11月，安理会五个常任理事国和德国（“P5＋1”）与伊朗达成协议，决定以伊朗停止发展高浓缩铀为条件取消部分对伊朗的经济制裁，并于2014年2月开始进行协商谈判。2014年3月，在荷兰海牙召开的第三次核安全峰会上，与会方针对防止恐怖主义威胁、阻止核物质非法扩散、核物质及相关设施的防护、原子能安全等问题进行了政策性讨论。

近几年，中东、北非、西南亚等地区的局势不稳，恐怖主义事件激增。依据美国国务院2014年4月发表的《2013年度全球恐怖主义报告》，2013年共发生9700余件恐怖主义事件，较前一年增长43％。尤其是恐怖主义拥有大规模杀伤性武器，严重威胁国际安全。因此，各国都应该努力加强国际合作来应对恐怖主义。

网络攻击也越来越趋向于组织化。网络攻击的对象已超越个人、企业而逐渐成为整个国家，这些都显示网络攻击的强度在提升，国际社会迫切需要应对方针。2013年10月，87个国家、18个国际机构参加了在首尔召开的“第三届网络空间会议”。此次会议讨论了国

家间有关网络安全的合作方案，强化了为应对网络威胁而进行的国际合作。

解决海盗引起的海上交通安全问题也是国际社会安全的重中之重。国际社会创立了“索马里海盗问题联络小组”，强化了国际合作。目前，20多个国家向索马里海域和亚丁湾派遣了护航舰艇。我国政府也从2009年3月开始向索马里海域派遣“清海”部队，为确保海上交通安全贡献了自己的力量。据隶属于国际商会的国际海事局调查，全世界的海盗事件已由2012年的297件减少到2013年的264件。

地震、海啸等大规模自然灾害和埃博拉病毒等传染病也都已成为国际社会应该共同应对的安全问题。2013年11月，台风“海燕”给菲律宾带来了巨大的灾难。国际社会纷纷向菲律宾派遣救援队并援助救援物资，齐心协力赈灾。我国也向菲律宾派遣了军队合同支援团，积极进行建筑重建和医疗援助等重建活动。利比里亚、塞拉利昂、几内亚等西非国家因埃博拉病毒遭受了巨大的灾难。世界卫生组织调查显示，2014年12月有1.9万余人感染埃博拉病毒，7500余人死亡。联合国安理会2014年9月一致通过“防止埃博拉病毒扩散决议”。国际社会正在进行多方面的努力，不仅援助医疗人员、药品、医疗器械等，还建立医疗设施进行经济援助。我国出于人道主义精神也派出了医疗救护人员积极参与国际社会的救援活动。

四、多样化的安全威胁

随着全球化和信息化的发展，各国间的相互依存性逐渐增强，国家间合作的可能性也在不断提高。与此同时，摩擦和矛盾也在不断增多，突出表现在经济领域。区域性的国家经济发展不均衡现象日趋严重，一个国家的财政金融危机会给另一个国家和社会带来日益严重的影响。因此，世界经济的不稳定性也呈增长趋势。世界经济的不稳定和贫困问题、资源匮乏、恐怖主义、气候变化、环境污染、大规模灾害等结合在一起，影响着各个国家的安全。

未来，传统战争形式存在的同时，由于高科技的发展，战争的形式将趋向于多样化，发生小规模局部战争的可能性将会增大。强国会利用尖端武器进行远程精密打击和隐蔽打击等高端信息技术战，将人员损失减少到最低。弱国或非国家势力为了缩小军事实力的相对差距可能会进行恐怖主义活动，实施非对称作战、思想战、心理战等混合形式的战争。未来的战场会扩大到太空和网络领域，战争的形式将会是物理战争（军事力量）和非物理战（如网络战争）混合共存的形式。

第二节　东北亚安全形势

东北亚地区的“亚洲模式”现象一直存在，即东北亚各国经济依存度高，安全合作水平低的现象。各国都在扩大本国的影响力，互相展开军备竞赛。尽管美国拥有军事优势，但中国、日本和俄罗斯也在以海空军为中心增强军事实力。随着中国的崛起和美国推行“亚太再平衡”战略，合作与竞争并存的中美关系将成为影响东北亚安全的核心因素。

一、“亚洲模式”现象将会持续

东北亚地区各国之间在经济方面的相互依存度越来越高；但另一方面，领土主权争端等历史遗留问题也造成了这一地区的紧张局势。这就是所谓的“亚洲模式”现象。东北亚地区正逐渐成为世界经济中心。中国和日本是世界排名第二、三位的经济强国，中、日、韩三国的经济总量达到了世界总量的23%。随着地区内国家间的相互依存度加深和有关地区经济集团化的讨论不断增多，东北亚国家的经济合作也在扩大。然而，由于历史认识差异、领土主权争端以及北韩核武器和导弹问题等各种矛盾，东北亚安全的不稳定因素在增加，安全合作的水平依然不高。

二、合作与竞争并存的中美关系

中美关系是当前东北亚地区安全形势的核心影响要素。随着中国的崛起以及美国推行“亚太再平衡”战略，两国间的战略合作和竞争将成为左右东北亚地区安全的主要因素。中美关系总体上是以维持东北亚和平与稳定为目的而构建的新型合作关系。但是，当核心国家利益产生冲突时，两国间的矛盾也有可能会加深。

中美两国间的战略合作与竞争将继续并存，日本和俄罗斯也参与到拓展国家利益和影响力的竞争之中。因此，东北亚的不稳定因素和变数将会日益增加。周边国家会通过增强军事力量、加强同盟合作关系来扩大影响力，由此导致国家之间的军备竞赛更加严重。

三、扩大地区影响力和军备竞赛

美国将保持在东北亚地区的军事优势，中国和日本、俄罗斯也在发展海空军力量方面进行着竞争。尤其是，各国间围绕宇宙空间的竞争将会进一步深化。

（一）美国

美国在减少国防预算的同时也在探索如何成功实施“亚太再平衡”战略。美国一方面在缩减陆军规模，提高远程兵力投送能力，另一方面在增强亚太地区的美军战斗力，强化和盟友及合作伙伴之间的合作。2014 年 3 月，美国发表了《四年防务评估报告》，包含了伊拉克、阿富汗战争结束和国防预算大规模缩减等内容，提出美国战略核心原则是保卫本土、促进全球安全、决战制胜。

美国为了有效应对中国的“反介入”战略，正在积极发展“空海一体战”等新的作战概念。为了体现这一新作战概念，美国将持续增强在亚太地区的海空军力量。

美国为了使陆军具备全球作战能力，正在实施高强度训练并正在调整陆军编制，以保持现代化战争应对态势。美国计划将正规军数量由战时最大规模的57万名减少到44万—45万名，并增加特种部队数量。

美国正在将海军建设成为能适应未来战略环境的新型海军。2020年前美国将持续增加舰艇数量，并向亚太地区派遣60%的舰艇，其中最多包括6艘航母。因此，2015年美军部署在亚太地区的舰艇数量将由2014年的51艘增加到58艘，2020年将增加到67艘。美国海军陆战队数量将缩减到18.2万名。

美国空军则致力于研发新型战斗机、空中加油机、运输机和远程隐形飞机。为了应对更加精确的攻击威胁，美国还着力发展航空电子技术、武器搭载、战术及训练部门。

为了实施“亚太再平衡”战略，美国正加强和盟友及合作伙伴的合作。美国正在推动修改《美日防卫合作指针》，同时和韩国扩大同盟合作范围以强化联合防卫能力。美国还向澳大利亚达尔文派遣了海军陆战队。2014年4月，美国与菲律宾就美军对当地军事基地的进入权和使用权签署了《美菲加强防御合作协议》。此外美国还计划向新加坡派遣最多4艘濒海战斗舰进行巡航。

（二）日本

2013年12月，日本设立了“国家安全保障会议”作为外交、安全领域的调控平台，制定了《国家安全保障战略》，提出了强化日本在国际社会中的作用的战略方针和“积极和平主义”。2014年7月，日本针对解禁集体自卫权修改了宪法解释。在遭受武装攻击或岛屿主权受到侵犯时，日本可出动自卫队；为参加国际维和行动，日本可采取增加后勤保障活动和扩大武器适用范围等措施。日本还在酝酿修订《美日防卫合作指针》以扩大自卫队的作用。

日本在2013年12月通过了《防卫计划大纲》和《中期防御力量整备计划》，并提出“联合机动防卫力量”这一概念。“联合机动防卫力量”是为应对中国日益增强的军事力量和朝鲜的核武器及导弹开发等主要安全威胁而提出的概念。在此基础上，日本加强了南部岛屿的战争应对态势，增强了该地区的战斗力。日本不仅积极强化美日同盟，还加强了和韩国、澳大利亚、印度等国的合作。

日本陆上自卫队为了监视岛屿地区，在钓鱼岛附近岛屿设置了“沿岸监视队”，并正在推动创建能进行水陆两栖作战的“水陆机动团”。为了能灵活高效地调遣师旅团作战，日本计划创立“陆上总队”；为了实时应对岛屿状况，日本计划将部分师旅团改编为“机动师旅团”。

日本海上自卫队在2023年前将拥有54艘护卫舰，22艘潜艇，其中包括一架能搭载直升机的1.95万吨“出云”级护卫舰。为了提高对弹道导弹的防御能力，海上自卫队计划将“宙斯盾”舰由现有的6艘增加到8艘。海上自卫队还改良护卫舰和运输舰以指挥水陆两栖作战和输送兵力物资。

为了加强对岛屿地区的监视，日本航空自卫队于2014年4月在冲绳增设了E－2C预警机部队—警戒航空队。为了实现空中优势，日本航空自卫队将在冲绳部署F－15战斗机、新型预警机、续航型无人机、垂直起降飞机、新型空中加油机和运输机等。

2014年3月，日本整合海陆空自卫队的网络战职能，在防卫省下成立了“网络防卫队”，以提高应对网络攻击的能力。为了利用宇宙空间构筑“联合机动防卫力量”，日本正在提高针对弹道导弹攻击的综合应对能力，如使用通讯卫星探知早期攻击征兆等。为了促进太空空间的和平利用，日本正在建设太空监视专门部队。

日本正致力于扩大自卫队的职能。2013年12月，日本初次派遣自卫队护卫舰加入索马里海域CTF－151联合海军部队。日本还积极参与国际紧急救援活动。2013年11月，日本派遣自卫队支援菲律宾台风灾后重建活动；2014年3月，日本派遣自卫队参加了马来西亚失踪航班的搜索活动。

日本政府为了缓解对其武器装备出口的限制，于 2014 年 4 月发表“防卫装备转移三原则”代替“武器出口三原则”。日本为了提高防御装备的性能、减少费用支出，积极参与国际共同开发和生产，以维护世界和平的名义加强国际防御合作。

（三）中国

中国在 2013 年 11 月的中国共产党第十八届三中全会上决定设立国家安全委员会，并于 2014 年 1 月正式成立。

中国在 2013 年《国防白皮书》中指出，国防政策的目标和任务是保卫国家主权和领土完整，保障国家和平发展，维护世界和平与地区稳定。中国将以积极防御战略为基础，为取得信息化条件下局部战争的胜利，加快推进核武器、导弹和海空军现代化建设。

中国自 2009 年起即成为仅次于美国的世界第二大军费支出国。中国正在调整军队编制体制，进行改革，严惩腐败，确保军队纪律严格落实。

中国陆军按照机动作战、立体攻防的战略要求，正在发展陆军航空兵、机械化部队及特种部队，强化空地一体、远程机动作战及迅速应变的能力。2013 年，中国陆军增设了 2 个陆军航空团和 2 支特种部队，将机械化装甲部队作战单位由师级改为旅级。

中国海军正在提高远程作战能力。2013 年，中国海军共有 18 艘新型水面战斗舰艇服役，其中包括两艘驱逐舰。海军还增加了一艘新型战略核潜艇（“晋”级，094 型），现共有 4 艘。该型潜艇可搭载射程 8000 公里以上的“巨浪”—2 型（JL—2）弹道导弹。2013 年 2 月，“辽宁”号航空母舰靠泊青岛军港接受训练，同年 5 月，中国海军组建了第一支航空母舰舰载机部队，目前正在系统培养航母舰载机驾驶员。

中国空军依据“攻防兼备”的战略不断研发新型战斗机、地对空导弹及雷达等尖端武器装备。空军一直在研发隐形战斗机，2011 年 1 月，歼—20 隐形战斗机试飞成功，2012 年 10 月，轻型隐形战斗机歼—31 首次试飞成功。运—20 军用大型运输机的研发也在进行之中，新型轰—6K 远程战略轰炸机已具备了战斗力，空军的现代化正在持续进展。

中国于 2013 年 12 月成功发射了“嫦娥 3 号”探测卫星，实现了在月球表面的软着陆，正逐步成为宇宙强国。

（四）俄罗斯

依据俄罗斯《2020 年前国家安全战略》和《军事学说》，俄罗斯目前宣扬的“积极防御”战略是指通过强有力的军事力量来守卫主权，谋求国家利益。俄军正以“建设强大的俄罗斯”为旗帜进行国防改革。

2010 年 12 月，俄罗斯国防改革的第一阶段完成，实现了“改革军队编制结构”的目标。2013 年 12 月第二阶段完成，实现了“解决军队福利问题”的目标。从 2014 年开始，俄军置重点于维持核遏制力，创建应对低强度冲突的快速反应军队，实现传统战斗力的现代化，并实施了 7585 亿美元规模的“2020 年国家武器装备采购计划”。

俄罗斯陆军通过精简部队规模以适应现代战争的特性，将陆军转换成以旅为中心的常备军体制，维持常备不懈的战备状态。为了能够迅速向冲突频发的地区投入战斗力，俄陆军正以空降部队为基础推动组建“快速反应部队”。为应对局部战争，俄陆军致力于增强尖端战斗力，如新一代新型坦克“阿玛塔”T—99、防空导弹 BUK—M3、地对空导弹 TOR 系统等。俄罗斯东部军区的地面部队也在实现装备现代化，同时改编为机动性更强的部队。

俄罗斯海军也在高层的大力支持下不断增强战斗力。2013 年，俄罗斯海军配备了两艘 1.94 万吨级战略核潜艇，其中一艘配置在太平洋舰队。俄海军还计划在 2014 年前再向太平洋舰队配置一艘“北风之神”级战略核潜艇和一艘法国“西北风”级两栖攻击舰。此外俄海军正在勘察加半岛建立潜艇基地，用来部署能发射洲际弹道导弹的“北风之神”级新型战略核潜艇。

俄罗斯空军则致力于提高精确打击和防空能力。俄空军正在开发第5代战斗机T—50、PAK—FA，并计划将其用作空军主力战斗机。该型战机具有隐形功能且远程作战和精确打击能力也得到了提升。为了具备可以搭载核武器和传统武器、有较强远程投射能力的第五代战略轰炸机，俄罗斯正改良战略轰炸机图—95和第4代超音速战略轰炸机图—160的性能。为了确保局部地区的空中优势，俄空军于2014年2月在远东地区部署了12架最新型战斗机S—35s。为了强化未来的防空能力，俄空军还计划部署射程400公里的地对空导弹S—400。

为了确保对北极海域的实际支配权，俄罗斯于2014年12月组建了“北极战略司令部”以统一指挥北极部队。为了确保在宇宙空间的优势，俄罗斯不断发展太空技术。俄罗斯目前拥有100多颗人造卫星用于搜集信息、通讯及导航，其计划在未来将战略导弹防御系统和卫星防御系统结合起来，打造由早期预警、指挥控制及拦截体系构成的统一的太空航天防御体系。

第三节　朝鲜局势及军事威胁（略）

第二章　国家安全战略和国防政策

第一节　国家安全战略

国家安全战略是指国家为完成国家安全保障任务而综合系统地运用可用资源与手段的行动计划。为实现国民幸福和国家发展的良性循环，朴槿惠政府制定了建设“希望新时代”的国家规划。为了在国家安全领域实现该规划，政府制定和推行了“国家安全战略”。国防部正在全力以赴积极地应对复杂多变的安全环境，实现国家安全战略目标，并集中力量为国家政策的实施提供坚实的安全保障。

一、国家愿景与国家安全目标

朴槿惠政府将国民幸福与国家发展紧密相连，制定了建设“希望新时代”的国家愿景目标。“希望新时代”是能够让国民幸福和国家发展达到良性循环的新模式。政府为此制定了“经济复兴、国民幸福、文化繁荣、构建和平统一基础”的四大国政基调。构建和平统一基础是涵盖了国防、统一、外交等安全领域的国政基调。政府将国家安全目标定为“维护主权和领土完整及国民安全幸福、维护韩半岛和平稳定和准备迎接统一时代、增进了东北亚地区的合作并为世界和平发展作出贡献”。

第一，政府将应对北韩的武力挑衅、未来的潜在威胁和跨国性威胁等各种复杂的威胁因素，全力维护主权和领土完整，保护国民的生命财产安全。

第二，政府将通过建立南北互信，促进韩半岛和平稳定，准备迎接统一时代。首先政府将与周边国家和国际社会紧密合作，尽最大努力使北韩放弃核武器，作出正确选择；其次努力推动南北关系稳定发展，实现关系正常化；最后凝聚国内外所有力量积极实现统一。

第三，政府希望通过增进东北亚地区的合作和致力于世界的和平发展来促进国家安全稳定。首先政府将通过同东北亚各国的对话与合作建立互信，化解矛盾建立合作框架。其次，进一步扩大东北亚地区积累的共生和解之能，谋求与欧亚地区国家的合作，实现欧亚地区广大范围的和平稳定和共同繁荣。

二、国家安全战略基调

政府将实现国家安全目标的战略基调细化为“构筑坚实的安全

态势、推动韩半岛互信进程、开展信任外交”。

第一，坚实的安全保障既是立国之基，又是南北关系发展和韩半岛和平稳定的基础。既要做好事先遏制、事发时坚决打击北韩军事挑衅的准备，也要具备有效应对北韩核武器和导弹威胁的能力。积极应对恐怖主义、网络攻击、大规模灾害等跨国性威胁，以及一些未来的潜在威胁。为增强安全保障力量，政府将发展韩美军事同盟，开展与周边国家的战略合作，通过强化双边与多边合作，进一步扩大安全合作外延。

第二，韩半岛的信任进程是积极促进和平的方法。政府以信任为基础，积极引领朝鲜进行变革，谋求南北关系的稳定发展和正常化，以实现持续和平。首先要从点滴做起，积累信任，使南北关系逐渐发展，构筑和平统一的基础。要均衡处理南北关系和国家安全之间的关系，以防只注重南北关系而忽视国家安全。还要以国民的意见和支持为基础，共同推动对北统一政策的实施。加强与国际社会的合作，以解决朝鲜核问题，实现韩半岛和平稳定，为统一营造条件。政府将采纳前任政府推行过的政策优点，合理改善对北统一政策，消除围绕北韩统一问题产生的社会矛盾，统一国内舆论。

第三，政府计划通过信任外交，解决经济上相互高度依存、政治和安全合作水平较低的“亚洲模式”。“东北亚和平合作构想”是实现东北亚地区信任外交的核心政策。政府希望通过此项政策，先在气候变化、恐怖主义、毒品、环境等容易合作的领域开创多边合作的范例，然后逐渐将合作范围扩大到疑难问题上。政府希望以国际社会的信任为资产，针对朝鲜实现变革的必要性达成更广泛的共识，加强国际合作，促使朝鲜放弃核武器、保护人权。政府将向世界各国阐明韩半岛统一的正当性和必要性，针对统一形成国际共识，赢得更多的国际社会支持。同时，韩国要尽好国际责任，从而赢得国际社会的信任，广泛宣传国家的魅力形象。

第二节　国防政策

为在急剧变化的安全环境中实现国家的安全目标和国防目标，国防部将建设“精锐先进的强大军队”作为国防规划。为实现该规划，国防部制定和推行了七大政策基调。同时为实现“基础坚固的国防、面向未来的国防”的国防运营目标，国防部制定并积极推动实施了“构建全方位国防态势、强化面向未来的防御力量、发展韩美同盟并加强对外国防合作、创造幸福先进的国防环境”四大国防运营重点政策。

一、国防目标

韩国的国防目标为“抵御外部的军事威胁和侵略，保卫国家；保障和平统一；为地区稳定和世界和平作出贡献”。其具体含义如下：

第一，“抵御外部的军事威胁和侵略，保卫国家”指首先要应对目前北韩的军事威胁，同时还要应对我国和平与安全的潜在威胁。北韩的大规模常规军事力量、核武器和导弹等大规模杀伤性武器的开发及其力量增强，持续不断的武装挑衅，如“天安舰”沉没事件和延坪岛炮击事件等，对我国安全构成了严重威胁。只要这些威胁一直存在，北韩政权和北韩军队就是我们的敌人。

第二，“保障和平统一”是指遏制韩半岛的战争，缓和军事紧张局势，创造和平稳定局面，为和平统一作出贡献。

第三，“为地区稳定与世界和平作出贡献”是指在韩美同盟的基础上，进一步与周边国家增强军事上的友好合作关系，积极参与国际维和行动，为东北亚地区的稳定与世界和平作出贡献。

二、国防规划和国防政策基调

（一）国防规划

我军必须能有效应对复杂多变环境下的各种安全威胁，为实现国家规划、国家安全目标和国防目标具备相应的能力和国防态势。为此，国防部制定了建设“精锐先进的强大军队”的中长期国防规划。“精锐”军队是指装备精良，经过实战训练且能发挥出综合战斗力，勇猛顽强的部队。“先进”军队是指具有正确的价值观和思想、受国民信任的军营文化、创新高效的国防运营体制和强大的防御力量，能成为世界模范的国民军队。“强大军队”是指精锐先进的、具备能够克敌制胜的充足能力和国防态势的军队。

（一）国防政策基调

为实现国防规划，国防部制定并推行了七大政策基调，作为始终不变的政策方向：确立坚实的国防态势；加强面向未来的自主国防力量；发展韩美军事同盟，加强国防外交与合作；制定符合南北关系变化的军事应对措施；创新国防经营体制，激活国防工业；营造令人自豪的、有意义的军队服役条件；推行国民认可的国防政策。为实现该政策基调，我军将“创造国防”作为国防发展的新模式并积极推行。“创造国防”是指把创意和科学技术融入到国防工作中，形成国防力量。

三、国防运营四大重点

我军在综合考虑了国防规划、国防政策基调以及韩国的安全现状后，制定了“基础坚固的国防、面向未来的国防”的国防发展目标。“基础坚固的国防”是指营造军纪严明、官兵能够安全幸福服役和专心于作战任务的国防环境，以及通过彻底的战斗准备和实战化教育训练，构建能够克敌制胜的全方位国防态势。

"面向未来的国防"是指培育一支"精锐先进的强大军队"，营造有利的战略环境，主导韩半岛的防御和统一事业，并建设新的防御力量，为维护地区稳定和世界和平作出巨大贡献。为此，国防部制定并积极推行了"确立全方位国防态势、加强面向未来的防御力量、发展韩美军事同盟及加强对外国防合作、营造幸福先进的国防环境"等国防运营四大重点政策。

（一）确立全方位国防态势

我军将以韩美联合防御体系为基干，有效遏制北韩的局部挑衅和全面战争。在朝鲜发动挑衅时，我军将坚决予以还击，并粉碎其再次挑衅的意图。尤其是对于朝鲜核武器和导弹等大规模杀伤性武器的威胁，要发展韩美共同的"针对性遏制战略"，加强遏制应对能力。为加强初期应对能力，我军正在构建"杀伤链"系统和"韩国型导弹防御体系"。

我军还将加强应对未来潜在威胁的力量，对于跨国性、非军事性威胁要积极应对，先发制人。我军的发展目标是以作战为主，简化野战部队的任务，使军队具备完整的战斗力，能够执行作战任务并克敌制胜。同时我军还要强化官兵的精神力量，使官兵具备军人气质、爱国心、同仇敌忾的态度、健全的人格和市民意识。

（二）强化面向未来的防御力量

我军将在韩美联合防御体制的坚实基础上，确保对于北韩挑衅的遏制应对能力。同时要加强防御力量，应对未来威胁和跨国性非军事性威胁。推进国防改革扎实进行，使兵力结构精锐化，构建高效先进的国防运营体系。将国防科学研究所建设成世界级的国防研究开发机关以发展国防科技；激活军民技术合作如国防技术的民用化等。与此同时，要培养具备任务指挥能力的创新型与主导型干部，通过完善优秀人才培养体制，使军队干部精锐化。

（三）发展韩美军事同盟，拓展国防外交与合作

韩美两国为应对北韩的各种挑衅威胁，维持韩半岛的和平稳定，

把构建全方位联合防御体制放在第一位。韩美两国通过共同的“针对性遏制战略”有效遏制了北韩的核武器和导弹威胁。战时作战指挥权移交之后，我军将主导联合防御，考虑到我军的军事准备状态和安全情况，战时作战指挥权的移交将会更加稳步地进行。为了持续强化韩美同盟，同时解决地区和世界的安全问题，韩美正在扩大合作领域，提升合作水平，向着全面战略同盟发展。

为了遏制朝鲜的挑衅并管理地区不安全因素，我军将以韩美同盟为基础，加强与周边国家的双边或多边国防交流合作，建设国防和军事当局间的直通网，激活高层战略对话，加强与周边国家的战略沟通。我军还将积极参加国际维和行动，为世界和平稳定作出贡献。

（四）营造幸福先进的国防环境

我军正在营造保护人权、军纪严明且受国民信任的“开放的军营文化”，并且创造条件使官兵在服役时能够开发自我，取得建设性成果。从增强战斗力的角度出发，我军将极力改善官兵福利，不仅要保证官兵的生活便利，还要满足他们的文化需求。

为改善医疗保障体系，我军正在努力构建以疾病预防为中心的军营环境，再度调整军队医院的功能，促进军队医院的专业化、特殊化，为枪伤、火伤、多发性骨折等军队重症患者设立“重症外伤中心”。

另外，考虑到军队服务的特殊性，我军将提供条件优良的子女抚养服务，提高军人家庭福利，并为保护女军人的权益构建相应的法律和制度基础。

同时我军还将加大对转业军人的帮扶力度，保障转业军人的生活，使官兵能够切实感到自豪和价值，专注于战斗任务。

第三章　发展韩美同盟及强化国防外交合作

第一节　发展面向未来的韩美同盟

韩美两国的国防关系已超越局限于安全合作的军事同盟，正发展为面向未来的全面战略同盟。两国将在《韩美共同防御条约》的基础上，努力加强联合防御态势，共同应对网络安全威胁和大规模杀伤性武器等跨国性安全威胁，为世界和平稳定作出贡献。韩国不仅为驻韩美军提供稳定的驻扎条件，同时还为增进韩美两国相互理解不断努力。今后，韩美两国将在长期以来建立的信任基础上，保持韩美同盟持续深化发展。

一、发展全面战略同盟

（一）制定具体的韩美同盟未来展望

韩美同盟萌生于“6.25”战争时期，根据1953年10月韩美签订的《韩美共同防御条约》正式成立。在过去的60多年间，面对北韩持续不断的威胁和挑衅，韩美同盟已成为大韩民国自由民主主义发展和经济繁荣的坚固基础和源泉动力。

作为“6.25”战争中的血盟，韩美两国的关系已超越军事同盟关系，在过去的60多年间，由具有共同价值观的同盟关系发展为共同繁荣的伙伴关系。韩美同盟在维护韩半岛、亚太地区，乃至全世界的繁荣稳定方面发挥了基础性作用。如今韩美同盟已经发展成为全面战略同盟，不仅在安全领域开展合作，在政治、经济、文化和人员交流等多个领域都开展了广泛合作。

2009年，韩美两国签署《韩美同盟未来展望》，决定将韩美同盟发展成为全面战略同盟。发展全面战略同盟的目标是建立一种共享自由民主主义、人权和市场经济等共同价值观的价值观同盟，一种涵盖军事、外交、安全、经济、社会和文化等领域的互惠互信同盟，一种超越韩半岛、为东亚和世界和平繁荣作出贡献的和平构建同盟。

2010 年，韩美两国签署了《韩美国防合作指南》，以推动在《韩美共同防御条约》和《韩美同盟未来展望》基础上建立韩美全面战略同盟。韩美同盟将发挥保障韩半岛和亚太地区和平稳定的核心作用，同时不断发展同盟关系，更好地应对 21 世纪新的安全威胁。

2013 年是韩美同盟建立 60 周年。2013 年 5 月 7 日，韩国总统朴槿惠与美国总统奥巴马举行会谈。双方为纪念两国 60 年间的友好合作和共同繁荣，发表共同宣言表示，韩美两国作为同盟国，作为亚太地区国家，将在过去 60 年同盟的基础上，共同开创亚洲的未来，开创一个即将到来的新时代。

2014 年 4 月 25 日，两国首脑在首尔举行会谈，就重新研究战时作战指挥权移交时机、为推动北韩实现“完全的、透明的、不可逆的”无核化进行合作、在年内召开韩美外交和国防（“2＋2”）部长级会议以及加强韩美日情报共享机制以应对北韩核武器和导弹威胁等主要议题达成了一致。

（二）提高合作水平，扩大合作范围

为实现《韩美同盟国防展望》《韩美国防合作指南》和《纪念韩美同盟 60 周年宣言》等文件所提出的发展全面战略同盟的目标，韩美两国将持续扩大韩美同盟的合作范围。

当前，韩美同盟正逐步加强在网络、太空领域的合作，加强在应对气候变化引发的灾害灾难和包括海盗问题在内的海洋安全问题方面的合作，同时加强在加入“防扩散安全倡议”（PSI）（该倡议旨在防止大规模杀伤性武器扩散）以及参与联合国主导的维和行动等领域的合作。

2012 年，韩美两国签署了《网络政策工作协议会议相关条款》，将实现两国信息共享，并加强两国在网络政策、战略、理论原则和训练等方面的交流。同年两国还签署了《国防太空合作相关条款》，推动韩美两国在加强国防太空力量方面的合作。

韩美同盟的地理合作范围也从东亚地区扩大到了全球。在东亚地区，韩美两国正在加强灾后重建和人道主义救援方面的合作，以及参与东盟防长扩大会议等地区安全方面的合作。

同时两国还开展了核安全首脑会谈、亚丁湾联合打击海盗、韩美联合搜索和救助训练、防扩散训练以及维和行动等合作活动。

未来韩美两国将继续扩大同盟合作范围，为韩半岛、东北亚以及全世界的和平稳定作出贡献。

二、保持坚实的韩美联合防御态势

韩美同盟建立的目的是在韩半岛内遏制北韩的挑衅，维持半岛和平稳定。两国军队将共同遏制北韩的挑衅和全面战争威胁，保持联合防御态势，在北韩发动挑衅时有效应对。

韩美两国军队将北韩的威胁分类为平时局部挑衅、全面战争和非对称威胁三种级别，分别制定计划进行应对。

韩美军队在平时不断完善作战执行计划并加强联合演习。为保持高效的联合防御态势，韩美两国运行了多领域、多样化的协议机制，包括韩美安保会议（SCM）、韩美统合防务协商机制（KIDD）和韩美军事委员会会议（MCM）等协议机制。

两国军队还不断通过完善作战计划和进行联合演习，达到熟悉作战计划和应对北韩局部挑衅的目的。在危机激化的情况下，美军将通过在韩半岛部署战略力量来遏制北韩的威胁。韩美两国为了快速有效地应对北韩的局部挑衅，定期举行实战条件下的联合演习，提高危机管理和应对能力。

朝鲜第三次核试验之后，美军迅速在韩半岛部署了 B－2 和 B－52 战略轰炸机、F－22 第五代战斗机、潜艇、航空母舰等军事力量，形成了战略遏制。

为应对全面战争威胁，韩美两军每年开展例行联合军演，不断熟悉、检验并完善联合作战计划。韩美两军每年上半年举行代号为“关键决心”和“秃鹫”的联合军演，每年下半年举行代号为“乙支—自由卫士”的联合演习。

为加强战术级别的联合防御态势，韩美两国计划组建“韩美联合师”。该师平时通过开展联合演习和作战完善理论，保持战备状态；战时根据作战计划执行多种任务。“韩美联合师”在平时开展最高战术水平的联合演习，加强联合防御态势，为今后提高我军联合作战能力提供了良机。

为了更有效地应对北韩远程火炮的威胁，驻韩美军的火力打击部队将保留在汉江以北地区。驻韩美军将完成我军火力打击力量的增强计划，如果我军火力打击能力能通过检验，汉江以北的美军将迁至位于平泽的汉弗莱军事基地。

同时，韩美两国还积极采取措施应对北韩的核武器和导弹等非对称威胁。针对北韩大规模杀伤性武器威胁，美军向韩国提供了包括核保护伞、常规打击力量和导弹防御在内的全部军事力量，以遏制北韩的扩张。2013年10月，韩美两国签署协议，将遏制北韩扩张战略发展为更为具体的针对北韩核武器和大规模杀伤性武器威胁的韩美“针对性遏制战略”。在此基础上，韩美两国制定了针对性战略，提高了遏制北韩扩张的可能性。

今后，韩美两军将通过周期性的联合演习和训练，完善作战计划；通过多种国防协议机制，妥善处理韩美同盟间存在的问题，不断加强联合防御态势。

三、为驻韩美军提供稳定的驻扎条件

（一）驻韩美军基地的搬迁

驻韩美军基地搬迁计划是指将散布全国各地的驻韩美军基地进

行合并、废弃后，搬迁至平泽和大邱两地的中心基地。通过合并与废弃相结合的方法，对散布全国的美军基地进行重新部署，其目的在于为驻韩美军提供稳定的驻扎条件和推动我国国土的均衡发展。

驻韩美军基地搬迁大体上按两个计划进行：一是将位于首尔龙山的驻韩美军司令部基地迁至平泽的《龙山基地迁移计划》（YRP）；二是将位于汉江以北东的豆川和议政府的美第2师基地迁至平泽的《联合土地管理计划》（LPP）。

根据原则，由要求基地搬迁的一方承担搬迁费用，因此由韩国承担《龙山基地搬迁计划》的费用，而由美国承担《联合土地管理计划》的费用。2003年5月，韩美首脑就龙山基地初期搬迁计划达成共识；2004年韩美签署《龙山基地迁移协定》，正式启动搬迁计划。《联合土地管理计划》始于2002年签署的《联合土地管理计划协定》，在2004年韩美签署《联合土地管理计划改订协定》扩大了搬迁范围之后正式开始实施。

2007年3月，韩美两国就《设施综合计划》达成协议，决定将龙山基地和美国第2师基地等驻韩美军的主要基地迁至平泽地区。当前，基地用地调整工程和交通、电力、天然气及供水等基础设施工程或已部分完工或正处于施工之中，各项建设工程正按照计划进行。根据《支援平泽市驻韩美军基地搬迁事宜特别法》，政府正在同时推动道路开通、上下水道设备和村庄会馆兴建等搬迁支援工作，这些工作将惠及因基地重新部署而搬迁的居民。在驻韩美军重新部署的过程中，截至2014年9月，美军已返还51处基地，今后还将返还29处。

韩美两国均认识到搬迁和返还驻韩美军基地的重要性，今后两国将积极解决《龙山基地迁移计划》和《联合土地管理计划》实施过程中可能发生的问题，推动搬迁计划尽早完成。

（二）协商分担防卫费用

由于驻韩美军肩负了韩半岛防御核心的作用，因此由我国政府承担美军的部分驻军费用。根据1966年韩美政府签订的《驻韩美军地位协定》(SOFA)第5条，美国承担驻韩美军日常维持经费，韩国为美军驻军提供必要设施和土地。然而当时美国考虑到韩国的经济状况，在1991年之前不仅承担了驻军费用，还承担了大部分本应由韩国承担的设施建设费用。

1991年，韩国政府考虑财政状况后，签署了针对《驻韩美军地位协定》第5条的《分担防卫费特别协定》(SMA)。根据此协定，1991年之后由韩国承担驻韩美军的部分驻军费用。

2013年5月起，我国政府开始与美国协商签订第9次《分担防卫费特别协定》。两国综合考虑韩国政府的财政负担能力，就为驻韩美军提供稳定的驻扎条件、保持联合防御态势及提高使用防卫费的责任性和透明度等问题，于2014年1月达成协议。

第9次《分担防卫费特别协定》的有效期限为5年，生效的第一年即2014年韩国政府分担的费用总额为9200亿韩元。为提高使用防卫费的透明度和责任性，两国就全面改善防卫费分担制度达成了协议。

韩国承担的防卫费90%以上会回流到我国经济中。其中劳务费将发放给在驻韩美军司令部工作的韩国工人，所以全部都回流到了国内经济中。

由于我国企业直接承担了工程合同、发货和工程管理，因此军事建设费用除去大约12%的设计、监理费，剩余88%的费用会回流到我国经济中。

因为军需保障是由我国企业承担，所以军需保障费用全部回流到我国经济中。

韩美两国将扎实改善防卫费分担制度事宜，保持持续合作以保证防卫费的正常使用。

四、增进韩美相互理解

（一）成功举办韩美同盟成立60周年纪念仪式

为纪念韩美同盟成立60周年，国防部举行了韩美同盟60周年纪念仪式等10多项纪念活动，对韩美同盟过去的60年进行了评价，并对未来的60年做了展望。

为了筑牢韩美两国的友谊和信任，在韩美同盟成立60周年之际，韩国举行了“韩美同盟之夜”和“同盟功勋人士邀请仪式”，设立了“白善烨韩美同盟奖”。为了庆祝韩美同盟成立60周年，促进两国和睦融洽，韩国还举办了“韩美同盟战友马拉松赛”、“韩美军合作演奏会”和“韩美同盟音乐会”。

为了记录同盟的历史和制定发展蓝图，韩美两国举行了“韩美同盟国防蓝图发展研讨会”和“韩美同盟学术研讨会”，制作发行了韩美同盟60周年纪录片和《韩美同盟60年史》。

韩美同盟60周年纪念仪式不仅使国民对于韩美同盟的作用及其贡献产生了更强的共鸣，还向国内外展示了韩美同盟的牢固关系。另外，纪念仪式进一步加强了两国政府以及军民间的信任和联系，为开启韩美同盟下一个60年创造了时机。

（二）加强韩美亲善活动

韩国政府和我国军队每年例行邀请驻韩美军进行相互交流，筑牢双方作为血盟的友谊。政府和地方自治团体每年邀请驻韩美军官兵参加体验韩国传统文化的活动，增加驻韩美军对于韩国历史和文化的理解。民间自发的纪念活动也十分丰富，如平民家庭邀请驻韩美军增加相互理解，向驻韩美军的贡献表示感谢等活动。各种投身于韩美同盟发展的民间团体，如韩美亲善协会和韩美安全研究所等，也积极开展了各种活动。

为了发展韩美同盟，增加相互理解，驻韩美军也举行了多样化的活动。最具代表性的是“善邻计划”（Good Neighbor Program）。

此外还有教驻地居民学英语、邀请居民参观美军部队和表彰为韩美同盟的发展作出贡献的团体等活动。这些活动向韩国国民宣传了驻韩美军的积极作用，增进了相互理解。同时驻韩美军还定期邀请媒体代表和驻地警官，开展驻韩美军官兵事故预防活动。

针对首次驻防韩国的官兵，驻韩美军司令部还准备了韩国传统文化教育和定期的指挥官精神训话，积极预防驻韩美军官兵发生事故。此外驻韩美军司令部还计划定期和媒体举行座谈会，积极地向韩国国民宣传驻韩美军对韩国国防的作用和为之付出的努力。

第二节　推动战时作战指挥权移交加强韩美联合防御态势

2014年10月23日，第46届韩美安全会议在美国华盛顿举行。韩美两国在会上就推进“基于条件的战时作战指挥权移交方案”达成共识。为了在战时指挥权移交之前遏制韩半岛的战争，保障战时韩国的防御能力，两国将构建强有力的新联合防御体制，提高战时作战指挥权移交的完整性。

一、推动战时作战指挥权移交的背景及经过

韩美两国自20世纪80年代末起共同研究讨论战时作战指挥权的移交问题。1991年第13次韩美军事委员会会议（MCM）决定于1993—1995年间实现“停战时作战指挥权（平时作战指挥权）”的移交。

在1993年第15次韩美军事委员会会议暨第25次韩美安全会议上，韩美两国同意在1994年12月1日将平时作战指挥权移交给韩国参联会。根据此次会议的决定，1994年12月1日，美国将平时作战指挥权移交给韩国。2000年以后，随着我国国力的增强、我军实力的提升以及美国的军事变革（包括驻韩美军改革）等安全环境的

变化，为了相应改善指挥体系，我国开始讨论战时作战指挥权的移交问题。

正式推动战时作战指挥权的移交始于2005年10月21日召开的第37次韩美安全会议（SCM），两国在此次会议上同意加快讨论指挥关系和战时作战指挥权相关协议。韩美两国在2006年9月16日的首脑会谈上，就移交战时作战指挥权的基本原则达成一致。之后，韩美两国国防部长于2007年2月23日达成协议，将战时作战指挥权移交时间定为2012年4月17日。两国由此正式开始推进战时作战指挥权的移交工作。

2007年6月28日，韩国参联会主席和驻韩美军资深军官在军事常设委员会（PMC）会议上签署了《战略转换计划》（STP）。2007年11月7日，该计划在第39次韩美安全协议会上得到了两国国防部长的认可，为切实推动战时作战指挥权的移交奠定了基础。

2009年朝鲜进行了第二次核试验，发射了弹道导弹。2010年，发生了“天安舰”沉没事件。北韩的一系列挑衅行为加剧了韩半岛的紧张气氛。货币改革失败和金正日健康情况恶化加剧了北韩体制的不稳定性。2012年，包括我国在内的多国领导层举行换届选举，政治、安全方面存在较多变数。民间舆论认为，安全环境发生变化，战时作战指挥权移交时间应当延期。鉴于此，我国政府向美国政府提出调整战时作战指挥权的移交时间。2010年6月26日，韩美两国首脑举行会谈，决定将战时作战指挥权移交时间由原定的2012年4月17日延期至2015年12月1日。

在2010年10月召开的第42次韩美安全会议上，韩美两国国防部长签署了《战略同盟2015》（SA）协议，其中包含了配合战时作战指挥权移交制定的调整军事措施和解决韩美同盟间问题的计划。

协议签署后，韩半岛的安全形势发生了变化。2012年4月和12月，北韩进行了两次远程导弹发射；2013年2月，北韩进行了第三次核试验。在这样严峻的安全形势下，如果贸然移交战时作战指挥权，可能会导致北韩金正恩政权作出错误决定。

因此，韩美两国在2013年10月2日举行的第45届韩美安全会议上达成共识，即在下届韩美安全会议上讨论出最终的解决方案。

通过组建韩美联合工作组以及多次协商，韩美两国最终在2014年10月23日举行的第46届韩美安全会议上商定推进“基于条件的战时作战指挥权移交方案”。

目前，国防部为了顺利地推进战时作战指挥权的移交工作，成立了直属于韩国参联会主席的“新联合防御促进团”。

二、主要推进内容

根据《战略同盟2015》，韩美两国正在计划、编制、能力和体系、演习，以及检验等多方面系统地准备战时作战指挥权的移交。

为解决在军事领域及韩美同盟间存在的问题，韩国政府建立了“联合过渡监督体制”。

该体制由军事转换、计划和政策及同盟管理三个部分构成。通过各部分的委员会、协调委员会、联合工作组（SAWG）、韩美军事委员会（MC）以及韩美安全会议等部门，定期对相关领域的过渡状态进行评估。

韩国通过“新联合防御促进团”团长主管的业务评价会议和韩国参联会主席主管的推进评价会议来协调管理推进战时作战指挥权移交相关课题。

各领域推进的内容如下：

（一）计划方面

为了在韩半岛发生危机时能够高效运转韩美同盟，两国正在起草适用于战时作战指挥权移交以后的《同盟危机管理协议备忘录》。根据已商定的共同计划体制和程序，韩美两国正在紧密磋商战时作战计划。

（二）编制方面

为了能够主导韩半岛的战区作战，我军正在构建新的同盟军事指挥体系。韩美双方最初计划组建两个战区司令部，即韩国合同参谋部和驻韩美军司令部，但是后来双方一致认为单一联合指挥结构的军事效率更高，于是2013年10月的第45届韩美安全会议商定未来指挥体系由我军担任司令官。因此，韩美正在组建未来联合战区司令部和联合国军司令部，并且正在制定指挥关系。

（三）能力及体系方面

我军正在发展主导联合防御所必需的核心军事能力。在我军能够完全主导战区作战之前，美军会一直给予我军必要的支援。为了主导联合作战，我军正在开发联合指挥控制系统（AKJCCS），并推进其与韩美 C^4I 指挥体制形成联动。

（四）演习及检验方面

韩美两国通过在联合演习中应用和检验新的未来指挥体系，对未来联合战区司令部和联合国军司令部执行任务的态势和能力进行评估，并不断补充完善。为构建韩国合同参谋部主导的联合演习基本框架，我军正阶段性地推进各项重要课题，如新建合同战争遂行模拟本部，开发战区级功能模型，培养演习专家等。指挥体系是否能够真正执行实际任务，将由韩美专家共同评价。我军正在制定相关检验计划。

（五）战略文件方面

战时作战指挥权移交之后，必须要重新起草相关文件，对韩美安全会议、韩美军事委员会会议等韩美战略对话体制和新的联合指挥体系进行规定。因此，韩美两国正在制定《相关约定》和《战略指示第3号》，代替1994年停战时根据作战指挥权的转换而编写的《相关约定》和《战略指示第2号》。

（六）同盟问题方面

韩美两国间存在的重要同盟问题主要有驻韩美军重新部署、战略沟通等问题。驻韩美军重新部署问题主要依据两个计划解决：一是《龙山基地转移计划》；二是重新部署散布全国的其他美军基地的《联合土地管理计划》。战略沟通主要是指每半年举行一次合作会议，不断更新主题和主要信息，制定每半年的详细履行计划并建立评估机制。

三、推进“基于条件的基础战时作战指挥权的移交方案”

2013 年 5 月，韩美两国首脑达成共识，认为战时作战指挥权移交须有利于强化联合防御力。韩国国防部向美国国防部正式提出以 2015 年为目标重新检查正在推进中的战时作战指挥权移交方案。

主要内容是将目前的“基于时间的战时作战指挥权移交方案”变更为“基于条件的战时作战指挥权移交方案”。所谓“基于条件的战时作战指挥权移交方案”，即不再确定具体时间，而是根据现实情况是否充分满足两国商定的移交条件来决定移交的时机，即要把战时作战指挥权移交之后，主导联合防御的我军的军事准备状态和安全形势等内容条件化，从而更加安全地推进战时作战指挥权移交。

随后在 2013 年召开的第 45 届韩美安全会议上，两国国防部长在关注日益严重的北韩核导弹威胁等不稳定的韩半岛安全形势的同时，就系统地推进战时作战指挥权的移交和加强完善联合防御体系等内容达成共识，双方还商议了战时作战指挥权移交的条件和时机。

2014 年 4 月，两国首脑举行会谈，商讨了韩半岛及其周边地区的安全形势，一致认为能够重新考虑战时作战指挥权移交的时机，并敦促开展工作决定合适的移交时机和条件。

韩美国防部在同年 10 月召开的第 46 次韩美安全会议上商定，以未来指挥机构概念为基础，把韩美联合司令部发展为我军主导的新的未来司令部，同时推进“基于条件的战时作战指挥权移交方案”。预计到 21 世纪 20 年代，我军实力能达到韩美商定的移交条件的要求。条件是否符合要求，将由两国军队高层依据条件评估结果和韩美安全会议的建议作出决定。

为了准备今后的战时作战指挥权移交，韩美两国计划在2015年召开的第47届韩美安全会议上共同制定新的战略文件替换现在的《战略同盟2015》。由于原计划于2015年12月1日解散的联合司令部将继续保留，因此两国决定在现在的龙山基地建设一个包含适度规模的人员和设施的联合司令部本部。

“基于条件的战时作战指挥权移交方案”为韩美联合防御体制作了中长期未来设计，今后韩美两国将把遏制北韩的全面战争和局部挑衅作为第一任务，同时向着有利于强化韩美联合防御能力的方向推进战时作战指挥权移交。

第四章　适应南北关系变化的军事措施和准备

第一节　为推进朝鲜半岛信任进程提供军事支持

韩国政府目前正在坚实的安全基础上，促进南北互信的建立，推动建设朝鲜半岛信任进程，谋求南北关系的稳定发展。然而在现实情况中，由于朝鲜持续的威胁和挑衅，南北间无法建立军事互信基础。韩国国防部将为统一做好各项准备，如为建设非军事区（DMZ）世界生态和平公园提供军事支持，发展和完善军备控制政策，构建朝鲜半岛的可持续和平，针对统一培养专家力量等。今后，韩国政府将致力于在南北关系取得进展时协调双方的合作交流，同时逐步推动构筑军事信任。

一、推动构筑军事信任　促进南北关系发展

韩国政府目前正在推进朝鲜半岛信任进程，以期在坚实的安全基础上，促进南北互信形成，推动南北关系发展，巩固朝鲜半岛和平，为统一打下基础。我军会在军事上支持政府的对北政策。虽然韩方作

出种种努力，但是朝鲜的各种威胁和持续挑衅使得南北互信无法形成。

2012年12月12日，朴槿惠政府成立前夕，朝鲜发射了远程导弹；2013年2月12日，朝鲜强行进行了第3次核试验。3月，朝鲜以美韩两国举行“关键决心”和“秃鹫”军事演习为借口，宣布全面废除《停战协定》和《朝韩互不侵犯协议》，同时还宣称《朝鲜半岛无核化共同宣言》完全无效。其后，朝鲜切断了板门店南北直通电话和南北军事热线。4月，朝鲜关闭了开城工业园区，撤出了全部工人，加剧了紧张局势。尽管朝鲜百般挑衅，韩国政府仍坚持朝鲜半岛信任进程的一贯原则，同时和国际社会密切合作，敦促朝鲜采取正确措施。多方努力促使朝鲜在5月派遣总政治局局长崔龙海以特使身份访问中国，试图缓和局势。南北在开城工业园区关闭以后召开了7次南北工作会议，决定自9月6日起重新开通西海地区军事热线，自9月16日起重新启动开城工业园区。同时南北双方成立了“开城工业园区南北共同委员会”，负责协商与开城工业园区运营相关的政策、问题。

2014年，朝鲜在新年贺词中也强调要改善南北关系。1月16日，朝鲜国防委员会发表“重大提案”；2月12—14日，南北高层举行会谈；2月20—25日，南北共同举行了离散家属团聚活动活动；6月30日，朝鲜国防委员会发表“特别提案”，重申“重大提案”的内容；7月7日，朝鲜发表政府声明。上述举措维持了朝鲜半岛的和平势头。然而在继续“和平攻势”的同时，朝鲜采取了“和战两面战术”：2月21日，朝鲜在离散家属团聚活动期间，向东海（日本海）发射近程导弹，并从2月起发射了中程和近程导弹270余枚；此外朝鲜还进行了一系列威胁和挑衅活动，如朝鲜小型无人机入侵韩国、进行第4次核试验、要求停止韩美军演等。

朝鲜一直保持这种双重态度。尽管朝鲜以仁川亚运会为契机积极改善南北关系，但其威胁和挑衅也未曾中断。朝鲜派出了由朝鲜人民军总政治局局长黄炳誓、朝鲜劳动党中央委员会书记崔龙海、朝鲜劳动党中央书记金养健等人组成的朝鲜高层代表团参加了仁川亚运会闭幕式，韩国则派出了国家安保室长金宽镇等政府高级官员与朝鲜代表团共进午餐举行会谈，并商定在 10 月末至 11 月初进行第二次南北高层会晤。然而 10 月 7 日，朝鲜警备艇非法入侵西海北方分界线，引发了南北舰艇的交战。10 月 10 日，韩国一些民间团体在涟川地区放飞宣传气球，朝鲜军队则用高射机枪射击气球进行挑衅，部分子弹落入我军驻地和居民区。朝鲜借机提出与韩国国家安保室长金宽镇进行“紧急单独会晤”，韩国政府则提议在南北军事当局间进行会晤。

南北军事当局会晤于 10 月 15 日在板门店韩方一侧的“和平之家”进行。韩国国防部国防政策室室长柳济升和朝鲜国防委员会书记室负责参事兼人民武装力量部侦查总局局长金英哲分别率团出席。朝鲜方面在会谈中提出了防止西海冲突和禁止民间团体散发传单等要求，韩国方面则强调朝方应当尊重和遵守北方分界线，要求朝方对“天安舰”事件和延坪岛事件负责，并提议开设南北军事热线。朝方拒绝了韩方的要求，会谈无果而终。

会谈次日，朝鲜通过 10 月 16 日的“朝鲜中央通讯公开报道”公开并歪曲南北军事当局会谈的相关内容，将南北关系陷入僵局的责任转嫁给韩国政府。另外在 10 月 18 日和 19 日，朝鲜士兵进入中西部边界的非军事地区，不仅无视我军警告，靠近军事分界线，还向韩方枪击挑衅，激化了军事紧张局势。最终，朝方借口韩国民间团体放飞宣传气球活动取消了第二次南北高层会晤，并继续对韩国进行挑衅和指责。

针对朝鲜的行为，韩国政府申明朝鲜的威胁和挑衅将一无所获，韩国将坚持一贯立场，推动建立朝鲜半岛信任机制，通过对话和合作形成南北互信。未来，韩国政府将积极建设朝鲜半岛信任机制，促使朝鲜终止对韩威胁和军事挑衅，作出正确选择。韩国军方将构建坚实的国防态势，遏制朝鲜的挑衅，并且在条件允许时采取措施缓解军事紧张局势，建立相互信任，逐步推进和协调南北间交流合作。

二、支援建设非军事区（DMZ）世界生态和平公园

非军事区是根据1953年7月27日签订的停战协定为防止南北间的军事冲突而设置的。然而，由于南北间的军事对峙，非军事区各种军事设施、重武器、地雷密布，成为了世界上武装程度最高的地区之一。

韩国政府积极推动DMZ世界生态和平公园的建设，其目的是为了通过在非军事区开辟一定空间作为公园，向南北居民和全世界人民开放，从而促进南北之间和平与信任的发展。

韩国总统朴槿惠2013年5月8日在美国国会发表演讲时最早提出DMZ世界生态和平公园的构想，2014年3月28日，她在德国德累斯顿发表名为“朝鲜半岛统一构想”的演讲时阐释了实现这一构想的必要性。2013年8月15日，朴槿惠在庆祝光复68周年纪念仪式上向朝鲜提议建设DMZ世界生态和平公园，2014年9月24日她在联合国总部发表演讲，提出由南北共同建设DMZ世界生态和平公园。

DMZ世界生态和平公园预期会为把充满冷战和冲突的非军事区转变成和平与和解的空间，为促进南北关系发展和构建军事互信作出巨大贡献。

韩国政府在统一部下设立了专门负责组织“DMZ世界生态和平公园计划小组”。此外为了系统解决外交、军事、环境和文化等方面的诸多问题，韩国政府还成立了政府合作特别小组，并通过现地考察、梳理专家意见、与相关部门签署协议等措施制定了大致计划。

韩国国防部将积极支持DMZ世界生态和平公园的建设，在优先保证军事稳定的前提下，依照旧例连接非军事区内南北间的铁路和道路。保证军事稳定的重点是尽可能减少对国防安全的影响，如导致过度变更作战计划、军事设施调整等。

韩国政府计划将来视南北关系的进展情况，在合适的时机促成南北就建设 DMZ 世界生态和平公园签署协议。韩国国防部将与联合国军司令部紧密合作，在军事方面采取后续措施诸如与朝鲜进行协商、出台军事稳定保证政策等，推动世界生态和平公园建设工作的进展。

三、完善军备控制政策，统一构筑军事基础

韩国政府为维护朝鲜半岛军事稳定持续努力，实施了多样化的军备控制政策。然而由于“天安舰”沉没事件和延坪岛炮击事件等朝鲜的挑衅行为，南北之间无法达成基本的军事互信。南北间的军备控制得到真正的协议保证并且提高协议的执行力势在必行。

韩国国防部积极加入《不扩散核武器条约》和《禁止化学武器公约》等国际军备控制体系，以此增强韩国政府在国际社会中的透明度和受信任程度，并为韩国国家利益积极展开努力。

韩国通过军事和非军事领域相结合等多种方法，为促进军备控制持续创造条件。

韩国梳理了针对军备控制的媒体舆论和专家意见，发表了《东亚战略评价》和《朝鲜半岛军备控制》等文件，每年召开主要由亚太地区国家参加的首尔安全大会，为构建朝鲜半岛的信任与和平作出了巨大贡献。

韩国以“军备控制检证组”为中心，强化军备控制的稽查力量。该检证组与韩国国内有关机构建立合作体系，开展检查教育，形成了专门的人力资源。

为了向发达国家的稽查力量学习，韩国开展了韩美联合稽查训练，并与美国、德国等国家的军备控制检证机关开展持续合作交流。韩国国防部通过培养军事会谈专家力量、举行模拟会谈等方法构建起军事会谈平时应对机制，为改善南北关系做准备。我军在这些努力的基础上，为开启朝鲜半岛新时代的统一事业做好了军事准备。

韩国政府建立了全国性的统一准备机构“统一准备委员会”，切实推进统一准备工作。我国军队是韩国政府统一政策的重要一环。我军通过培养专家队伍、强化军事力量等措施为统一做了系统性的准备。今后，我军将坚决应对南北关系中发生的一切状况，维护朝鲜半岛安全稳定，为朝鲜半岛统一创造条件。

第二节　保障南北交流和进行人道援助

韩国国防部在军事上保障南北交流合作事业，努力解决韩军俘虏问题，为朝鲜半岛信任机制提供军事支持。在人道主义方面，韩国政府致力于送还韩国境内的中国人民志愿军烈士遗骸，并计划在条件成熟时尽快与朝鲜协商南北共同发掘遗骸事宜。

一、为南北交流合作提供军事保障

2010 年，由于朝鲜对“天安舰”沉船事件的正面否认回应，韩国政府发布了“5・24 措施”，南北交流合作事业因此大幅缩水。尽管朝鲜半岛信任机制仍在不断推进，但由于朝鲜不断的威胁和挑衅，南北交流合作事业迟滞不前。我军为开城工业园区的运营、离散家庭团聚活动等南北交流事业提供军事保障，并随时保持应对突发事件的防备态势。

（一）为南北通行提供军事保障

尽管南北之间已开通了海陆空通道，但在韩国实施“5・24 措施”后，只有陆路通道尚在开通。2008 年 12 月之后，南北铁路通道一直处于中断状态。西海地区南北管理区域除了在 2013 年开城工业园区关闭期间曾中断过，其他时间均保持通行状态。东海地区南北管理区域则在有通行需要时才会开放，如 2014 年 2 月离散家庭团聚活动等。

我军遵照停战协定和南北双方签署的协议，同联合国军司令部和朝鲜军方共同商讨制定了通行计划，并为南北通行进行护送和警戒。未来，我军将坚决应对突发状况，保障南北交流合作稳定开展，保护韩国国民生命和财产安全。

（二）南北军事热线运行

朝鲜半岛正在构建东、西海地区南北军事控制室之间的联络机制。通过军事热线交换通行相关资料，接收和发送军方电话通知文件。军事热线虽然时常被朝鲜单方面中断，但仍发挥了南北之间交流沟通的窗口作用。

2011 年 5 月 31 日，朝鲜中断了东海地区军事热线，关闭了金刚山地区通信联络所，只有西海地区军事热线仍然开通。2013 年 3 月 27 日，朝鲜中断了为韩国工人出入开城工业园区而设立的西海地区军事热线，并于 4 月 8 日宣布开城工业园区暂时关闭。此后，经过两国政府工作会谈，开城工业园区从 9 月 16 日起重新启动。韩国国防部参加了开城工业园区南北共同委员会所属的三通分科委员会会议，与朝鲜进行了协商，自 9 月 6 日起重新开通军事热线。

朝鲜以保障通信稳定为由，要求韩国提供器材和装备。韩方于 2014 年 1 月和 2 月分两次向朝鲜提供了传真机、车辆和油料。未来，我军将维持南北军事通信渠道的稳定，并将其活用为其他活动的沟通渠道，如南北交流合作工作等双方彼此关心的活动。

二、解决韩军俘虏问题

韩国政府为尽早解决韩军俘虏问题，将其视作国政课题，积极推动解决该问题。然而朝鲜在互相交换战争俘虏后坚持强调“韩军俘虏已经全部移交给中立国送还委员会，不存在任何一名被强制拘留的韩军俘虏”，因此根本解决韩军俘虏问题仍旧困难重重。

（一）韩军俘虏生死确认、团聚和送还

通过南北对话，韩国政府持续向朝鲜提出尽早在南北和解以及人道主义方面商议解决确认韩军俘虏生死和送还问题。

在2000年6月南北首脑会谈之后举行的南北部长级会议和南北红十字会谈上，南北双方就共同协商解决南北俘虏问题和离散家属问题达成了一致。在2006年2月召开的第7次南北红十字会谈上，南北双方决定将“6.25”战争时期及战后失联人员的生死确认问题包含在离散家属问题中解决。2007年2月，第20次南北部长级会谈和2007年4月第8次南北红十字会谈重申了这一原则。2013年2月，根据南北离散家属团聚协议，20名韩军俘虏的生死得到了确认。截至2014年，通过离散家属团聚活动确认的韩军俘虏已达41名，其中17名与其韩国家属进行了会面。

另外，部分韩军俘虏从朝鲜逃往了第三方国家，为了他们及其家属的安全返回，韩国政府也在不断努力。当韩国政府确认了韩军俘虏及其家人逃离朝鲜的事实后，就会从保护海外公民层面出发保证他们的人身安全，并且为了他们能尽快回国，在政府层面积极努力。随着最近韩军俘虏遗骸送还得以实现，韩国政府正在制定相应的保障政策。

（二）保障归国韩军俘虏定居

1994年，韩军俘虏赵昌浩中尉回国以后，韩国政府开始在政府层面制定韩军俘虏送还和保障政策。为了使归国韩军俘虏安稳定居和安度晚年，韩国国防部推动制定了各项保障政策。

根据1998年制订的《韩军俘虏送还及待遇相关法》，韩国政府应向归国韩军俘虏发放工资、住房补助金、养老金和医疗费。在朝鲜死亡的韩军俘虏，其家属除了享受一般的脱北居民所享受的待遇，还会被登记为“韩军俘虏家属”，韩国政府会向其家属发放保障金。

2013年期间，为了改正该法试行过程中的不足之处，合理改善针对韩军俘虏的保障体系，韩国对《韩军俘虏送还及待遇相关法》进行了修订。将发给韩军俘虏的保障金由一次性发放改为以年金的形式发放，将居住保障金改为提供出租房屋，通过这些改动更好地保障回国俘虏安稳定居，使其安度晚年。

最近自费筹措韩军俘虏遗骸归国的事例时有发生，为了在合理范围内对这种行为进行补助，韩国政府正在修改相关法律。

此外，韩国政府还时常慰问归国韩军俘虏及其家属，询问他们在定居过程中的困难，定期举行归国韩军俘虏、家属座谈会，为使韩军俘虏及其家属安稳生活而不断努力。

国防部不仅努力从根本上解决韩军俘虏问题，还通过离散家属团聚活动确认韩军俘虏生死并推动其与家属会面的活动。为保护脱朝鲜军俘虏及其家属的人身安全，韩国政府将在外交方面持续努力，如与第三方国家强化合作机制等。另外，为了归国韩军俘虏及其家属的安稳定居，韩国政府还将补充完善各种保障政策。

三、送还中国人民志愿军烈士遗骸和推动南北共同发掘遗骸

对于在发掘“6.25”战争战死者遗骸时一起发掘出的朝鲜军队和中国人民志愿军烈士遗骸（以下简称“志愿军遗骸”），韩国国防部将其单独安葬于坡州的朝鲜军队和中国军队墓地里。1981—1997年，联合国军司令部通过军事停战委员会共将 43 具志愿军遗骸送还给了中国，然而此后朝鲜为了使停战协定失效而拒绝接受遗骸，导致遗骸送还活动中断。

2013 年 6 月，朴槿惠总统访问中国，提议以人道主义名义向中国送还志愿军遗骸。2013 年 11 月，中国接受了这一提议，韩中两国经过数次协商决定在 2014 年 4 月 5 日中国清明节之前向中国送还志愿军遗骸。

韩国国防部投入了 1.4 万余人次的人力对已埋葬的志愿军遗骸进行了开棺、干燥、洗涤等送还准备工作。2014 年 3 月 28 日，在仁川机场为 437 具志愿军遗骸举行了交接仪式，两国政府代表参加了仪式活动。今后韩国将按照此次程序每年例行向中国送还后续发掘出的志愿军遗骸。

送还志愿军遗骸活动将有助于治愈韩中两国间的历史伤痕，是

标志着两国关系飞速发展的新里程碑，是为东北亚地区和平作出贡献的典范。

韩国政府正在从人道主义层面推动南北共同发掘遗骸工作，国民对此的关心也不断增加。南北在2007年第2次南北国防部长会谈中曾就协商和解决共同发掘遗骸问题达成协议。由于朝鲜至今仍未响应，该活动毫无进展。尽管如此，为了在条件成熟时形成南北互信和发展面向未来的南北关系，韩国政府今后将尽早就南北共同发掘遗骸事宜达成协议。

（译者：解放军外国语学院讲师　马会霞　潘璧龄　王日）

附录：专业术语对译表

一、英语部分

Act East	东向行动政策
ADMM－Plus Experts Working Group (EWG) on Maritime Security	东盟国防部长扩大会议海上安全专家工作组
Affirmative Agenda	肯定性议程
Afghan National Security Forces (ANSF)	阿富汗国家安全部队
Afloat Forward Staging Base (AFSB)	前置浮动基地
Africa Partnership Station	非洲伙伴关系驻地
African Growth and Opportunity Act (AGOA)	《非洲增长与机遇法案》
African Maritime Law Enforcement Partnership	非洲海上执法伙伴关系
African Peacekeeping Rapid Response Partnership	非洲维和快速反应伙伴计划
African Union (AU)	非洲联盟
Air Defense Identification Zone (ADIZ)	防空识别区
All Volunteer Force	全志愿兵役制
al－Qa'ida	"基地"组织
Al－Shabab	索马里"伊斯兰青年运动"

Amphibious Assault Vehicle (AAV)	两栖突击战车
Amphibious Combat Vehicle	两栖战车
Amphibious Ready Groups (ARG)	两栖戒备大队
Anti-access and area-denial (A2/AD)	“反进入/区域拒止”
Arctic Council	北极理事会
ASEAN Defense Ministers Meeting Plus (ADMM-Plus)	东盟防长扩大会
ASEAN Regional Forum (ARF)	东盟地区论坛
Asia-Pacific Economic Cooperation (APEC)	亚太经合组织
Association of Southeast Asian States (ASEAN)	东南亚国家联盟
Balikatan	“肩并肩”演习
Better Buying Power 3.0 initiative	《更佳购买力3.0倡议》
Boston Marathon bombings	波士顿马拉松爆炸案
Budapest Memorandum	《布达佩斯备忘录》
C—27J Spartan maritime	C—27J“斯巴达人”海上巡逻机
Capstone Concept for Joint Operations: Joint Force 2020	《联合作战行动拱顶石概念：2020年联合部队》
Carrier Airwing	舰载机联队
Carrier Strike Groups (CSG)	航母打击群
CH-53K King Stallion	CH-53K“种马之王”重型运输直升机
Chemical Weapons Convention	《化学武器公约》
Chinese Coast Guard (CCG)	中国海警局
civil-military affairs teams	民事—军事事务小组
Climate Action Plan	气候行动计划
climate-smart agriculture	气候智能型农业

Coast Watch Radar System	海岸监测雷达系统
Code for Unplanned Encounters at Sea (CUES)	《海上意外相遇规则》
Code of Conduct (CoC)	行为准则
Commission on the Limits of the Continental Shelf	（联合国）大陆架界限委员会
Commonwealth of the Northern Mariana Islands	北马里亚纳群岛自由联邦
Comprehensive Nuclear Test-Ban Treaty	《全面禁止核试验条约》
Computer Emergency Response Teams (CERTs)	计算机应急响应分队
Computer Network Defense Service Provider (CNDSP)	计算机网络防御服务供应商
Cooperative Threat Reduction Program	合作降低威胁项目
cross-program funding	跨项目资助
Cyber Investment and Management Board (CIMB)	网络投资和管理委员会
Cyber Mission Force (CMF)	网络任务部队
Cyber Protection Team (CPT)	网络保护分队
Declaration on the Conduct of Parties in the South China Sea (DoC)	《南海各方行为宣言》
Defense Federal Acquisition Regulation Supplement (DFARS)	《联邦采购条例国防部补充规则》
Defense Innovation Initiative	“防务创新倡议”
Defense Institution Reform Initiative (DIRI)	《国防制度改革倡议》
Defense Support of Civil Authorities (DSCA)	国防支持

Defense Technology and Trade Initiative (DTTI)	《防务技术与贸易倡议》
Defense Threat Reduction Agency (DTRA)	国防威胁降低局
Department of DefenseInformation Network (DoDIN)	国防部信息网络
Deputy's Management Action Group	副部长管理行动小组
digital protectionism	数字保护主义
Doing Business in Africa	"在非洲经商"计划
Dry Cargo/Ammunition，T-AKE	T-AKE级干货/弹药船
dynamic force management processes	动态力量管理程序
East Asia Summit	东亚峰会
Ebola virus	埃博拉病毒
Electromagnetic Maneuver Warfare (EMW)	电磁机动战
Energy Information Administration	能源信息署
Enhanced Defense Cooperation Agreement (EDCA)	《强化防务合作协议》
European Reassurance Initiative	"欧洲安全保证倡议"
Exclusive Economic Zone (EEZ)	专属经济区
Expanded ASEAN Maritime Forum (EAMF)	东盟海事论坛扩大会议
Extended-range Joint Air to Surface Standoff Missile (JASSM-ER)	增程型联合空对地防区外导弹
F-35B Lightning Ⅱ	F—35B"闪电Ⅱ"战斗机
Fast Response Cutters	快速反应巡逻艇
Feed the Future	"未来粮食保障"计划
FEMA	联邦应急管理署
Fiery Cross Reef	永暑礁
Financial Action Task Force	金融行动特别组

Fissile Material Cut-Off Treaty	《禁止生产核裂变材料条约》
Foal Eagle	“鹞鹰”
Force Posture Agreement (FPA)	《军力态势协议》
Foreign Area Officer (FAO)	外域技能军官
Foreign Military Financing (FMF)	对外军事财政
Frigates (FF)	护卫舰
G20	二十国集团
Global Force Management (GFM)	全球力量管理系统
Global Health Security Agenda	全球卫生安全议程
Green Climate Fund	绿色气候基金
greenhouse gas emissions	温室气体排放
Guidelines for Japan-U.S. Defense Cooperation	《日美防务合作指针》
Gulf Cooperation Council	海湾合作委员会
Helsinki Accords	《赫尔辛基议定书》
humanitarian assistance and disaster relief	人道主义援助和救灾
Hurricane Sandy	飓风“桑迪”
Indian Ocean Naval Symposium (IONS)	印度洋海军研讨会
industrial control system (ICS)	工业控制系统
Information Fusion Center (IFC)	信息融合中心
Integrated Air and Missile Defense (IAMD)	综合防空导弹防御系统
Integrated Maritime Surveillance System (IMSS)	一体化海上监视系统
intellectual property (IP)	知识产权
Intelligence, Surveillance, and Reconnaissance (ISR)	情报、监视、侦察
Inter-American Democratic Charter	《美洲国家民主宪章》
Intermediate-Range Nuclear Forces Treaty	《中程核力量条约》

International Code of Conduct on Outer Space Activities	《外层空间国际行为准则》
International Court of Justice (ICJ)	国际法院
International Criminal Court	国际刑事法庭
International Monetary Fund	国际货币基金组织
International Port Security Program	国际港口安全计划
International Tribunal for the Law of the Sea (ITLOS)	国际海洋法法庭
International Visitor	"国际访问者"计划
Islamic State of Iraq and the Levant (ISIL)	"伊拉克和黎凡特伊斯兰国"
issue team	议题团队
Itu Aba Island	太平岛
Japan Self-Defense Force (JSDF)	日本自卫队
Joint Acquisition Protection and Exploitation Cell (JAPEC)	联合采办保护与利用小组
Joint High Speed Vessel (JHSV)	联合高速船
Joint Information Environment (JIE)	联合信息环境
Joint Operational Access Concept	联合行动进入概念
Joint Plan of Action	共同行动计划(伊朗核问题)
Key Resolve	"关键决断"演习
Large, Medium-Speed Roll-on/Roll-off (LMSR) ships	大型中速滚装船
Lesbian, Gay, Bisexual, and Transgender (LGBT)	同性恋、双性恋和变性者
Littoral Combat Ship (LCS)	濒海战斗舰
Malaysian Maritime Enforcement Agency (MMEA)	马来西亚海事执法部门

malicious cyber actors	恶意网络行为体
Marine Air-Ground Task Force (MAGTF)	海军陆战队空地特遣部队
Marine Expeditionary Brigades (MEB)	海军陆战队远征旅
Marine Expeditionary Force (MEF)	海军陆战队远征部队
Marine Expeditionary Units (MEU)	海军陆战队远征分队
Marine Rotational Force	海军陆战队轮换部队
Maritime Law Enforcement (MLE)	海上执法
Military Intelligence Program (MIP)	军事情报项目
Military Maritime Consultative Agreement (MMCA)	海上军事磋商协议
Military Sealift Command	军事海运司令部
Millennium Development Goals	新千年发展目标
Mine Countermeasure Groups	扫雷部队
Ministry of Defense Advisor Program (MoDA)	《国防部顾问计划》
Mobile Landing Platform (MLP)	移动登陆平台
Modeling and Simulation (M&S)	建模与仿真
Montreal Protocol	《蒙特利尔议定书》
MQ-4C Triton high-endurance, unmanned aerial vehicle	MQ—4C“特里同”高空长航无人飞行器
MV-22 Osprey	MV-22“鱼鹰”直升机
National Coast Watch Center	国家海岸监测中心
National Defense Authorization Act (NDAA)	《国防授权法案》
National Exercise Program	全国演习项目
National Fleet Policy	国家舰队政策
National Institute of Standards and Technology (NIST)	美国国家标准与技术研究院

National Intelligence Program (NIP)	国家情报项目
National Planning System	国家规划系统
National Security Cutters	国家安全巡逻舰
National Security Strategy	《国家安全战略》
National Unity Government	（阿富汗）全国团结政府
Naval Engagement Activity (NEA)	海军交流活动
Naval Special Warfare and Special Operations Forces	海军特种战和特别行动部队
Navy and Marine Corps Naval Board	海军和海军陆战队海军委员会
network footprint	网络足迹
New START	《新削减战略武器条约》
Nine-Dash Line	"九段线"
North American Aerospace Defense Command Agreement	《北美空天防御司令部协定》
North Atlantic Treaty Organization (NATO)	北大西洋公约组织
North Pacific Coast Guard Forum	北太平洋海岸警卫队论坛
Note Verbale	普通照会
Notification of Major Military Activities	重大军事活动通报
Nuclear Non-Proliferation Treaty	《不扩散核武器条约》
Nuclear Security Summit	核安全峰会
nuclear weapons-free zone	无核武器区
Oceania Maritime Security Initiative	《大洋洲海上安全倡议》
Offshore Patrol Cutter	海岸巡逻舰
Open Government Partnership	开放政府伙伴关系
Operation Atlantic Resolve	"大西洋决心行动"
Operation Ocean Shield	"海洋盾牌行动"
Optimized Fleet Response Plan (O-FRP)	优化舰队响应计划

P-8A Poseidon	P—8A "海神" 海上巡逻机
Port State Control	港口国安全控制
Power Africa	"电力非洲" 计划
Prague Agenda	布拉格议程
President's Emergency Plan for AIDS Relief	"总统防治艾滋病紧急救助" 计划
Principal Cyber Advisor to the Secretary of Defense (PCA)	国防部长首席网络顾问
Principal Staff Assistant (PSA)	首席参谋助理
Qualitative Military Edge	"实质军事优势"
Readiness Action Plan	"战备行动计划"
Rebalance to Asia and the Pacific	"亚太再平衡" 战略
Resolute Support	"坚定支持"（任务）
Revolutionary Armed Forces of Colombia	哥伦比亚革命武装力量
Rim of the Pacific (RIMPAC)	"环太平洋"（联合军演）
Rome Declaration	《罗马宣言》
Rules of Behavior for Safety of Air and Maritime Encounters	《海空相遇安全行为准则》
Russia-NATO Founding Act	《俄罗斯—北约基本文件》
science, technology, engineering, and mathematics (STEM)	科学、技术、工程和数学
Sea Surveillance Exercises (SEASURVEX)	海上监控演习
Security Governance Initiative	安全治理计划
sequestration	债务自动减支
Shared Awareness and Deconfliction (SHADE)	态势感知共享与解决冲突
shared spaces	共享空间
Simulated Submarine Casualty Exercise	

(SMASHEX)	模拟潜艇伤亡演练
Singapore Maritime Information-Sharing Working Group	新加坡海上信息共享工作组
Sir Creek	爵士湾
Southeast Asia Maritime Security Initiative	《东南亚海事安全倡议》
Special Operations Forces	特别行动部队
Special Purpose Marine Air- Ground Task Force (SPMAGTF)	海军陆战队特别目标空地特遣部队
Standing NATO Maritime Group	北约常备海上部队
sub-Saharan Africa	撒哈拉以南非洲
Sulu Sea	苏禄海
Swallow Reef	弹丸礁
Taiwan's Law on the Territorial Sea and the Contiguous Zone	《台湾领海及毗连区法》
Terminal High Altitude Area Defense (THAAD)	末段高空区域防御系统("萨德")
Thitu Island	中业岛
Trade Africa	"贸易非洲"计划
Trade Promotion Authority	《贸易促进授权法案》
Transatlantic Trade and Investment Partnership (T-TIP)	跨大西洋贸易和投资伙伴关系
Transnational criminal organizations (TCO)	跨国犯罪组织
Trans-Pacific Partnership (TPP)	跨太平洋伙伴关系
troop-contributing countries	出兵国
U. N. Charter	《联合国宪章》
U. N. Convention on the Law of the Sea	《联合国海洋法公约》
U. S. -ASEAN Defense Forum	美国—东盟防务论坛
U. S. -India Joint Statement	《美印联合声明》

U. S. -India Joint Strategic Vision for the Asia-Pacific and Indian Ocean Region 《美印亚太和印度洋地区联合战略愿景》
United States Cyber Command (USCYBERCOM) 美国网络司令部
Unmanned Aerial Vehicle (UAV) 无人机
USPACOM Amphibious Leaders Symposium (PALS) 美国太平洋联合司令部两栖领导人研讨会
V－22 Osprey V－22“鱼鹰”式倾转旋翼机
Vietnam Coast Guard 越南海警司令部
Violent Extremist Organizations (VEO) 暴力极端组织
voluntary cybersecurity framework 自愿网络安全框架
Western Hemisphere Transit Zone 西半球过境区
Western Pacific Naval Symposium (WPNS) 西太平洋海军论坛
Whole of Community 全社会参与
World Bank 世界银行
World Trade Organization 世界贸易组织
Young African Leaders “非洲青年领袖”计划

二、法语部分

I'Assemblée nationale 国民议会
I'Autorité de régulation des communications électroninques et des postes 电子通讯和邮政调配署
le code de la defense 《国防法》
le Code de la sécurité intérieure 《国内安全法》
le code de sécurité sociale 《社会安全法》

le code de procédure pénale	《刑事诉讼法》
Le code des postes et des communications é lectroniques	《邮政和电子通讯法》
Le code des transports	《交通法》
Le code général des impôts	《税法》
Le code monétaire et financier	《货币与金融法》
le Code pénal	《刑法》
la Commission nationale de contrôle des interceptions de sécurité	国家安全拦截控制委员会
la Commission nationale de contrôle des techniques de renseignement	国家情报技术控制委员会
la Commission de l'informatique et des libertés	国家信息技术与个人自由委员会
le Conseil constitutionnel	制宪委员会
le Conseil d'Etat	行政法院
le Conseil national du renseignement	国家情报委员会
la Cour de cassation	最高法院
la Cour de comptes	审计法院
la Délégation parlementaire du renseignement	议会情报评议会
le Sénat	参议院
le service du casier judiciaire national	国爱犯罪记录档案局

三、日语部分

アクセス（接近）阻止/エリア（領域）拒否	“反介入/区域拒止”（A2/AD）
アジア信頼醸成措置会議（CICA）	亚洲相互协作与信任

	措施协会
ASEAN 地域フォーラム（ARF）	东盟地区论坛
アブ・サヤフ・グループ（ASG）	“阿布・萨耶夫”组织（恐怖组织名）
アルカイダ	“基地”组织
アル・シャバーブ	“青年党”（恐怖组织名）
イスラ過激派ム	伊斯兰激进派
イツアバ島	太平岛
イナメナス	艾因阿迈纳斯（地名）
イラク・レバントのイスラム国（ISIL）	“伊拉克和黎凡特伊斯兰国”（恐怖组织名）
エアクッション揚陸艇	气垫登陆艇
エボラ出血熱	埃博拉病毒
欧州連合（EU）	欧盟
音響測定艦	声纳探测船
海上で不慮の遭遇をした場合の行動基準	海上意外相遇规则
ガウリ	“高里”（导弹名）
火器管制レーダー	火控雷达
核拡散防止条約（NPT）	《不扩散核武器条约》
拡大 ASEAN 国防相会議（ADMMプラス）	东盟防长扩大会议
拡大抑止	延伸威慑
ガリッサ	加里萨（地名）
キッド級	“基德”级（驱逐舰级别名）
局地戦	局部战争
キロ級	“基洛”级（潜艇级别名）
クズネツォフ級	“库兹涅佐夫”级（航母级别名）
クルド	库尔德（民族名）

経済協力枠組取決め（ECFA）	《经济合作框架协议》
ゲリラ	游击队
国際公共財（グローバル・コモンズ）	全球公共领域
国家サイバーセキュリティ部	国家网络安全局
コム	库姆（地名）
サイバー空間	网络空间
サイバー攻撃	网络攻击
サイバーコマンド	网络司令部
サイバーセキュリティ	网络安全
SACO	日美关于冲绳的特别行动委员会
サブサハラアフリカ	撒哈拉以南非洲
サリン	沙林（毒气名）
ザワヒリ	扎瓦赫里（恐怖分子名）
ジェームズ礁	曾母暗沙
自走砲	自行火炮
シビリアン・コントロール	文民控制
シャハーブ3	“流星－3”（导弹名）
上海協力機構（SCO）	上海合作组织
ジン級	“晋”级（潜艇级别名）
情勢認識	形势判断
情報共有	情报共享
情報保全	保密
水陸両用部隊	水陆两栖部队
スカッド	“飞毛腿”（导弹名）
スカボロー礁	黄岩岛
スクランブル（緊急発進）	紧急战斗起飞
スタックスネット	震网（计算机病毒名）

スビ礁	渚碧礁
セカンドトーマス礁	仁爱礁
戦略兵器削減条約（START）	《削减战略武器条约》
大陸間弾道ミサイル（ICBM）	洲际弹道导弹
大量破壊兵器	大规模杀伤性武器
ダーティボム	脏弹
タブン	塔崩（毒气名）
多連装ロケット	多管火箭炮
着上陸侵攻	着登陆进攻
テポドン	大浦洞（导弹名）
東南アジア諸国連合（ASEAN）	东盟
同盟調整メカニズム	同盟协调机制
特殊部隊	特种部队
特殊作戦部隊	特种作战部队
独立国家共同体	独联体
トロール漁船	拖网渔船
ノドン	芦洞（导弹名）
バイナリー弾	二元弹
爆撃機	轰炸机
発射台付き車両（TEL）	移动发射车
非核化	无核化
非武装地帯（DMZ）	非军事区
ファイアリークロス礁	永暑礁
ペシャワル	白沙瓦（地名）
ベストプラクティス	最佳经验
包括的核実験禁止条約（CTBT）	《全面禁止核试验条约》
防空識別圏	防空识别区
ボコ・ハラム（Boko Haram）	“博科圣地”（恐怖组织名）

ホステッド・ペイロード	搭载有效载荷
ホデイダ港	荷台达港（地名）
ホームグローン・テロリスト	本土恐怖分子
ホラサン州	呼罗珊州（地名）
マスタード	芥子气（毒气名）
南ルコニア礁	南康暗沙
ミラージュ2000	“幻影—2000”（战斗机名）
4 年ごとの国防計画の見直し（QDR）	四年防务评估报告
ライセンス生産	许可生产
リシン	蓖麻毒素
六者会合	六方会谈
ロメオ級	“罗密欧”级（潜艇级别名）
ローン・ウルフ型	“独狼式”（恐怖活动类型名）
ワリャーグ	“瓦良格”号（航母名）

四、韩语部分

DMZ	非军事区
KIDD	韩美统合防务协商机制
LPP	联合土地管理计划
MCM	韩美军事委员会会议
PSI 훈련	防扩散训练
SCM	韩美安保会议
YRP	龙山基地迁徙计划
가자지구	加沙地带

고농축 우라늄	高浓缩铀
공기부양정	气垫登陆艇
공습	空袭
공중급유기	空中加油机
구축함	驱逐舰
국지분쟁	局部战争
대량살상무기	大规模杀伤性武器
반접근 및 지역거부	反介入
방사포	火箭炮
방위비분담 특별협정(SMA)（SMA）	分担防卫费特别协定
분리주의	分离主义
비대칭 전력	非对称战斗力
사이버 공격	网络攻击
상륙함	登陆舰
상설군사위원회	军事常设委员会
소프트 파워	软实力
수직이착륙기	垂直起降飞机
신속대응군	快速反应部队
신연합방위추진단	新联合防御促进团
쓰나미	海啸
아시아 재균형 전략	“亚洲再平衡”战略
아시아 패러독스	“亚洲模式”
양자 및 다자 협력	双边及多边合作
에볼라 바이러스	埃博拉病毒
연안 전투함	濒海战斗舰
연평도 포격	延坪岛炮击（事件）

이즈모급 호위함	“出云级”护卫舰
이지스함	“宙斯盾”舰
자주포	自行火炮
장거리 스텔스기	远程隐形机
장거리 탄도미사일을	远程弹道导弹
재래식 전력	常规战斗力
재스민 혁명	“茉莉花革命”
제네바Ⅱ 평화회담	日内瓦和平会谈
조기경보기	预警机
주한미군 지위협정(SOFA)	《驻韩美军地位协定》
차세대전투기	新型战斗机
체공형무인기	续航型无人机
초국가적	跨国性的
초음속 전략폭격기	超音速战略轰炸机
키리졸브 연습	“关键决心”军事演习
킬체인	杀伤链
탄저균	炭疽菌
특수전 부대	特种部队
특수전 부대는	特种部队
페스트	鼠疫杆菌
포괄적 전략동맹으로	全面战略同盟
플루토늄	钚